同济博士论丛
TONGJI Dissertation Series
总主编 伍 江 副总主编 雷星晖

李贵萍 霍佳震 著

易变质品的库存与定价决策问题研究

Research on Inventory and Pricing Decisions for Deteriorating Items

同济大学出版社
TONGJI UNIVERSITY PRESS

内 容 提 要

本书在国内外已有研究的基础上，对易变质品的库存与定价决策问题进行一系列的研究。在产品定价策略已知的基础上，研究需求依赖于库存水平的易变质品单独库存控制问题，具体讨论常数变质率产品、时变变质率产品和非立即变质品三类具有不同变质特性的产品在不同市场环境和库存条件下的库存控制问题。本书可供企业库存管理人员及相关研究人员参考阅读。

图书在版编目(CIP)数据

易变质品的库存与定价决策问题研究 / 李贵萍，霍佳震著. —上海：同济大学出版社，2020.8

(同济博士论丛 / 伍江总主编)

ISBN 978-7-5608-9445-4

Ⅰ.①易… Ⅱ.①李… ②霍… Ⅲ.①库存—仓库管理—物资管理—研究 Ⅳ.①F253.4

中国版本图书馆 CIP 数据核字(2020)第 155941 号

易变质品的库存与定价决策问题研究

李贵萍　霍佳震　著

出 品 人　华春荣　　责任编辑　翁　晗　　责任校对　谢卫奋　　封面设计　陈益平

出版发行　同济大学出版社　　www.tongjipress.com.cn

(地址：上海市四平路 1239 号　邮编：200092　电话：021-65985622)

经　　销　全国各地新华书店

排版制作　南京展望文化发展有限公司

印　　刷　浙江广育爱多印务有限公司

开　　本　787 mm×1092 mm　1/16

印　　张　16.25

字　　数　325 000

版　　次　2020 年 8 月第 1 版　　2020 年 8 月第 1 次印刷

书　　号　ISBN 978-7-5608-9445-4

定　　价　74.00 元

“同济博士论丛”编写领导小组

“同济博士论丛”编辑委员会

总 序

在同济大学110周年华诞之际，喜闻“同济博士论丛”将正式出版发行，倍感欣慰。记得在100周年校庆时，我曾以《百年同济，大学对社会的承诺》为题作了演讲，如今看到付梓的“同济博士论丛”，我想这就是大学对社会承诺的一种体现。这110部学术著作不仅包含了同济大学近10年100多位优秀博士研究生的学术科研成果，也展现了同济大学围绕国家战略开展学科建设、发展自我特色，向建设世界一流大学的目标迈出的坚实步伐。

坐落于东海之滨的同济大学，历经110年历史风云，承古续今、汇聚东西，秉持“与祖国同行、以科教济世”的理念，发扬自强不息、追求卓越的精神，在复兴中华的征程中同舟共济、砥砺前行，谱写了一幅幅辉煌壮美的篇章。创校至今，同济大学培养了数十万工作在祖国各条战线上的人才，包括人们常提到的贝时璋、李国豪、裘法祖、吴孟超等一批著名教授。正是这些专家学者培养了一代又一代的博士研究生，薪火相传，将同济大学的科学研究和学科建设一步步推向高峰。

大学有其社会责任，她的社会责任就是融入国家的创新体系之中，成为国家创新战略的实践者。党的十八大以来，以习近平同志为核心的党中央高度重视科技创新，对实施创新驱动发展战略作出一系列重大决策部署。党的十八届五中全会把创新发展作为五大发展理念之首，强调创新是引领发展的第一动力，要求充分发挥科技创新在全面创新中的引领作用。要把创新驱动发展作为国家的优先战略，以科技创新为核心带动全面创新，以体制机制改革激发创新活力，以高效率的创新体系支撑高水平的创新型国家建设。作为人才培养和科技创新的重要平台，大学是国家创新体系的重要组成部分。同济大学理当围绕国家战略目标的实现，作出更大的贡献。

大学的根本任务是培养人才，同济大学走出了一条特色鲜明的道路。无论是本科教育、研究生教育，还是这些年摸索总结出的导师制、人才培养特区，“卓越人才培养”的做法取得了很好的成绩。聚焦创新驱动转型发展战略，同济大学推进科研管理体系改革和重大科研基地平台建设。以贯穿人才培养全过程的一流创新创业教育助力创新驱动发展战略，实现创新创业教育的全覆盖，培养具有一流创新力、组织力和行动力的卓越人才。“同济博士论丛”的出版不仅是对同济大学人才培养成果的集中展示，更将进一步推动同济大学围绕国家战略开展学科建设、发展自我特色、明确大学定位、培养创新人才。

面对新形势、新任务、新挑战，我们必须增强忧患意识，扎根中国大地，朝着建设世界一流大学的目标，深化改革，勠力前行！

万　钢

2017 年 5 月

论丛前言

承古续今，汇聚东西，百年同济秉持“与祖国同行、以科教济世”的理念，注重人才培养、科学研究、社会服务、文化传承创新和国际合作交流，自强不息，追求卓越。特别是近20年来，同济大学坚持把论文写在祖国的大地上，各学科都培养了一大批博士优秀人才，发表了数以千计的学术研究论文。这些论文不但反映了同济大学培养人才能力和学术研究的水平，而且也促进了学科的发展和国家的建设。多年来，我一直希望能有机会将我们同济大学的优秀博士论文集中整理，分类出版，让更多的读者获得分享。值此同济大学110周年校庆之际，在学校的支持下，“同济博士论丛”得以顺利出版。

“同济博士论丛”的出版组织工作启动于2016年9月，计划在同济大学110周年校庆之际出版110部同济大学的优秀博士论文。我们在数千篇博士论文中，聚焦于2005—2016年十多年间的优秀博士学位论文430余篇，经各院系征询，导师和博士积极响应并同意，遴选出近170篇，涵盖了同济的大部分学科：土木工程、城乡规划学(含建筑、风景园林)、海洋科学、交通运输工程、车辆工程、环境科学与工程、数学、材料工程、测绘科学与工程、机械工程、计算机科学与技术、医学、工程管理、哲学等。作为“同济博士论丛”出版工程的开端，在校庆之际首批集中出版110余部，其余也将陆续出版。

博士学位论文是反映博士研究生培养质量的重要方面。同济大学一直将立德树人作为根本任务，把培养高素质人才摆在首位，认真探索全面提高博士研究生质量的有效途径和机制。因此，“同济博士论丛”的出版集中展示同济大学博士研究生培养与科研成果，体现对同济大学学术文化的传承。

“同济博士论丛”作为重要的科研文献资源，系统、全面、具体地反映了同济大学各学科专业前沿领域的科研成果和发展状况。它的出版是扩大传播同济科研成果和学术影响力的重要途径。博士论文的研究对象中不少是“国家自然科学基金”等科研基金资助的项目，具有明确的创新性和学术性，具有极高的学术价值，对我国的经济、文化、社会发展具有一定的理论和实践指导意义。

“同济博士论丛”的出版，将会调动同济广大科研人员的积极性，促进多学科学术交流、加速人才的发掘和人才的成长，有助于提高同济在国内外的竞争力，为实现同济大学扎根中国大地，建设世界一流大学的目标愿景做好基础性工作。

虽然同济已经发展成为一所特色鲜明、具有国际影响力的综合性、研究型大学，但与世界一流大学之间仍然存在着一定差距。“同济博士论丛”所反映的学术水平需要不断提高，同时在很短的时间内编辑出版 110 余部著作，必然存在一些不足之处，恳请广大学者，特别是有关专家提出批评，为提高同济人才培养质量和同济的学科建设提供宝贵意见。

最后感谢研究生院、出版社以及各院系的协作与支持。希望“同济博士论丛”能持续出版，并借助新媒体以电子书、知识库等多种方式呈现，以期成为展现同济学术成果、服务社会的一个可持续的出版品牌。为继续扎根中国大地，培育卓越英才，建设世界一流大学服务。

伍　江

2017 年 5 月

前 言

不断进步的科学技术和日益激烈的市场竞争加速了产品的创新，同时也使产品的生命周期越来越短，越来越多的产品表现出“变质”的特征，如食物、药品、挥发性液体、放射性物质、电子类和时尚类产品，等等。“变质”被定义为产品的效用或边际价值的损失，包括腐败、损坏、干枯、挥发、折旧、被盗等。实践中，易变质品已经成为库存物品的一个重要组成部分，引起了实践人员和理论研究人员的共同关注。

本书在国内外已有研究的基础上，对易变质品的库存与定价决策问题开展了一系列的研究。在产品定价策略已知的基础上，本书首先研究了需求依赖于库存水平的易变质品单独库存控制问题，具体讨论了常数变质率产品、时变变质率产品和非立即变质品三类具有不同变质特性的产品在不同市场环境和库存条件下的库存控制问题。

尽管通过库存控制方法的改进，企业在降低物流成本方面取得了明显的成绩，但由于销售损失和库存过多的原因，很大比例的零售商仍然遭受着巨大的损失。单独的库存控制已经无法满足企业的需要，越来越多的企业开始重视运营和市场的整合。众多研究也表明，采用库存和定价决策互补的方式更有利于系统的利润最大化。因此，本书将产品的定价决策引入库存控制，研究易变质品的库存与定价联合决策问题。在不同的市场环境和库存条件下，讨论了以下具体问题：有限时域和无限时域内常数变质率产品的生产与定价联合决策问题；时变变质率产品的订购与定价联合决策问题；保鲜技术投入下非立即变质品的订购与定价联合决策问题。

传统的库存与定价决策研究大多建立在零售商和消费者完全理性的假设基础上。然而现实中由于受到环境、情感、心理、思维等因素的影响和约束，人类的决策行为并不是完全理性的，而是表现出一定程度的有限理性。越来越多的实验研究表明，人们的实际决策总是会偏离基于完全理性假设得到的结果。因此，本书进一步将人类有限理性行为引入库存与定价决策问题，具体研究参照依赖有限理性行为对库存与定价决策问题的影响，分别讨论了零售商具有参照依赖行为和消费者具有参照依赖行为的订购与定价联合决策问题。

本书以存储论、运筹学和相关经济管理理论为指导，建立了不同系统下的库存与定价决策模型；运用微分方法和非线性规划等数学方法证明了最优解的存在性和唯一性，并给出相应的充分必要条件；进一步设计合理的算法，采用数值仿真的方法对模型参数的灵敏度进行分析；最后根据分析结果给出针对不同库存系统的管理建议以指导实践。

目 录

符号说明

本书通用的一些符号说明如下，其他相关符号说明见各章节处，如有不同，以各章节处为准。

A 表示生产准备成本或订购成本；

K 表示生产率；

C_p 表示单位产品的生产成本或购买成本；

C_h 表示单位产品单位时间的库存持有成本；

C_s 表示单位产品单位时间的缺货成本；

C_o 表示损失单位需求的机会成本；

C_d 表示处理单位变质产品所需的成本；

θ 表示产品的变质率，且 $0 \leqslant \theta \leqslant 1$；

p 表示单位产品的销售价格，且 $p \geqslant C_p$；

D 表示产品的需求率；

FC 表示固定生产准备成本或订购成本；

PC 表示单位周期生产成本或购买成本；

HC 表示单位周期持有成本；

DC 表示单位周期变质处理成本；

SC 表示单位周期缺货成本；

OC 表示(损失销售引起的)机会成本;

SR 表示单位周期销售收入;

Q 表示单位周期的生产量或订购量;

TP 表示单位补货周期总利润;

AP 表示单位时间平均利润。

第1章 绪论

1.1 研究背景

库存克服了产品的生产与消费在时间上的间断，创造了物资的时间价值。持有库存可以帮助企业避免来自缺货的风险、确保产品及时配送、提高服务水平等。然而，过高的库存水平又会增加企业的存储费用，占用大量的流动资金，并且可能掩盖企业经营管理中的一些问题，不利于企业提高其管理水平。调查显示，国内零售类上市公司库存占企业总资产的比例处于40%左右[1]。显然，高库存比例是企业物流成本过高的一个重要原因。库存控制技术作为降低物流成本同时提高服务水平的一种重要方法，在理论界与实业界已引起广泛的关注。

易变质品是库存物品的一个重要组成部分，在实践中广泛存在，如日常生活中常见的果蔬、肉类、奶制品等。与此同时，随着经济的发展和科技的进步，产品的流行趋势不断变化、更新速度不断加快，导致越来越多的产品表现出生命周期越来越短、品种数目越来越多的特点，即呈现出“变质”的特性。这里的“变质”具有广泛的含义，它是指随着时间的推移，产品的价值发生耗损、质量和数量发生损失等一系列现象，如水果和蔬菜的腐烂，汽油的挥发，时装、节日的鲜花和贺卡在销售季节末还未售出以及电子产品的更新换代等。一般来说，易变质品具有以下特点：生命周期较短，价值随着贮存时间的增加而降低，在生命周期末残值很小甚至为零。因此，对此类产品进行库存决策是零售企业面临的一个棘手的问题，企业有必要准确地识别产品的变质特性，分析贮存时间对其价值损耗的影响，并对其库存进行科学有效的管理。

本书第3章主要研究不同市场环境和库存条件下具有不同变质特性的易变质品的库存控制问题。

尽管通过库存控制方法的改进，在降低物流成本方面取得了明显的成绩，但很大比例的零售商每年仍然由于销售损失和库存过多等原因遭受巨大的损失[2]。造成这种现象的一个很重要的原因是企业需求和供给不平衡，从而导致缺货和高库存并存。企业需要控制库存的同时对顾客需求进行有效的管理。为此很多企业开始在控制库存的同时考虑其定价策略，并通过合理的定价来影响顾客需求。动态定价技术能够基于顾客的大量需求信息以及企业自身的能力限制，帮助企业动态调整产品或服务的价格以达到降低成本、提高利润的目标。

早期动态定价方法的应用主要集中于短期内供应能力有限且难以改变的行业，比如航空、旅店、电力行业、体育赛事以及医疗卫生等[3-5]。在这些行业中采用集权的方式就可以实现对价格的控制并且调整价格的成本往往很低。然而，在其他行业，如制造和零售行业内，由于缺乏准确的需求信息且价格调整成本较高，动态定价技术很难得到应用。因此，很多此类企业会选择在一定的时期内对产品或服务设定固定的价格，将控制库存和服务能力作为降低成本、提高利润和服务质量的手段。

然而，随着科技的快速发展和互联网的广泛应用，不论是虚拟店还是实体店，生产商和零售商不仅可以比较容易地收集到关于销售情况和顾客需求的信息，而且还可以得到关于消费者人口的统计数据以及消费者偏好的相关信息，因此动态定价策略现已被广泛地应用于B2C和B2B的商业形式中。虽然对传统的零售店来说修改价格的成本仍然比较高，但是随着新技术的引入，如电子货架标签系统，价格调整变得比以往容易很多。动态定价技术能够有效地应用于制造业和零售业的原因[2]，可以归纳为以下几点：① 需求数据的可得性增强；② 由于新技术的出现使产品价格的调整变得容易；③ 分析需求数据及决策动态定价的支持工具的应用。

此外，不同于航空、租赁以及酒店等服务业，在一定时期内，制造业和零售业的供应能力要更为灵活(通过安排生产或库存补给)，比如在需求较大时可通过加大生产和订购量来扩大供应能力以满足顾客的需求，而不仅仅是通过提高价格在一定程度上限制顾客的需求。因此，同时对需求(如通过定价决策)和供给(通过生产/订购和分销)进行协调和管理，使得供需链在一定程度上达到平衡更为关键。对这些决策的协调意味着采用对供需系统整体优化的方法，而不单单针对需求或者供给的某个要素或方面。

传统的供应管理和需求管理分属于企业内部不同的职能部门。营运部主要负责供应管理和以最小化成本决定库存、产能和生产等相关事宜；市场部主要负责需求管理和以最大化收益决定产品定价、广告宣传以及促销事宜。当这些决策独立完成时，并不能很好地服务于公司的整体目标，且需求和供应决策之间缺乏协调可能会对最大化利润形成阻碍。据估计，消除供应管理和需求管理之间的隔阂能够使企业利润翻倍[6]。企业也已经意识到匹配供应与需求的重要性，并且越来越重视对运营和市场的整合。目前，在很多企业里，对需求(定价)和供给(生产和配送活动)的综合决策仍然处于初期，但是如同收益管理给航空、旅店以及汽车租赁公司带来的巨大变化，这种综合决策有足够的潜力来从根本上提高供应链的有效性[7]。其中，关于运营和市场整合的一个重要方面就是协调库存控制和产品定价。

本书第4章主要研究在各种市场环境和库存条件下具有不同变质特

性的产品的库存与定价联合决策问题。

然而，不论是单独的库存控制或定价方法还是二者的协同管理，现有的理论研究大多建立在传统经济理论“理性人”的假设基础上，即认为决策者是完全理性的。实际上，在现实的决策问题上，人们实际遵循的经验法则和理论结果之间往往存在一定的差异，人们的决策行为总是会或多或少地受到环境、情感、心理、思维等因素的影响，从而进一步对相关经济活动造成影响[8]。关于人的行为对经济活动的影响已经在很多领域被研究，包括经济、会计、市场营销和管理。然而，在运作管理方面的研究还比较少。事实上，人类行为可能会在很大程度上影响运作系统，并对管理措施做出反应。文献[8—12]都强调了将人类行为引入运作管理研究的重要性。越来越多的实验研究表明：人们的实际决策总是会偏离在完全理性假设基础上得到的结果[13]。Schweitzer 和 Cachon[14]应用实证的方法在不同的成本参数下验证经典报童问题，发现决策者总是一致性偏离使利润最大化的订购量。因此，在运作管理模型中考虑人的行为会使模型更贴近现实，结果更具指导意义。

有限理性行为(Bounded Rationality)是相对完全理性假设而提出的。Simon[15]指出，在复杂的和不确定的环境下，受认知能力以及所掌握的信息的限制，人们不可能做出完全理性的决策，相反，他们只是有限理性的，即拥有有限的能力来对问题进行分析和选择。有限理性是一个内涵丰富的概念，是对许多不同行为现象的统称。Loch 和 Wu[11]总结了几类具有代表性的有限理性行为。

(1) 参照依赖(Reference Dependent)和损失厌恶(Loss Aversion)

作为对经典期望效用理论的扩展，参照依赖和损失厌恶行为强调决策者不仅关注决策的最终结果，而且关注结果的相对变化；决策者的偏好不是基于最终的状态，而是基于对参照点的偏差来定义的；决策者是损失厌恶的，即相对于“获得”，决策者对“损失”更加敏感。

(2) 双曲时间贴现(Hyperbolic Discounting)

作为对经典指数贴现效用理论的扩展,双曲时间贴现行为强调贴现率是逐渐下降的,表明人们的时间偏好具有动态不一致性,具体表现为:行为主体在短期内表现得特别不耐烦、更愿意追求即时满足,对距离当前较近的时期使用较大的贴现率。学者们在解释时间偏好的动态不一致性时,从人的有限理性出发,认为人的决策的远见程度会随时间递减。

(3) 启发式和偏见(Heuristics and Biases)

人的思考系统由直觉判断和推理两部分组成。在直觉判断中,人们通常是借助于一些简单的启发式规则,这会导致决策结果系统性地偏离完全理性假设的结果。不同类型的决策偏差的存在使得人们的决策经常性地偏离完全理性决策模型的结果。

(4) 情感和情感启发式(Emotions and Affect Heuristic)

人们在做决策时,会有意识或无意识地受到积极的或消极的情感或感知的影响,这使得决策者无法完全理性地决策。心理学中称之为"情感启发式"(Affect Heuristic)。

(5) 社会偏好(Social Preference)

标准经济模型总是假设人是完全自利的,他们只在乎自己利益的最大化。然而这不能解释诸如为什么人们会关注公平性和平等性等现象。作为对自利假说的拓展,社会偏好理论强调个人的效用同时是其自己效用和他人效用的函数。

关于各种有限理性行为的详细介绍,可以阅读文献[8, 11, 13, 16]。在人类众多的有限理性行为中,参照依赖和损失厌恶是普遍存在于现实世界并影响人们日常决策的一种有限理性行为。Kahneman 和 Tversky[17]对这一有限理性行为进行了理论的概括与说明,在此基础上提出了能够很好解释这一行为的"前景理论"(Prospect Theory)。

前景理论是描述性范式的一个决策模型,它假设风险决策过程分为

“编辑”和“评价”两个阶段。在“编辑”阶段，个人以“框架”(Frame)“参照点”(Reference Point)等为标准来采集和处理信息；在“评价”阶段，依赖价值函数(Value Function)和主观概率的权重函数(Weighting Function)对信息予以判断。在该理论中，“偏好”通过相对参照点的偏离而定义，而不是相对结果的最终状态，正的偏离被标记为“获得”(Gain)，而负的偏离标记为“损失”(Loss)。此外，该理论用价值函数取代期望效用理论中的效用函数，而价值函数取决于参照点，在数学上表示为一个扭曲的“S”形曲线，如图 1-1 所示。该价值函数具有以下三个重要性质。

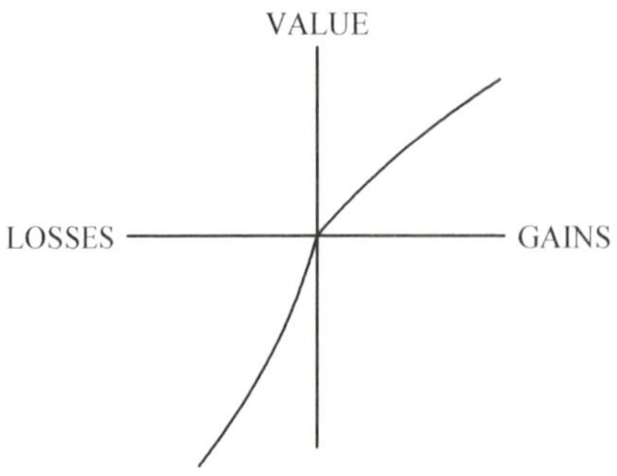

图 1-1　前景理论中假定的价值函数[17]

(1) 参照依赖(Reference Dependent)：价值的载体是相对一个参照点定义的“损失”或“获得”，即实际情况与参照水平的相对差异比实际的绝对值更加重要[18]。

(2) 损失厌恶(Loss Aversion)：等量的损失要比等量的获得对人们的感觉产生更大的影响。在金钱方面或在其他失去和所得能够被衡量的领域，人们对失去的价值感知通常是相同数量所得的两倍。从图 1-1 中可以看出，价值为负的区域(“损失”区域)的函数图像要比价值为正的区域(“获得”区域)的更加陡峭[19]。损失时的痛苦感要大大超过等量获得时的快乐感。Thaler[20]发现的“禀赋效应”(Endowment Effect)与损失厌恶有明显的相似之处：当一个人获得一样东西时，会认为这样东西比自己尚未拥有时更有价值。Kahneman，Knetsch 和 Thaler[21]通过著名的“瓷杯实验”对此偏好进行了证实。

(3) 敏感度递减(Diminishing Sensitivity)：敏感性递减的现象在人的认知领域无处不在，不论是“获得”还是“损失”的边际价值都随着各自取值的不断增大而减小。从图 1 - 1 可以看出,"获得"区域内的函数图像是凹的,表示风险厌恶;而在"损失"区域内是凸的,表示风险偏好。通俗地说,人们在面临"获得"时往往小心翼翼,不愿冒风险;而在面对"损失"时会很不甘心,容易冒险。

前景理论描述了在面对风险和不确定的情况时人们实际上是如何做出选择的一个普遍的心理过程,并为经济分析中构建效用函数提供了一个简单的数学基础。Nagle 和 Holden[22] 评价道,这一理论对于管理人员和研究人员的价值在于"它预测了现实中决策者是如何行为的,而不是应该如何行为"。Camerer[23] 给出了一些自然状态下针对前景理论的实例证据,包括金融、劳动力供给、个人储蓄、赌博等多个领域,进一步佐证了前景理论的有效性以及广泛的应用性。

深入理解人们的决策行为过程并将这些行为引入运作管理模型,开创了一个运作管理的新领域——行为运作管理。Loch 和 Wu[11] 给出了行为运作管理的定义:"行为运作管理是运作管理的一个多学科交叉分枝,它明确地考虑人类行为对组织绩效的影响,这些人类行为包括:认知偏见、社会偏好以及文化规范等。"

本书第 5 章主要研究考虑参照依赖有限理性行为的易变质品的库存与定价联合决策问题,包括零售商具有参照依赖行为和消费者具有参照依赖行为两种情况。

1.2 研究目的与意义

1.2.1 研究目的

本书主要研究易变质品的最优库存与定价决策问题。采用由简单到复杂、循序渐进的方法,首先讨论单独库存控制的问题;然后引入产品定价决策，讨论库存与定价联合决策问题；最后，引入人类有限理性行为，研究考虑参照依赖行为的库存与定价联合决策问题。主要目的在于针对易变质品构建具体库存条件和市场环境下的库存模型，通过数学方法证明最优解的存在性和唯一性，并给出相应的求解方法，以此来制定有效的管理策略，为企业提供管理建议和决策支持。具体的研究目标包括以下几点。

（1）通过构建各种市场环境和库存条件下具有不同变质特性和需求模式的易变质品的库存模型，研究产品的变质特性、需求模式以及系统成本结构对最优库存策略的影响。

（2）通过在库存模型中引入定价决策，构建具体条件下的库存与定价联合决策模型，研究库存决策与营销策略之间的影响与制约关系，以及各要素对最优库存和定价策略的影响。

（3）通过在库存与定价联合决策模型中引入人类有限理性行为，分别构建了零售商具有参照依赖行为和消费者具有参照依赖行为的库存与定价联合决策模型。揭示具有参照依赖行为的决策者真实的决策过程，以及与理性决策者在决策结果上的差异。同时研究消费者需求模式、参照依赖有限理性行为对最优库存和定价策略的影响，为企业提供借鉴和决策依据。

1.2.2 研究意义

本书主要研究不同库存条件和市场环境下易变质品的最优库存与定价决策问题。通过以上研究背景的分析，可知对该问题的研究具有重要的理论价值和实践意义。

（1）理论价值

本书的研究成果在理论上丰富和完善了易变质品库存控制领域和行为运作管理领域的相关研究。研究了在不同市场条件下，具有不同变质特性的产品在单独进行库存决策以及库存与定价联合决策问题下各自的最优策略;扩展了参照依赖有限理性行为方面的建模及在库存控制领域的应用。

(2) 实践意义

易变质品的库存决策对于企业的生存与发展至关重要。现代企业有必要准确地识别产品的变质特性,分析存储时间对其价值损耗的影响,并对其库存和市场进行科学有效的管理,以达到供需平衡的目的。本书的研究成果可以帮助企业更好地管理产品的库存,同时制定更有效的价格策略。此外,部分研究成果有助于企业更好地理解决策者自身的决策过程以及消费者的行为规则,更好地预测消费者对企业决策的反应,从而指导企业应对消费者行为带来的挑战,并巧妙利用由此产生的机遇,使企业在激烈的市场竞争中能够比较准确地把握并满足消费者的需求,保持在市场中的竞争优势。

1.3 研究内容与方法

1.3.1 研究内容

本书主要针对易变质品展开一系列的库存控制与定价策略研究。按照由简单到复杂的研究思路,首先讨论在产品的定价策略已知情况下具有不同变质特性的易变质品在不同的市场环境和库存条件下的最优库存策略;接着将定价决策引入库存控制中,提出易变质品的库存与定价联合决策问题;最后将人类有限理性行为引入库存与定价联合决策问题中,提出考虑参照依赖有限理性行为的库存与定价联合决策问题。全书共分 6 章。第 1 章是绪论;第 2 章是文献综述;第 3 章到第 5 章是主体部分;第 6 章是总结及展望。具体每章的研究内容如下。

第 1 章首先介绍本书的研究背景并提出研究问题,阐述了本书的研究目的、研究意义以及主要研究内容和研究方法，最后总结了本书的创新点。

第 2 章对相关已有研究文献进行了梳理和综述。

第 3 章主要研究易变质品的单独库存控制问题。3.1 节是该章的引言部分，进一步交代了问题的研究背景，并在相关文献综述的基础上描述将要研究的具体问题，包括常数变质率产品、两参数 Weibull 分布变质率产品、非立即变质品三类易变质品的库存控制问题。3.2 节至 3.4 节分别构建了三个相应的库存模型，进而证明模型最优解的存在性和唯一性。最后，通过数值方法模拟求解并分析主要参数对最优解的灵敏度，联系实际给出相关的管理建议。3.5 节对以上研究结果进行了总结。

第 4 章主要研究易变质品的库存与定价联合决策问题。4.1 节即该章的引言部分，描述了具体的研究问题，包括：有限时域内常数变质率产品的生产与定价联合决策问题；无限时域内常数变质率产品的生产与定价联合决策问题；时变变质率产品的订购与定价联合决策问题；保鲜技术投入下非立即变质品的订购与定价联合决策问题。针对提出的 4 个问题，4.2 节至 4.5 节具体分析并构建相应的库存-定价模型，进而对模型进行证明求解，在此基础上提出合适的算法并采用数值仿真的方法对模型参数的灵敏度进行分析，据此给出相应的管理建议。最后，4.6 节总结了相关研究结果。

第 5 章主要研究考虑参照依赖行为的易变质品库存与定价联合决策问题。5.1 节为引言部分，介绍了该章的研究背景和相关概念，并提出具体研究问题，包括零售商具有参照依赖行为的订购与定价联合决策问题和消费者具有参照依赖行为的订购与定价联合决策问题。5.2 节和 5.3 节对相应的问题进行了详细的建模、分析与证明，进而通过数值方法模拟分析参数的灵敏度，并给出相应的现实解释。5.4 节是该章的小结。

第 6 章首先对本书进行全面的总结，给出了本书的一些主要结论；进而讨论研究的局限性，并提出未来的研究方向。

1.3.2　研究方法

针对主要研究内容，广泛收集、整理、归纳和总结国内外相关研究文献和成果，以运筹学、管理学、经济学、营销学等多学科理论为指导，主要运用微分方法、非线性规划、数值仿真等方法来对相关问题进行深入的研究。具体技术路线如图 1-2 所示。

1.4　创 新 点

本书在前人的基础上对相关易变质品的库存控制问题、库存与定价联合决策问题以及考虑人类有限理性行为的库存与定价联合决策问题进行了研究。创新之处表现如下。

首先，基于已有库存控制理论文献研究的不足之处，针对需求依赖于库存水平的易变质品库存系统构建了三个不同的库存控制模型，分别为常数变质率产品、Weibull 分布变质率产品和非立即变质品的最优库存控制模型。各自的创新点分别为：① 假设系统缺货时部分延迟订购量同时依赖于已延迟订购的需求量和需要等待的时间，是关于二者共同的减函数的情况，而这一假设在以往的库存控制文献中并没有涉及。② 在同时考虑需求依赖于库存水平和变质服从 Weibull 分布的库存系统中考虑缺货时短缺量部分延迟订购的情况。③ 在讨论需求依赖于库存水平的非立即变质品的最优库存控制问题中同时假设保鲜期和变质期内库存水平对需求率的影响系数不同、进入变质期后变质服从 Weibull 分布、库存持有成本随时间发生变化、缺货时短缺量部分延迟订购。

其次，在库存控制模型中引入产品的定价决策，构建了不同于已有研究的易变质品库存与定价联合决策模型。具体研究了四个不同的库存与定价联合决策问题，包括：有限时域内常数变质率产品的生产与定价联合决策问题、无限时域内常数变质率产品的生产与定价联合决策问题、时变变质率产品的订购与定价联合决策问题、保鲜技术投入下非立即变质品的订购与定价联合决策问题。各自的创新点分别为：① 考虑产品的定价对需求的影响，探讨了有限时域内针对常数变质率产品生产商应如何制订最优的生产计划和定价策略。② 考虑了一个需求与库存水平和销售价格同时相关、生产率和变质率均为常数的易变质品的生产与定价联合决策模型，并且同时讨论了缺货量完全延迟订购和部分延迟订购的情况。③ 考虑了一个需求同时依赖于销售价格和库存水平、变质率和部分延迟订购率为关于时间的一般函数的易变质品的订购与定价联合决策模型，并将变质处理成本引入目标函数。④ 研究保鲜技术投入下对非立即变质品的订购、定价与保鲜技术资本投入的联合决策问题，同时假设需求受价格的影响、保鲜技术投入能够同时降低产品的变质率和延长保鲜期。

再次，将人类有限理性行为引入库存与定价决策问题，具体考虑人类的参照依赖和损失厌恶有限理性行为，分别讨论了零售商和消费者具有参照依赖行为的情况。各自的创新点分别为：① 基于前景理论考虑零售商具有参照依赖有限理性行为的单周期定价与订购联合决策问题，允许缺货且考虑资金的时间价值。② 探讨了一个需求同时依赖于价格和参照价格、变质率为常数的易变质品订购与定价联合决策问题，系统允许缺货且缺货量完全损失，分别讨论了消费者的参照效应为对称和非对称两种情形。而目前对多周期下易变质品的库存与定价联合决策问题中还没有相关文献考虑消费者的参照价格对需求的影响。

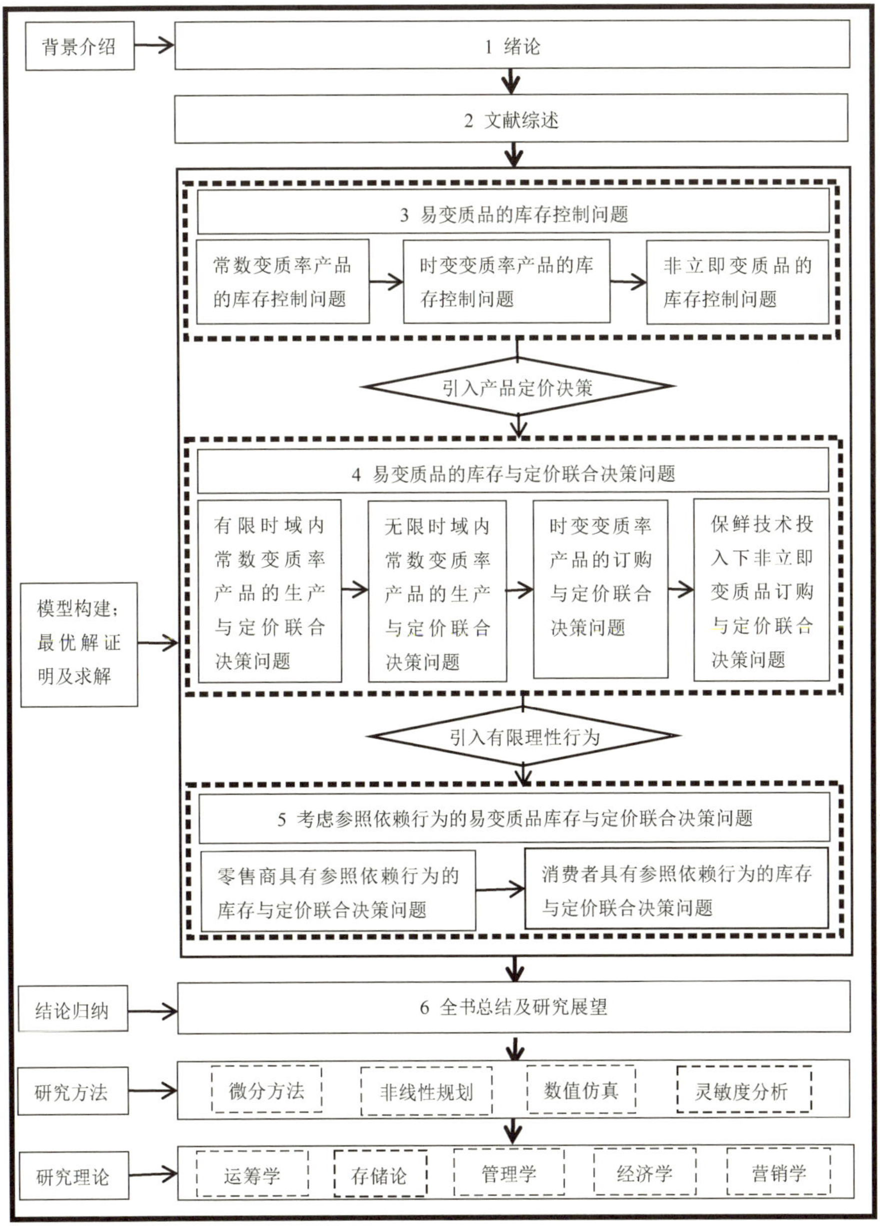
背景介绍
1 绪论
2 文献综述
3 易变质品的库存控制问题
常数变质率产品的库存控制问题
时变变质率产品的库存控制问题
非立即变质品的库存控制问题
引入产品定价决策
4 易变质品的库存与定价联合决策问题
有限时域内常数变质率产品的生产与定价联合决策问题
无限时域内常数变质率产品的生产与定价联合决策问题
时变变质率产品的订购与定价联合决策问题
保鲜技术投入下非立即变质品订购与定价联合决策问题
模型构建；最优解证明及求解
引入有限理性行为
5 考虑参照依赖行为的易变质品库存与定价联合决策问题
零售商具有参照依赖行为的库存与定价联合决策问题
消费者具有参照依赖行为的库存与定价联合决策问题
结论归纳
6 全书总结及研究展望
研究方法
微分方法
非线性规划
数值仿真
灵敏度分析
研究理论
运筹学
存储论
管理学
经济学
营销学

图 1－2　研究技术路线图

第2章 文献综述

与研究背景的描述一致，本章主要从以下三个方面分别对相关理论研究工作进行综述：① 易变质品库存控制方面的研究；② 易变质品库存与定价联合决策方面的研究；③ 考虑人类有限理性行为方面的研究。

2.1 易变质品库存控制方面的研究

自 1913 年 Harris 提出著名的经济订货批量模型（EOQ）以后，库存控制模型成为辅助库存管理的重要手段。在国内外众多学者的持续努力下，库存控制模型的研究领域持续扩充，从确定库存模型扩展到随机库存模型、从单产品库存模型发展成多产品库存模型、从单级库存模型拓宽到供应链环境下的多级库存模型、从耐用品库存模型再到易变质品库存模型等，不仅在形式上而且在具体内涵上也更加接近实际的经济管理活动，已经建立起庞大的模型体系，极大地丰富和发展了库存控制理论。

由于本书的研究对象是易变质品，因此将着重论述易变质品的相关库存研究，关于易变质品库存控制的相关文献综述见文献[24—26]。对于易变质品来说，为了控制由产品变质引起的成本增加，商家可能更倾向于延迟交付需求。因此，在构建此类产品的库存模型时需要考虑以下两类因素。一类是产品的变质特性。回顾相关研究文献，可以发现关于产品变质特性的假设主要有：常数变质率；时变变质率，常见的有 Weibull 分布变质率和 Gamma 分布变质率；非立即变质。另一类是关于系统缺货的假设。当系统缺货时可能会有三种不同的情况发生：完全延迟，即所有的需求均延迟订购；完全损失，即所有的需求都损失；部分延迟，即一部分需求延迟订购，而另一部分损失。文献中对部分延迟订购率的假设有：固定比例；与延迟订购量负相关，即某时刻延迟的需求量越多，此刻愿意延迟的量越少，反之则越多；与等待时间负相关，即等待时间越长，愿意接受延迟交付的需求越少，反之则越多。此外，文献中常用的两种形式的与等待时间相关的部分延迟订购率(用 $B[\tau]$ 表示，τ 为顾客的等待时间)为：(1) 延迟订购率是等待时间的负指数函数 $B(\tau)=K_0e^{-K_1\tau}$；(2) 延迟订购率是等待时间线性函数的倒数 $B(\tau)=K_0/(1+K_1\tau)$，其中 $\tau>0$，$0\leqslant K_0\leqslant 1$，$K_1\geqslant 0$。

Ghare 和 Schrader[27]最早将常数变质率引入库存模型，构建了一个易变质品的 EOQ 模型。随后，Shah 和 Jaiswal[28]以及 Aggarwal[29]也研究了常数变质率产品的库存控制问题。但在这些模型中均假设需求率为常数。事实上，对于处于生命周期成熟阶段的产品，常数需求具有一定代表意义，但对于其他一些非成熟期的产品，其需求随时间会发生变化。比如处在生命周期成长阶段的产品或季节性、流行性产品在销售季初时，随着人们对其性能的逐渐了解以及对相应品牌的认可或是对流行的跟随，需求会逐渐增大；反之，如果产品处于生命周期的衰退阶段或者是在其销售季末时，由于技术更新、消费者需求改变或流行的更替等原因，需求会随时间而不断减小。因此，时变需求的概念逐渐被引入库存模型中。

Dave 和 Patel[30]建立了一个有限时域内需求率与时间线性相关、变质率为常数且不允许缺货的易变质品库存模型。Chakrabarti 和 Chaudhuri[31]在有限时域内考虑了线性时变需求、常数变质率以及完全延迟订购的情况。

Hariga[32]构建了一个有限时域内需求率是关于时间的任意连续函数、变质率为常数、除最后一个周期外，其他周期均允许缺货且完全延迟订购的易变质品库存控制模型。Wee[33]在有限时域内考虑了一个需求率随时间指数递减、常数变质率、除了首末周期外，其他周期均允许缺货的易变质品库存控制问题，分别讨论了完全延迟订购和部分延迟订购的情况。Chang 和 Dye[34]构建了一个有限时域内需求率是关于时间的任意连续函数、常数变质率、部分延迟订购率是等待时间线性函数的倒数的易变质品库存控制模型。Papachristos 和 Skouri[35]以及 Skouri 和 Papachristos[36]研究了不同成本结构下有限时域内易变质品的库存控制问题，假设需求函数是关于时间的任意对数凹函数，变质率为常数，部分延迟订购且延迟订购率是等待时间的负指数函数。Teng，Chang 和 Dye 等[37]考虑了有限时域内每个周期内购买成本可变的情况，构建了一个需求率是关于时间的对数凹函数、常数变质率、允许缺货且部分延迟订购率是关于等待时间的减函数的易变质品库存补货模型。Khanra 和 Chaudhuri[38]讨论了有限时域内需求是关于时间的连续二次函数、常数变质率、不允许缺货的易变质品库存控制问题。

上述研究假设需求率为常数或与时间相关。我们注意到，现实生活中有一类产品的需求受库存水平的影响，如日常生活中常见的果蔬、面包等，以及节日的礼品（如端午的粽子、中秋的月饼等）和快销时尚品（如 ZARA、优衣库等时装品牌）等生命周期较短的易变质品，较高的库存水平能够带来较大的需求。如 Levin，Mclaughlin 和 Lamone 等[39]所述，“超市里物品的大量展示会激发顾客更大的购买欲望”，即需求率与库存水平相关。之后很多学者都对需求依赖于库存水平的易变质品库存优化问题进行了研究。Urban[40]提供了一个关于需求依赖于库存水平的相关库存研究的详尽综述。对于需求依赖于库存水平的库存系统来说，通常企业会通过维持一个较高的库存水平来增加需求从而获得潜在的利润。但是，更高的库存水平不只带来更高的销售量，同时也带来更高的库存持有成本和变质成本。如果系统目标是成本最小化，那么与传统的常数需求率的 EOQ 模型相比，需求受库存水平影响的系统将会保持一个较低的库存水平[41]。这与企业的初始目标(扩大需求、增加利润)是相悖的，因此对于该类库存系统应该采用平均利润最大化作为目标函数。

Padmanabhan 和 Vrat[42]构建了需求依赖于库存水平的易变质品库存模型并推导出不允许延迟订购、完全延迟订购和部分延迟订购三种情况下的利润函数。Chung，Chu 和 Lan[43]给出了文献[42]中构建的不允许延迟订购和完全延迟订购两种情况下平均利润函数存在唯一最优解的必要条件和充分条件。Dye 和 Ouyang[44]构建了一个需求与库存水平线性相关、缺货量部分延迟订购且延迟订购率是等待时间线性函数的倒数、常数变质率的库存模型。Teng，Ouyang 和 Cheng[45]构建了一个变质率为常数，需求率与库存水平呈幂函数形式，不允许缺货且期末库存水平不为零的 EOQ 模型。Hou[46]建立了一个有限时域内考虑通货膨胀与资金时间成本的易变质品库存模型，假设需求与库存水平线性相关，变质率为常数，允许缺货且缺货量完全延迟订购。Yang，Teng 和 Chern[47]在考虑资金的时间价值和通货膨胀的基础上构建了一个有限时域内补货周期不同、需求依赖于库存水平、常数变质率、缺货量部分延迟订购的易变质品库存模型。罗兵、杨帅和李宇雨[48]在需求同时依赖于时间和库存水平、常数变质率、时变购买成本、允许缺货且缺货量完全延迟的假设基础上，构建了一个有限时域内等周期且各周期服务水平相同的易变质品库存模型。罗兵、杨帅和熊中楷[49]进一步考虑时变短缺量拖后率以及资金时间价值等因素对变质产品库存管理的影响，建立了相应的 EOQ 模型。

以上研究均假设产品的变质率为常数。然而，研究发现干电池的漏电情况和处方药的平均寿命关于时间呈 Weibull 分布。Covert 和 Philip[50]和 Philip[51]分别考虑了两参数和三参数 Weibull 分布变质率的情况。Jalan，

Giri 和 Chaudhuri[52]在文献[50]的基础上，建立了线性需求下允许缺货的两参数 Weibull 分布变质品的库存模型。随后，Chakrabarty，Girl 和 Chaudhuri[53]在文献[51]的研究基础上，采用了具有很强普适性的三参数 Weibull 函数来描述变质率，并在允许缺货和时变需求假设的基础上构建了相应的库存模型，取得了对产品变质较好的模拟。Ghosh 和 Chaudhuri[54]假设产品的变质率服从两参数的 Weibull 分布，建立了需求率是时间的二次函数的易变质品库存模型。励凌峰、黄培清和骆建文[55]也利用三参数 Weibull 函数描述产品的变质特性，在有限时域内研究无限订货次数情况下的最优订购策略。Tadikamalla[56]讨论了产品的变质服从 Gamma 分布的情况。Giri，Chakrabarty 和 Chaudhuri[57]构建了产品的变质率是时间的线性函数的库存模型。Goyal 和 Giri[58]考虑了一个易变质品的生产-库存问题，其中假设生产率、需求和变质率均为时间的任意函数，部分延迟订购率为常数。Sarkar[59]考虑了一个有限生产率条件下的生产-库存模型，其中需求率和变质率均时变，不允许缺货，允许零售商延迟支付货款。黄波、孟卫东和熊中楷[60]在有限销售期内建立了一个变质率与时间线性相关、缺货量部分延迟订购、需求随时间指数增长、销售和采购价格均随时间指数下降的易变质品库存模型。

以上研究假设产品一旦进入库存系统，变质就开始发生，即库存产品为立即变质品。但实际上，大部分产品都有一个维持其原始状态不变的时间段，可称为“保鲜期”，即在保鲜期内没有变质发生；当持有时间超过保鲜期后物品才开始逐渐变质，称为“变质期”。Wu，Ouyang 和 Yang[61]首先将这一现象引入库存模型，定义为“非立即变质”(Non-instantaneous deterioration)。作者以平均成本最小化为决策目标，讨论了需求依赖于库存水平、允许缺货且部分延迟订购率是顾客等待时间线性函数倒数的情况下非立即变质品的库存决策问题。Chang，Teng 和 Goyal[62]以平均利润最大化为决策目标，对文献[61]的模型进行修正，进一步讨论了持有库存有利的情况，假设库存系统存在一个最大的货架空间，并且期末库存水平不为零。后来，针对非立即变质品，很多文献讨论了在各种假设条件下的不同库存问题。Ouyang，Wu 和 Yang[63]构建了一个常数需求率、不允许缺货且允许延迟付款的非立即变质品的库存模型。然而，Chung[64]指出，文献[63]中对寻找最优决策的定理和方法的推导过程是不完整的，并对其证明进行了补充和完善。其他在非立即变质品库存模型中考虑延迟付款情况的研究见文献[65—67]。上述文献均假设非立即变质品在变质期内的变质率为常数。近年，Dye[68]讨论了非立即变质品的库存问题，在其模型中假设变质期内产品的变质率是时变的。

2.2　易变质品库存与定价联合决策方面的研究

在传统管理实践中，企业的定价策略和库存策略通常由销售部门和供应部门分别制定，而且对两个部门做出的决策很少考虑协调的问题。同样，在传统的理论研究中，收益管理领域关于定价策略的研究通常是通过最大化系统的平均收益得到的，往往忽略与库存相关的成本（如文献[69]）。而在库存控制模型中，其目标是最小化系统的成本，包括订购成本、购买成本、库存持有成本、缺货成本和机会成本等，然而此时又往往忽略产品的价格对系统的影响（如文献[70—71]）。虽然有一些库存相关研究考虑了产品的价格，但一般也被看作是外生变量（如文献[61]）。收益管理领域的相关理论研究表明，单独的动态定价策略已无法很好地完成管理销售的目的，采用动态定价和库存策略互补的方式更有利于最大化系统的整体利润[72-74]。另一方面，流程再造的兴起使企业开始朝着消除组织内部不同职能部门之间的隔阂而努力，并且越来越重视对运作和市场的整合。

在这一实践趋势的同时，也对理论研究提出相应的要求，需要理论研究人员构建跨部门的管理模型，并开发相应的决策支持系统[75]。

Whitin[76]首次考虑了定价与库存控制联合决策问题，分别以 EOQ 模型和报童模型为基础，构建了确定需求和随机需求两类模型。随后，越来越多的学者开始研究库存与定价联合决策问题。相关的文献综述可参考文献[2，7，77—78]。

Mills[79]以及 Karlin 和 Carr[80]分别考虑了需求与价格相关，需求不确定性为相加和相乘情况下的单周期库存与定价联合决策问题。Petruzzi 和 Dada[81]进一步给出了一个关于需求不确定性相加和相乘的统一模型。Khouja[82]给出了一个关于单周期库存与定价联合决策问题的较为全面的综述。

Eilon 和 Mallaya[83]首先讨论易变质品的联合定价和订购策略。此外，Cohen[84]考虑了一个需求与销售价格相关、常数变质率的易变质品联合定价和订购问题，同时考虑了完全损失和完全延迟订购两种情况。Rajan 和 Steinberg[85]针对易变质品讨论了短期内连续动态定价与订购问题，假设价格在补货周期内可随时间自由变化，需求是关于时间和价格的非增函数，产品的变质率为常数，系统不允许缺货。Abad[86]在此基础上，进一步考虑了系统允许缺货且缺货量与顾客等待时间相关的部分延迟订购情况。Hwang 和 Shinn[87]针对需求与价格非线性相关、常数变质率的产品，研究供应商允许延迟支付货款情况下零售商同时决策定价和订购的问题。Abad[88]构建了一个同时决定产品定价和订购策略的库存模型，假设需求是关于销售价格的减函数，产品的变质率是与时间相关的函数，允许缺货且缺货量部分延迟订购，部分延迟订购率是关于等待时间的减函数，但该模型忽略了缺货成本和由丧失销售而带来的机会成本。Dye[89]考虑缺货成本和机会成本，构建了一个需求与价格相关、变质率与时间相关、部分延迟订购率是等待时间线性函数的倒数情况下的联合定价与库存控制模型。

Dye，Hsieh 和 Ouyang[90]进一步讨论了部分延迟订购率是顾客等待时间的负指数函数的情况。Abad[91]针对易变质品，同时考虑缺货成本和由丧失销售而带来的机会成本构建了一个联合产品定价和订购的决策模型。Papachristos 和 Skouri[92]假设需求率是关于价格的连续非负递减凸函数，变质服从两参数 Weibull 分布，缺货量部分延迟订购且延迟订购率是等待时间线性函数的倒数，在考虑数量折扣的基础上建立库存模型。Sana[93]构建了一个更为一般的定价与订购模型，假设部分延迟订购率是关于等待时间的任意连续可微函数。Begum，Sahoo 和 Sahu 等[94]研究了一个需求与价格相关、变质服从三参数 Weibull 分布、缺货量完全延迟订购的联合定价—订购问题。Begum，Sahoo 和 Sahu[95]在不允许缺货的情况下考虑了一个类似的问题。Abad[96]构建了一个生产率与变质率均为常数的易变质品定价和生产联合决策模型，其中考虑了缺货量部分延迟订购的情况，但在其成本构成中并未考虑缺货成本和机会成本，同时需求仅与价格相关。Teng 和 Chang[97]也针对易变质品提出了一个生产率和变质率均为常数的生产和定价联合决策模型，虽然假设产品的需求与库存水平和价格同时相关，但系统不允许缺货。

Chen 和 Chen[98]提出了一个有限时域内需求与时间和价格同时相关，允许周期性上下调整销售价格，缺货量完全延迟订购的易变质品库存模型，同时也考虑了通货膨胀和资金的时间价值。彭作和与田澎[99]建立了一个有限销售期内需求是价格的减函数、变质率为常数且考虑货币时间价值的易变质品临时价格折扣模型。Hou 和 Lin[100]考虑通货膨胀和货币的时间价值，假设产品的变质率为常数，需求同时受库存水平和价格的影响，缺货量完全延迟订购，构建了一个有限时域内的库存模型。Hsieh 和 Dye[101]考虑通货膨胀的影响，构建了一个有限时域内易变质品的定价和订购模型，假设需求与时间和价格同时相关并且允许对价格进行周期性上下调整，常数变质率，部分延迟订购且延迟订购率与顾客等待时间相关。

以上讨论多集中在立即变质产品上，学者们也讨论了非立即变质品的库存与定价联合决策问题。Wu，Ouyang 和 Yang[102]讨论了需求受价格影响且不允许缺货条件下非立即变质品的联合补货和定价策略。Yang，Ouyang 和 Wu[103]在假设允许缺货且部分延迟订购的条件下，研究了类似的定价和库存问题。Maihami 和 Nakhai Kamalabadi[104]也构建了非立即变质品的联合定价与库存控制模型，其中假设需求同时依赖于价格和时间，缺货量部分延迟订购。在以上文献中，变质率均假设为常数。Shah，Soni 和 Patel[105]引入一般形式的时变变质率和库存持有成本，构建了一个非立即变质品的联合库存控制和市场决策模型，其中需求率同时依赖于产品的广告频次和销售价格，不允许缺货。Sarkar 和 Sarkar[106]也假设变质率与时间相关，以平均利润为目标函数，构建了需求率依赖于库存水平、部分延迟订购率与时间相关的非立即变质品的库存模型。

2.3 考虑人类有限理性行为方面的研究

人类行为和认知对经济、金融、会计、法律、市场营销、运作等领域都有较大的影响。事实上，从产品设计、开发到制造再到服务以及供应链协调管理的绝大多数运作系统中，人都是系统的重要组成部分，人类行为可能会在很大程度上影响运作系统，并对管理措施做出反应[9]。Bendoly，Donohue 和 Schultz[8]，Gino 和 Pisano[12]认为心理因素和行为规范可能会对运作管理问题（比如定价、供应链管理、质量控制、产品开发以及项目管理）产生重要的影响。近年来，越来越多的研究成果聚焦于考虑有限理性行为的运作管理问题上。Laibson[107]，Gruber 和 Koszegi[108]，Della Vigna 和 Malmendier[109]考虑了研究对象的双曲时间偏好行为。Frederick，Loewenstein 和 O'Donoghue[110]对双曲时间偏好行为方面的研究给出了相关的综述。Su[111]研究了考虑消费者惰性的动态定价决策模型。Ho 和 Zhang[112]，Lim 和 Ho[113]在供应链管理的契约设计问题中引入风险厌恶和决策偏好行为，发现在供应链协调问题中供应链各成员存在参照依赖和损失厌恶行为。Plambeck 和 Wang[114]在服务系统排队问题中讨论了决策偏差行为。Katok，Thomas 和 Davis[115]以及 Bostian，Holt 和 Smith[116]在库存与配送中心的管理问题中应用了启发式规则。Loch 和 Wu[117]将供应链成员的社会偏好行为引入供应链管理问题中。Bendoly，Donohue 和 Schultz[8]，Gino 和 Pisano[12]对行为运作管理方面的最新研究进行了综述，并指出了一些相关的研究主题。

与本书的主要研究内容相一致，以下将重点对考虑参照依赖和损失厌恶有限理性行为的相关研究进行分析。Kahneman 和 Tversky[17]，Tversky 和 Kahneman[118]以及 Kahneman，Knetsch 和 Thaler[21, 119]关于禀赋效应(Endowment Effect)的研究为将此类有限理性行为引入运作管理奠定了理论与模型基础。Loch 和 Wu[11]提出了两类考虑参照依赖和损失厌恶有限理性行为的运作管理问题：① 当企业决策者自身行为具有参照依赖和损失厌恶的特性时，其实际是如何做决策的以及最优的决策应该是怎样的；② 企业决策者自身是理性的、追求利益最大化，但其所处的商业环境中存在参照依赖和损失厌恶偏好行为的消费者时，企业又该如何做出最优决策，比如，追求利润最大化的企业面对具有参照依赖和损失厌恶偏好行为的消费者应该如何制定最优决策。下面将分别综述这两类问题的相关研究。

(1) 企业决策者具有参照依赖有限理性行为

该类问题的典型研究是在报童模型中考虑零售商的参照依赖和损失厌恶有限理性行为。Schweitzer 和 Cachon[14]将损失厌恶引入报童模型。Wang 和 Webster[120]进一步对包含损失厌恶的报童模型进行研究，更加具体地分析了损失厌恶情况下零售商的订购决策是如何偏离标准报童模型的最优策略的。Su[121]在决策者为有限理性的情况下(在做决策时可能会犯错或存在一定偏见),将定量选择模型(Quantal Choice Model)引入传统的报童模型,并得到相应的订货决策。周永务、肖旦和李绩才[122]针对实际的决策偏差,研究了损失厌恶零售商在不确定性需求下的广告费用和订货量的联合决策问题,基于前景理论框架下的损失厌恶效用函数建立了相应的联合决策模型。

(2) 消费者具有参照依赖有限理性行为

该类问题主要讨论当消费者存在参照依赖和损失厌恶偏好行为时,理性的企业该如何制定相应的策略。Helson[123]提出的适应水平理论(Adaptation Level Theory)指出,顾客对当前价格的反应是通过将当前价格与基于过去价格而形成的一个内在标准进行比较而做出的。这个内在的标准被称为参照价格(Reference Price),通常认为参照价格是一个价格期望,即消费者的购买决策不仅依赖于当时的商品标价,而且还与参照价格相关。参照价格对需求的影响称为"参照效应"(Reference Effect),可以通过前景理论的基本原理在个人决策方面的应用来解释,即顾客通过将商品的标价与参照价格进行对比来感知"获得"与"损失"(折扣与溢价),而且对获得与损失的感知具有内在的不对称性——同等程度的损失要比获得的感知放大很多,也即"损失厌恶"。此外,对于获得与损失的敏感度都随着距参照点距离的增大而减小[124]。Kalyanaram 和 Winer[125]总结了在参照价格的研究背景下关于前景理论的大量实证研究,证实了在总体需求水平上参照效应是扭曲的 S 形。Mazumdar,Raj 和 Sinha[126]从参照价格的建模、应用和对各种购买决策的影响三个方面提供了一个对参照价格相关研究的详细综述。Heidhues 和 Köszegi[127]在消费者的随机参照点由理性预期个人均衡决定的情况下提出了一个经济模型。

目前关于参照效应的相关模型研究主要集中在动态定价领域。Sorger[128]研究了在参照价格效应影响下的联合动态定价和广告策略的局部稳定性。Kopalle, Rao 和 Assunção[129] 以及 Fibich, Gavious 和 Lowengrart[75] 在较为简单的、具有线性参照效应的线性需求假设下研究了相关动态定价问题。Popescu 和 Wu[124] 应用更为一般的需求模型(非线性)假设,考虑在一个存在反复交互活动的市场环境下,一个垄断企业的动态定价问题,假设需求受企业历史定价的影响,消费者具有记忆和认知局限,倾向于一定的决策偏差。根据企业以往的定价情况,消费者对产品形成一个参照价格。基于消费者对价格的感知,这个参照价格就好像是一个锚定的标准,消费者通过对实际价格与参照价格的比较来判断是"获得"还是"损失",从而做出是否购买的决策。上面的考虑参照效应的定价建模文献多假设消费者的价格期望遵从一个指数平滑的适应性期望过程,即消费者锚定于一个对过去所有价格的加权平均值上。Nasiry 和 Popescu[130] 基于心理学上的"峰终定律"(Peak-End Rule)提出一种新的、行为驱动的消费者参照价格机制模型,并将其运用于动态定价的情景下。模型假设消费者锚定的参照价格是以往最低价格和最近一次购买价格的加权平均,并且消费者是厌恶损失的。

在库存与定价联合决策问题上,考虑消费者具有参照效应的研究还很少。Urban[131] 构建了一个考虑消费者参照效应的单周期订购与定价联合决策问题,并提出了一个针对非对称参照价格效应模型的最优解求解方法。

第3章 易变质品的库存控制问题

3.1 引　言

本章主要研究需求依赖于库存水平的易变质品库存控制问题。一般而言，当缺货发生时并不是所有的顾客都愿意延迟订购，所以在某一给定时刻只有一定比例的需求会延迟，即“部分延迟订购”更贴近现实。另外，大多数需求依赖于库存水平的相关研究都是建立在“持有库存不利”的假设基础上。然而，当需求依赖于库存水平时，显然产品货架空间的增加能够引导更多的顾客前来购买。这种现象的发生在于产品的可见性、流行性和多样性。相反，一些产品的低库存(如食品)可能增强顾客认为产品不新鲜的感知。因此，对该类产品持有库存通常对销售和利润有积极的影响。Chang，Goyal 和 Teng[132]在“持有库存有利”的假设基础上，建立了一个库存模型；另外，该模型假设期末剩余的库存能够如同完全新鲜的产品一样在下一个周期继续销售。但是这一个假设在实践中并不普遍，特别是对于易变质品，它们将随着时间的推移逐渐变质。在现实生活中，将期末剩余的库存以一定折扣处理掉是更加普遍的做法。因此，3.2 节主要考虑需求依赖于库存水平、变质率为常数、允许缺货且缺货量部分延迟订购的易变质品最优库存控制问题，具体假设部分延迟订购量同时依赖于已延迟订购的需求量和需要等待的时间，是关于二者共同的减函数，即被延迟的需求量越多或等待时间越长，那么愿意接受延迟的需求将越少。在给出系统应该在库存期末持有库存还是允许缺货两种模式各自有利的条件基础上，分别构建相应模型。对于持有库存有利的情况，考虑期末剩余的库存以残值的形式处理掉的情况。

然而，在需求依赖于库存水平的相关库存文献中，考虑 Weibull 分布变质品的研究较少。黄卫来和黄松[133]在有限计划时域内，同时考虑需求与库存水平相关、变质服从两参数 Weibull 分布、允许缺货且缺货量完全延迟订购的情况，以库存系统的总成本最小为目标函数构建了考虑资金时间价值的库存模型。Roy 和 Chaudhuri[134]提出了需求与库存水平相关，变质服从两参数 Weibull 分布的易变质品的 EPQ 模型，以总成本最低为目标函数，分别考虑了完全延迟订购和完全损失两种情况。然而以上模型均忽略了部分延迟订购的情况。Wee[33]，Park[135]和 Hollier 以及 Mak[136]研究了部分延迟订购的情形，但是在他们的库存模型中都假设当缺货发生时部分延迟订购率是一个常数。因此，3.3 节主要讨论需求依赖于库存水平，变质服从两参数 Weibull 分布，允许缺货，且缺货量部分延迟订购的易变质品库存控制问题，具体假设延迟订购率与等待时间负相关。

以上研究中讨论的产品均为“立即变质”的。接下来讨论“非立即变质”的情况。对于需求依赖于库存水平的非立即变质品来说，闵杰和周永务[137]指出，“在实际中由于消费者会更加偏爱新鲜物品，因此物品从‘新鲜’到‘变质’其需求受库存水平影响的系数是在不断变化的”；作者假设保鲜期和变质期内产品的需求受库存水平影响的系数不同，变质期内产品的变质率为常数，系统允许缺货且部分延迟订购率是顾客等待时间的负指数函数，以平均利润最大化为目标函数构建了相关库存模型。此外，在传统的库存模型以及前面提到的相关文献中多假设单位库存持有成本为固定的常数。但是事实上持有成本并不总是常数。Alfares[138]假设库存持有成本是关于时间递增的阶梯函数。Pando,García-Lagunaa 和 San-José 等[139]假设库存持有成本是关于即时库存水平的幂函数。Roy[140]假设库存持有成本是关于时间的任意的连续增函数。综上,3.4 节主要研究需求依赖于库存水平的非立即变质品的最优库存控制问题。具体假设需求受库存水平的影响,但在保鲜期和变质期内库存水平对需求率的影响系数不同;产品的持有时间超过保鲜期进入变质期后,变质率随时间发生变化,为 Weibull 分布变质率;库存持有成本是关于时间的一般形式的连续增函数;允许缺货且缺货量部分延迟订购,部分延迟订购率是关于顾客等待时间的负指数函数。

3.2 常数变质率产品的库存控制问题

本节研究需求依赖于库存水平的常数变质率产品的库存控制问题,构建了允许延迟订购和不允许延迟订购两类模型。在允许延迟订购的库存模型中,假设部分延迟订购率与顾客的等待时间和已经延迟订购的需求量同时相关,分别讨论了持有库存不利和持有库存有利两种情况。在不允许延迟订购的模型中,假设期末的剩余库存以一定的残值被处理掉。给出了模型存在唯一最优解的充分条件。最后,为了说明所构建模型的有效性,给出了一些数值分析。本节所构建的库存模型是当前文献中一些模型的一般情况。特别地,当 $\delta_1=1$ 时,与 Padmanabhan 和 Vrat[42]的模型一致;当 $\delta_2=0$ 时,又与 Dye 和 Ouyang[44]的模型一致;如果 $S=s,\delta_2=0$,该模型将简化为 Chang,Goyal 和 Teng[132]的模型。

3.2.1 假设与符号说明

本节用到的假设和其他符号说明如下。

(1) 计划时域无限，补货率无穷大且提前期为 0。

(2) 产品的变质率 $\theta(0 \leqslant \theta \leqslant 1)$ 为常数。

(3) $I(t)$ 表示在 $t \in [0,\ t_1 + t_2]$ 时刻的库存水平，$t_1 (t_1 \geqslant 0)$ 表示在补货周期内库存水平为非负的时间段长度(决策变量)，$t_2 (t_2 \geqslant 0)$ 表示库存水平为负(或缺货)的时间段长度(决策变量)，$T = t_1 + t_2$ 为总的补货周期的长度。I_0 表示初始库存水平即 $I_0 = I(0)$，S 表示最大缺货量，即 $S = -I(T)$。此外，由于在一个周期内不发生缺货的时间越长，顾客需求的满足率就越高，即服务水平越高，所以在文献中常用不发生缺货的时间段在一个周期内所占的比例来表示系统的服务水平，由此，库存系统的服务水平可用 t_1/T 来表示。

(4) 实际需求率 D 表示为

$$D(I(t)) = \begin{cases} \alpha + \beta I(t), & 0 \leqslant t \leqslant t_1 \\ \dfrac{\alpha + \delta_2 I(t)}{1 + \delta_1 (T - t)}, & t_1 \leqslant t \leqslant T \end{cases} \tag{3-1}$$

其中，$\alpha\ (\alpha > 0)$ 表示基本需求，这部分需求一般较为稳定；$\beta\ (0 < \beta < 1)$ 表示库存水平对需求率的影响系数；$\delta_1 (\delta_1 \geqslant 0)$ 和 $\delta_2 (\delta_2 \geqslant 0)$ 分别表示系统缺货时等待时间和已延迟订购量对需求率的影响系数。当 $0 \leqslant t \leqslant t_1$ 时，$I(t) \geqslant 0$，此时 $D(t)$是关于库存水平 $I(t)$的线性函数；当 $t_1 \leqslant t \leqslant T$ 时，缺货发生，即 $I(t) < 0$，此时未满足的需求将部分延迟订购，且部分延迟订购率由已延迟订购的需求量和等待时间同时决定。当 $\delta_1 = \delta_2 = 0$ 时，未满足的需求将完全延迟订购；当 $\delta_1 > 0$ 或 $\delta_2 > 0$ 时，未满足的需求部分延迟订购。δ_1 和 δ_2 越大，部分延迟订购率越小，因此称 δ_1 和 δ_2 为“延迟订购阻力系数”。

3.2.2　模型建构与分析

分别构建缺货时允许延迟订购和不允许延迟订购两类模型，并得出缺货或持有库存有利的条件。

1. 允许延迟订购的模型

对于缺货时允许延迟订购的情况，图 3－1 给出了一个补货周期内库存水平随时间的变化曲线。从 $t=0$ 时刻补货周期开始，期初补货使得库存达到某一水平 I_0，即 $I_0=I(0)$；在时间段$[0, t_1]$内，在需求和变质的共同作用下库存水平不断下降，在 t_1 时刻下降到0，即 $I(t_1)=0$；接着缺货发生，在时间段$(t_1, T]$内，系统处于缺货状态，在延迟订购需求的作用下缺货量逐渐增加，在 $t=T$ 时刻一个补货周期结束，下一个补货周期开始。

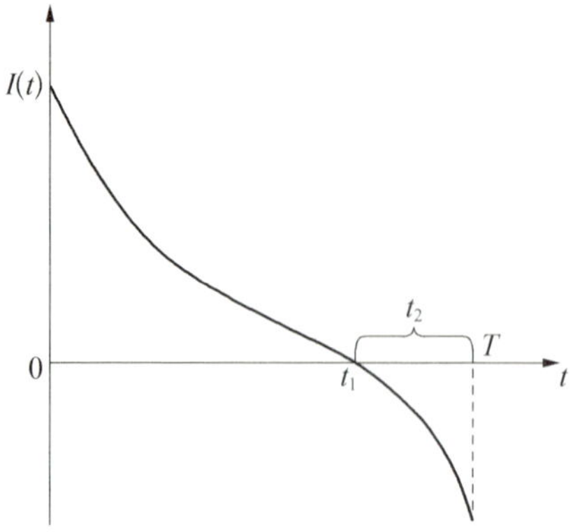

图 3－1　缺货量延迟订购情况下库存水平变化曲线

由假设可知，即时库存水平 $I(t)$满足下列微分方程：

$$\frac{\mathrm{d}I(t)}{\mathrm{d}t}=\begin{cases}-\alpha-\beta I(t)-\theta I(t), & 0\leqslant t\leqslant t_1,\\ \dfrac{-\alpha-\delta_2 I(t)}{1+\delta_1(T-t)}, & t_1<t\leqslant T。\end{cases}\tag{3-2}$$

从式(3－2)可知，当 $0\leqslant t\leqslant t_1$ 时，有

$$\frac{\mathrm{d}I(t)}{\mathrm{d}t}=-\alpha-(\beta+\theta)I(t),$$

由 $I(t_1)=0$，可得

$$I(t)=\frac{\alpha[\mathrm{e}^{(\beta+\theta)(t_1-t)}-1]}{\beta+\theta},\tag{3-3}$$

当 $t_1<t\leqslant T$ 时，有

$$\frac{\mathrm{d}I(t)}{\mathrm{d}t}=\frac{-\alpha-\delta_2 I(t)}{1+\delta_1(T-t)},$$

解得

$$I(t)=-\frac{\alpha}{\delta_2}\left\{1-\left[\frac{1+\delta_1(T-t)}{1+\delta_1(T-t_1)}\right]^{\frac{\delta_2}{\delta_1}}\right\}。\tag{3-4}$$

由式(3－3)和式(3－4)可知，微分方程式(3－2)的解为

$$I(t)=\begin{cases}\dfrac{\alpha[e^{(\beta+\theta)(t_1-t)}-1]}{\beta+\theta}, & 0\leqslant t\leqslant t_1,\\ -\dfrac{\alpha}{\delta_2}\left\{1-\left[\dfrac{1+\delta_1(T-t)}{1+\delta_1(T-t_1)}\right]^{\frac{\delta_2}{\delta_1}}\right\}, & t_1<t\leqslant T。\end{cases}\tag{3-5}$$

综上，一个补货周期内总利润的构成要素如下：

(1) 固定订购成本 $FC=A$；

(2) 购买成本

$$\begin{aligned}PC&=C_p(I(0)-I(T))\\&=C_p\alpha\left[\frac{e^{(\beta+\theta)t_1}-1}{\beta+\theta}+\frac{1}{\delta_2}\left\{1-[1+\delta_1(T-t_1)]^{-\frac{\delta_2}{\delta_1}}\right\}\right];\end{aligned}$$

(3) 库存持有成本

$$\begin{aligned}HC&=C_h\int_0^{t_1}I(t)\mathrm{d}t=C_h\int_0^{t_1}\frac{\alpha[e^{(\beta+\theta)(t_1-t)}-1]}{\beta+\theta}\mathrm{d}t\\&=\frac{C_h\alpha}{\beta+\theta}\left[\frac{e^{(\beta+\theta)t_1}-1}{\beta+\theta}-t_1\right];\end{aligned}$$

(4) 缺货成本

$$\begin{aligned}SC&=C_s\int_{t_1}^{T}I(t)\mathrm{d}t=C_s\int_{t_1}^{T}\frac{\alpha}{\delta_2}\left\{1-\left[\frac{1+\delta_1(T-t)}{1+\delta_1(T-t_1)}\right]^{\frac{\delta_2}{\delta_1}}\right\}\mathrm{d}t\\&=\frac{C_s\alpha}{\delta_2}\left[(T-t_1)-\frac{[1+\delta_1(T-t_1)]}{(\delta_1+\delta_2)}\left\{1-[1+\delta_1(T-t_1)]^{-\frac{\delta_2}{\delta_1}-1}\right\}\right];\end{aligned}$$

(5) 机会成本

$$OC = C_o\int_{t_1}^{T}[\alpha - D(t)]\mathrm{d}t = C_o\int_{t_1}^{T}\left[\alpha - \frac{\alpha + \delta_2 I(t)}{1+\delta_1(T-t)}\right]\mathrm{d}t$$

$$= \alpha C_o\left[(T-t_1) - \frac{1}{\delta_2}\left\{1-[1+\delta_1(T-t_1)]^{-\frac{\delta_2}{\delta_1}}\right\}\right];$$

(6) 销售收入

$$SR = p\int_0^T D(t)\mathrm{d}t = p\left\{\int_0^{t_1}\alpha + \beta I(t)\mathrm{d}t + \int_{t_1}^{T}\frac{\alpha + \delta_2 I(t)}{1+\delta_1(T-t)}\mathrm{d}t\right\}$$

$$= p\alpha\left[t_1 - \frac{\beta}{\beta+\theta}\left(\frac{1-e^{(\beta+\theta)t_1}}{\beta+\theta} + t_1\right) + \frac{1}{\delta_2}\left\{1-[1+\delta_1(T-t_1)]^{-\frac{\delta_2}{\delta_1}}\right\}\right]。$$

因此,平均利润可表示为

$$\begin{aligned}AP(t_1, T) &= \frac{1}{T}(SR - FC - PC - HC - SC - OC)\\
&= \frac{1}{T}\left[\frac{\alpha[\beta p - C_h - (\beta+\theta)C_p]}{(\beta+\theta)^2}[\mathrm{e}^{(\beta+\theta)t_1} - 1 - (\beta+\theta)t_1] + \right.\\
&\quad \alpha(p - C_p)t_1 + \frac{\alpha(p-C_p)}{\delta_2}\left\{1-[1+\delta_1(T-t_1)]^{-\frac{\delta_2}{\delta_1}}\right\} - \\
&\quad \frac{\alpha[C_s + C_o(\delta_1+\delta_2)]}{\delta_2(\delta_1+\delta_2)}\left\{\delta_2(T-t_1) + \right.\\
&\quad \left.\left.[1+\delta_1(T-t_1)]^{-\frac{\delta_2}{\delta_1}} - 1\right\} - A\right]。\end{aligned} \tag{3-6}$$

另外,有

$$\begin{aligned}\frac{\partial AP(t_1, T)}{\partial t_1} &= \frac{\alpha[\beta p - C_h - (\beta+\theta)C_p]}{(\beta+\theta)T}[\mathrm{e}^{(\beta+\theta)t_1} - 1] + \\
&\quad \frac{\alpha[C_s + (\delta_1+\delta_2)(C_o + p - C_p)]}{(\delta_1+\delta_2)T} \cdot \\
&\quad \left\{1-[1+\delta_1(T-t_1)]^{-\frac{\delta_2}{\delta_1}-1}\right\}\end{aligned} \tag{3-7}$$

$$\frac{\partial AP(t_1, T)}{\partial T} = -\frac{\alpha[\beta p - C_h - (\beta+\theta)C_p]}{(\beta+\theta)^2 T^2}[e^{(\beta+\theta)t_1} - 1 - (\beta+\theta)t_1] + \frac{\alpha[C_s + (\delta_1+\delta_2)(C_o + p - C_p)]}{(\delta_1+\delta_2)\delta_2 T^2} \cdot \left\{T\delta_2[1+\delta_1(T-t_1)]^{-\frac{\delta_2}{\delta_1}-1} + [1+\delta_1(T-t_1)]^{-\frac{\delta_2}{\delta_1}} - \delta_2 t_1 - 1\right\} + \frac{A}{T^2}。 \tag{3-8}$$

由式(3－7)和式(3－8)可知，最优解存在的一阶必要条件为式(3－9)和式(3－10)：

$$\frac{[\beta p - C_h - (\beta+\theta)C_p]}{(\beta+\theta)}[e^{(\beta+\theta)t_1} - 1] + \frac{[C_s + (\delta_1+\delta_2)(C_o + p - C_p)]}{(\delta_1+\delta_2)}\left\{1 - [1+\delta_1(T-t_1)]^{-\frac{\delta_2}{\delta_1}-1}\right\} = 0 \tag{3-9}$$

$$-\frac{\alpha[\beta p - C_h - (\beta+\theta)C_p]}{(\beta+\theta)^2}[e^{(\beta+\theta)t_1} - 1 - (\beta+\theta)t_1] + \frac{\alpha[C_s + (\delta_1+\delta_2)(C_o + p - C_p)]}{\delta_2(\delta_1+\delta_2)}\left\{T\delta_2[1+\delta_1(T-t_1)]^{-\frac{\delta_2}{\delta_1}-1} + [1+\delta_1(T-t_1)]^{-\frac{\delta_2}{\delta_1}} - \delta_2 t_1 - 1\right\} + A = 0 \tag{3-10}$$

说明 1： 由式(3－7)容易知道，当 $\beta p - C_h - (\beta+\theta)C_p \geqslant 0$ 时，有 $\frac{\partial AP(t_1, T)}{\partial t_1} > 0$，即 $AP(t_1, T)$ 是关于 t_1 的增函数，也就是说持有库存是有利的；当 $\beta p - C_h - (\beta+\theta)C_p < 0$ 时，可能存在 (t_1^*, T^*) 同时满足式(3－9)和式(3－10)。显然，$\beta p - C_h - (\beta+\theta)C_p = \beta(p - C_p) - (C_h + \theta C_p)$，其中 $\beta(p - C_p)$ 表示持有单位库存所带来的收益，$C_h + \theta C_p$ 表示持有单位库存需要付出的成本。因此，$\beta p - C_h - (\beta+\theta)C_p < 0$ 表示持有单位库存的收

益小于成本，此时持有库存是不利的；而 $\beta p - C_h - (\beta+\theta)C_p \geqslant 0$ 表示收益大于成本，此时持有库存是有利的。

接下来，分别讨论这两种情况。

情况 1： 持有库存不利（$\beta p - C_h - (\beta+\theta)C_p < 0$）的情况（模型 1）

定理 3-1： 当 $\beta p - C_h - (\beta+\theta)C_p < 0$ 时，持有单位库存带来的利润小于其成本。

如果

$$A < \alpha\left[\frac{C_s}{(\delta_1+\delta_2)} + (C_o + p - C_p)\right]\left(\frac{1}{\delta_2} - \frac{1}{\beta+\theta}\right) + \alpha\left[\frac{C_s}{\delta_1+\delta_2} + (C_o + p) - \frac{\beta p - C_h}{\beta+\theta}\right]\hat{t}_1 \tag{3-11}$$

其中 $\hat{t}_1 = \dfrac{1}{\beta+\theta}\ln\left\{1 - \dfrac{(\beta+\theta)[C_s + (\delta_1+\delta_2)(C_o+p-C_p)]}{(\delta_1+\delta_2)[\beta p - C_h - (\beta+\theta)C_p]}\right\}$，那么

(1) 存在唯一的 (t_1^*, T^*) 同时满足式(3-9)和式(3-10)；

(2) (t_1^*, T^*) 是 $AP(t_1, T)$ 的唯一的最大值点，并且 $t_2^* = T^* - t_1^* > 0$；

(3) 最优订购量为

$$Q^* = \frac{\alpha[e^{(\beta+\theta)t_1^*} - 1]}{\beta+\theta} + \frac{\alpha}{\delta_2}\left\{1 - \left[\frac{1}{1+\delta_1(T^* - t_1^*)}\right]^{\frac{\delta_2}{\delta_1}}\right\} \tag{3-12}$$

证明： (1) 简便起见，令 $t_2 = T - t_1$，并代入式(3-9)和式(3-10)，可得到

$$\frac{[\beta p - C_h - (\beta+\theta)C_p]}{(\beta+\theta)}[e^{(\beta+\theta)t_1} - 1] + \frac{[C_s + (\delta_1+\delta_2)(C_o+p-C_p)]}{(\delta_1+\delta_2)}\left[1 - (1+\delta_1 t_2)^{-\frac{\delta_2}{\delta_1}-1}\right] = 0 \tag{3-13}$$

$$-\frac{\alpha[\beta p - C_h - (\beta+\theta)C_p]}{(\beta+\theta)^2}[e^{(\beta+\theta)t_1} - 1 - (\beta+\theta)t_1] + \frac{\alpha[C_s + (\delta_1+\delta_2)(C_o+p-C_p)]}{\delta_2(\delta_1+\delta_2)}\left[(t_1+t_2)\delta_2(1+\delta_1 t_2)^{-\frac{\delta_2}{\delta_1}-1} + \right.$$

$$(1+\delta_1 t_2)^{-\frac{\delta_2}{\delta_1}} - \delta_2 t_1 - 1\Big] + A = 0 \tag{3-14}$$

令

$$F(t_1, t_2) = \frac{[\beta p - C_h - (\beta+\theta)C_p]}{(\beta+\theta)}[e^{(\beta+\theta)t_1} - 1] + \frac{[C_s + (\delta_1+\delta_2)(C_o + p - C_p)]}{(\delta_1+\delta_2)}\left[1 - (1+\delta_1 t_2)^{-\frac{\delta_2}{\delta_1}-1}\right] \tag{3-15}$$

求 $F(t_1, t_2)$ 关于 t_2 的一阶偏导数，则有

$$\frac{\partial F(t_1, t_2)}{\partial t_2} = [C_s + (\delta_1+\delta_2)(C_o + p - C_p)](1+\delta_1 t_2)^{-\frac{\delta_2}{\delta_1}-2} > 0$$

即 $F(t_1, t_2)$ 是关于 $t_2 \in [0, \infty)$ 的严格增函数。由于 $\beta p - C_h - (\beta+\theta)C_p < 0$，从式(3-15)可得 $\lim\limits_{t_2 \to 0^+} F(t_1, t_2) < 0$。进一步，当 $t_1 < \hat{t}_1$ 时，则有

$$\lim_{t_2 \to \infty} F(t_1, t_2) = \frac{[\beta p - C_h - (\beta+\theta)C_p]}{(\beta+\theta)}[e^{(\beta+\theta)t_1} - 1] + \frac{[C_s + (\delta_1+\delta_2)(C_o + p - C_p)]}{(\delta_1+\delta_2)} > 0$$

因此，当 $t_1 < \hat{t}_1$ 时，存在唯一的 t_2^* 满足式(3-13)，并且

$$t_2^* = \frac{1}{\delta_1}\left\{\left[1 + \frac{[\beta p - C_h - (\beta+\theta)C_p][e^{(\beta+\theta)t_1} - 1]}{(\beta+\theta)\left[\dfrac{C_s + (\delta_1+\delta_2)(C_o + p - C_p)}{\delta_1+\delta_2}\right]}\right]^{-\frac{\delta_1}{\delta_1+\delta_2}} - 1\right\} \tag{3-16}$$

容易验证，当 $t_1 < \hat{t}_1$ 时，有 $t_2^* > 0$。

从式(3-16)可知，一旦得到 t_1^*，那么 t_2^* 也将被唯一决定，相应可得到 $T^* = t_1^* + t_2^*$。

令

$$G(t_1, t_2) = -\frac{\alpha[\beta p - C_h - (\beta+\theta)C_p]}{(\beta+\theta)^2}[e^{(\beta+\theta)t_1} - 1 - (\beta+\theta)t_1] + \frac{\alpha[C_s + (\delta_1+\delta_2)(C_o + p - C_p)]}{\delta_2(\delta_1+\delta_2)}\Big[(t_1+t_2)\delta_2(1+\delta_1 t_2)^{-\frac{\delta_2}{\delta_1}-1} + (1+\delta_1 t_2)^{-\frac{\delta_2}{\delta_1}} - \delta_2 t_1 - 1\Big] + A \tag{3-17}$$

将式(3-16)代入式(3-17),那么 $G(t_1, t_2)$ 可以表示为一个关于 t_1 的一元函数。简便起见,表示为 $G(t_1)$,那么有

$$\frac{dG(t_1)}{dt_1} = -\frac{\alpha[\beta p - C_h - (\beta+\theta)C_p]}{(\beta+\theta)}[e^{(\beta+\theta)t_1} - 1] + \frac{\alpha[C_s + (\delta_1+\delta_2)(C_o + p - C_p)]}{(\delta_1+\delta_2)}\Big[(1+\delta_1 t_2^*)^{-\frac{\delta_2}{\delta_1}-1} - (t_1+t_2^*)(\delta_1+\delta_2)(1+\delta_1 t_2^*)^{-\frac{\delta_2}{\delta_1}-2}\frac{dt_2^*}{dt_1} - 1\Big] \tag{3-18}$$

由式(3-13)可得

$$\frac{[\beta p - C_h - (\beta+\theta)C_p]}{(\beta+\theta)}[e^{(\beta+\theta)t_1} - 1] = -\frac{[C_s + (\delta_1+\delta_2)(C_o + p - C_p)]}{(\delta_1+\delta_2)}\Big[1 - (1+\delta_1 t_2^*)^{-\frac{\delta_2}{\delta_1}-1}\Big] \tag{3-19}$$

将式(3-19)代入式(3-18)得

$$\frac{dG(t_1)}{dt_1} = -\alpha[C_s + (\delta_1+\delta_2)(C_o + p - C_p)](t_1+t_2^*)(1+\delta_1 t_2^*)^{-\frac{\delta_2}{\delta_1}-2}\frac{dt_2^*}{dt_1} \tag{3-20}$$

已知 $\beta p - C_h - (\beta+\theta)C_p < 0$ 和 $t_2^* > 0$,可得

$$\frac{\mathrm{d}t_2^*}{\mathrm{d}t_1}=-\frac{1}{\delta_1+\delta_2}\left\{\left[1+\frac{[\beta p-C_h-(\beta+\theta)C_p][\mathrm{e}^{(\beta+\theta)t_1}-1]}{(\beta+\theta)\left[\frac{C_s}{\delta_1+\delta_2}+(C_o+p-C_p)\right]}\right]^{-\frac{\delta_1}{\delta_1+\delta_2}-1}\right\}\cdot$$

$$\frac{[\beta p-C_h-(\beta+\theta)C_p]\mathrm{e}^{(\beta+\theta)t_1}}{\left[\frac{C_s}{\delta_1+\delta_2}+(C_o+p-C_p)\right]}>0 \tag{3-21}$$

因此有

$$\frac{\mathrm{d}G(t_1)}{\mathrm{d}t_1}<0 \tag{3-22}$$

即 $G(t_1)$ 是关于 t_1 的严格减函数。此外，由 $\lim\limits_{t_1\to\hat{t}_1} t_2=\infty$，可求得

$$\lim_{t_1\to\hat{t}_1} G(t_1)=-\alpha\left[\frac{C_s}{\delta_1+\delta_2}+(C_o+p-C_p)\right]\left(\frac{1}{\delta_2}-\frac{1}{\beta+\theta}\right)-$$
$$\alpha\left[\frac{C_s}{\delta_1+\delta_2}+(C_o+p)-\frac{\beta p-C_h}{\beta+\theta}\right]\hat{t}_1+A \tag{3-23}$$

由式(3-23)可知，如果式(3-11)成立，那么有

$$\lim_{t_1\to\hat{t}} G(t_1)<0 \tag{3-24}$$

此外，当 $t_1=0$ 时，由式(3-16)可得 $t_2^*(0)=0$，再由式(3-17)可得 $G(0)=A>0$。因此，由式(3-22)和式(3-24)可知，存在唯一的 (t_1^*, t_2^*) 其中 $t_1^*\in(0, \hat{t}_1)$ 和 $t_2^*\in(0, \infty)$ 使得 $G(t_1^*, t_2^*)=0$，也即存在唯一的 (t_1^*, T^*) 同时满足式(3-9)和式(3-10)。

(2) 接下来验证 $AP(t_1, T)$ 的最大值点存在的二阶充分条件。令 $\boldsymbol{H}$ 表示 $AP(t_1, T)$ 的海塞矩阵。由

$$\left.\frac{\partial^2 AP(t_1, T)}{\partial t_1^2}\right|_{(t_1, T)=(t_1^*, T^*)}$$
$$=\frac{\alpha}{T^*}\left\{[\beta p-C_h-(\beta+\theta)C_p]\mathrm{e}^{(\beta+\theta)t_1^*}-[C_s+(\delta_1+\delta_2)\cdot\right.$$

$$(C_o+p-C_p)][1+\delta_1(T^*-t_1^*)]^{-\frac{\delta_2}{\delta_1}-2}\Big\}<0$$

$$\left.\frac{\partial^2 AP(t_1, T)}{\partial T^2}\right|_{(t_1, T)=(t_1^*, T^*)}$$

$$=-\frac{\alpha}{T^*}[C_s+(\delta_1+\delta_2)(C_o+p-C_p)][1+\delta_1(T^*-t_1^*)]^{-\frac{\delta_2}{\delta_1}-2}<0$$

$$\left.\frac{\partial^2 AP(t_1, T)}{\partial t_1 \partial T}\right|_{(t_1, T)=(t_1^*, T^*)}$$

$$=\frac{\alpha}{T^*}\left\{[C_s+(\delta_1+\delta_2)(C_o+p-C_p)][1+\delta_1(T^*-t_1^*)]^{-\frac{\delta_2}{\delta_1}-2}\right\}>0$$

容易得到

$$|H|_{(t_1, T)=(t_1^*, T^*)}>0$$

综上,在点 $(t_1, T)=(t_1^*, T^*)$ 处,海塞矩阵 H 为负值,因此,(t_1^*, T^*) 是 $AP(t_1, T)$ 的唯一最大值点。

(3) 求得 (t_1^*, T^*) 后,可相应求得初始库存水平和最大缺货量分别为

$$I_0=I(0)=\frac{\alpha[e^{(\beta+\theta)t_1^*}-1]}{\beta+\theta}$$

$$S=-I(T^*)=\frac{\alpha}{\delta_2}\left\{1-[1+\delta_1(T^*-t_1^*)]^{-\frac{\delta_2}{\delta_1}}\right\}$$

那么可得到最优订购量为

$$Q^*=I_0+S=\frac{\alpha[e^{(\beta+\theta)t_1^*}-1]}{\beta+\theta}+\frac{\alpha}{\delta_2}\left\{1-[1+\delta_1(T^*-t_1^*)]^{-\frac{\delta_2}{\delta_1}}\right\}$$

证毕。

说明 2: 当 $\beta p-C_h-(\beta+\theta)C_p<0$ 时,持有库存带来的利润小于其成本。进而,由 $\frac{dt_2^*}{dt_1}>0$ 可知,零售商持有库存的时间越长,系统缺货的时间

也越长。由定理 3-1 的证明可知，当 $A \geqslant \alpha\left[\frac{C_s}{(\delta_1+\delta_2)}+(C_o+p-C_p)\right]\left(\frac{1}{\delta_2}-\frac{1}{\beta+\theta}\right)+\alpha\left[\frac{C_s}{\delta_1+\delta_2}+(C_o+p)-\frac{\beta p-C_h}{\beta+\theta}\right]\hat{t}_1$ 时，有 $G(t_1)=\left.\frac{\partial AP(t_1, T)}{\partial T}\right|_{T=t_1+t_2^*} \geqslant 0$ 即 $AP(t_1, T)$ 是关于 T 的增函数。对于这种情况，零售商将通过延长补货周期来减少订购频率。

情况 2： 持有库存有利 $(\beta p-C_h-(\beta+\theta)C_p \geqslant 0)$ 的情况(模型 2)

如上所述，当 $\beta p-C_h-(\beta+\theta)C_p \geqslant 0$ 时，对零售商来说持有库存是有利的。但如 Chang, Goyal 和 Teng[132] 所述："大多数销售渠道的货架空间是有限的，销售通道货物的大量堆积会给顾客和员工带来负面的印象。"与此同时，对于易变质品来说过多的库存将在很大程度上增加库存的持有成本和变质成本。这里假设产品的货架空间为 U 单位，即 $I(0)=U$。这种情况下即使持有库存是有利的，缺货也可能发生。以下将给出延迟订购发生与否的条件以及确保缺货不发生的最小货架空间 U^*。

简便起见，将 $T=t_1+t_2$ 代入式(3-6)，有

$$AP(t_1, t_2)=\frac{1}{(t_1+t_2)}\left[\frac{\alpha[\beta p-C_h-(\beta+\theta)C_p]}{(\beta+\theta)^2}\left[e^{(\beta+\theta)t_1}-1-(\beta+\theta)t_1\right]+\alpha(p-C_p)t_1+\frac{\alpha(p-C_p)}{\delta_2}\left[1-(1+\delta_1 t_2)^{-\frac{\delta_2}{\delta_1}}\right]-\frac{\alpha[C_s+C_o(\delta_1+\delta_2)]}{\delta_2(\delta_1+\delta_2)}\left[\delta_2 t_2+(1+\delta_1 t_2)^{-\frac{\delta_2}{\delta_1}}-1\right]-A\right] \tag{3-25}$$

定理 3-2： 当 $\beta p-C_h-(\beta+\theta)C_p \geqslant 0$ 时，持有单位库存带来的收益大于成本。在这种情况下，$t_1^*=\frac{1}{\beta+\theta}\ln\left(\frac{\alpha+U(\beta+\theta)}{\alpha}\right)$。进而有

(1) 如果

$$A \leqslant \frac{\alpha[\beta p - C_h - (\beta+\theta)C_p]}{(\beta+\theta)^2}\left[\frac{U(\beta+\theta)}{\alpha} - \ln\left(1+\frac{U(\beta+\theta)}{\alpha}\right)\right] \tag{3-26}$$

那么,最优缺货期 $t_2^* = 0$ 即需求延迟将不会发生;

(2) 如果

$$A > \frac{\alpha[\beta p - C_h - (\beta+\theta)C_p]}{(\beta+\theta)^2}\left[\frac{U(\beta+\theta)}{\alpha} - \ln\left(1+\frac{U(\beta+\theta)}{\alpha}\right)\right] \tag{3-27}$$

$$A < \frac{\alpha[\beta p - C_h - (\beta+\theta)C_p]}{(\beta+\theta)^2}\left[\frac{U(\beta+\theta)}{\alpha} - \ln\left(1+\frac{U(\beta+\theta)}{\alpha}\right)\right] + \frac{\alpha[C_s + (C_o + p - C_p)(\delta_1+\delta_2)]}{(\delta_1+\delta_2)\delta_2}\left[\frac{\delta_2}{(\beta+\theta)}\ln\left(1+\frac{U(\beta+\theta)}{\alpha}\right)+1\right] \tag{3-28}$$

那么,最优缺货期 $t_2^* > 0$;

(3) 如果

$$A \geqslant \frac{\alpha[\beta p - C_h - (\beta+\theta)C_p]}{(\beta+\theta)^2}\left[\frac{U(\beta+\theta)}{\alpha} - \ln\left(1+\frac{U(\beta+\theta)}{\alpha}\right)\right] + \frac{\alpha[C_s + (C_o + p - C_p)(\delta_1+\delta_2)]}{(\delta_1+\delta_2)\delta_2}\left[\frac{\delta_2}{(\beta+\theta)}\ln\left(1+\frac{U(\beta+\theta)}{\alpha}\right)+1\right] \tag{3-29}$$

那么,$AP(t_1, t_2)$ 是关于 t_2 的严格增函数。

证明: (1) 由 $I(0) = U$ 和式(3-3)可得

$$t_1^* = \frac{1}{\beta+\theta}\ln\left(1+\frac{U(\beta+\theta)}{\alpha}\right) \tag{3-30}$$

将式(3-30)代入式(3-25)得 $AP(t_1^*, t_2)$ 是关于 t_2的一元函数,并且有

$$\frac{\mathrm{d}AP(t_1^*,t_2)}{\mathrm{d}t_2}=\frac{A}{(t_1^*+t_2)^2}-\frac{\alpha[\beta p-C_h-(\beta+\theta)C_p]}{(\beta+\theta)^2(t_1^*+t_2)^2}[\mathrm{e}^{(\beta+\theta)t_1^*}-1-(\beta+\theta)t_1^*]+\frac{\alpha[C_s+(\delta_1+\delta_2)(C_o+p-C_p)]}{(\delta_1+\delta_2)\delta_2(t_1^*+t_2)^2}\Big[(t_1^*+t_2)\delta_2\cdot(1+\delta_1t_2)^{-\frac{\delta_2}{\delta_1}-1}+(1+\delta_1t_2)^{-\frac{\delta_2}{\delta_1}}-\delta_2t_1^*-1\Big]\tag{3-31}$$

最优解存在的一阶必要条件是 $\frac{\mathrm{d}AP(t_1^*,t_2)}{\mathrm{d}t_2}=0$，即

$$A-\frac{\alpha[\beta p-C_h-(\beta+\theta)C_p]}{(\beta+\theta)^2}[\mathrm{e}^{(\beta+\theta)t_1^*}-1-(\beta+\theta)t_1^*]+\frac{\alpha[C_s+(\delta_1+\delta_2)(C_o+p-C_p)]}{(\delta_1+\delta_2)\delta_2}\Big[(t_1^*+t_2)\delta_2(1+\delta_1t_2)^{-\frac{\delta_2}{\delta_1}-1}+(1+\delta_1t_2)^{-\frac{\delta_2}{\delta_1}}-\delta_2t_1^*-1\Big]=0\tag{3-32}$$

为了验证式(3-32)有唯一解，令

$$G(t_2)=A-\frac{\alpha[\beta p-C_h-(\beta+\theta)C_p]}{(\beta+\theta)^2}[\mathrm{e}^{(\beta+\theta)t_1^*}-1-(\beta+\theta)t_1^*]+\frac{\alpha[C_s+(\delta_1+\delta_2)(C_o+p-C_p)]}{(\delta_1+\delta_2)\delta_2}\Big[(t_1^*+t_2)\delta_2(1+\delta_1t_2)^{-\frac{\delta_2}{\delta_1}-1}+(1+\delta_1t_2)^{-\frac{\delta_2}{\delta_1}}-\delta_2t_1^*-1\Big]\tag{3-33}$$

由

$$G'(t_2)=-\alpha[C_s+(\delta_1+\delta_2)(C_o+p-C_p)](t_1^*+t_2)(1+\delta_1t_2)^{-\frac{\delta_2}{\delta_1}-2}<0$$

$$G(0)=-\frac{\alpha[\beta p-C_h-(\beta+\theta)C_p]}{(\beta+\theta)^2}\left[\frac{U(\beta+\theta)}{\alpha}-\ln\left(1+\frac{U(\beta+\theta)}{\alpha}\right)\right]+A$$

可知，如果式(3-26)成立，对于任意 $t_2>0$，则有 $G(t_2)<0$，即 $AP(t_1^*, t_2)$ 是关于 t_2 的严格减函数，因此，$t_2^*=0$ 是 $AP(t_1^*, t_2)$ 的最大值点。

(2) 如果式(3-27)成立，那么 $G(0)>0$。由式(3-33)可得

$$\lim_{t_2\to\infty}G(t_2)=-\frac{\alpha[\beta p-C_h-(\beta+\theta)C_p]}{(\beta+\theta)^2}\left[\frac{U(\beta+\theta)}{\alpha}-\ln\left(1+\frac{U(\beta+\theta)}{\alpha}\right)\right]-\frac{\alpha[C_s+(\delta_1+\delta_2)(C_o+p-C_p)]}{(\delta_1+\delta_2)\delta_2}\cdot\left[\frac{\delta_2}{\beta+\theta}\ln\left(1+\frac{U(\beta+\theta)}{\alpha}\right)+1\right]+A$$

由于 $G(t_2)$ 关于 t_2 严格递减，那么如果式(3-28)成立，式(3-32)有唯一最优解 $t_2^*>0$。由 $\left.\frac{\mathrm{d}AP(t_1^*, t_2)}{\mathrm{d}t_2}\right|_{t_2=t_2^*}=0$ 和 $\left.\frac{\mathrm{d}^2AP(t_1^*, t_2)}{\mathrm{d}t_2^2}\right|_{t_2=t_2^*}=-\frac{\alpha[\beta p-C_h-(\beta+\theta)C_p]}{t_1^*+t_2^*}(1+\delta_1 t_2^*)^{-\frac{\delta_2}{\delta_1}-2}<0$ 可知，(t_1^*, t_2^*) 是式(3-25)所表示的 $AP(t_1, t_2)$ 的最大值点。

(3) 如果式(3-29)成立，那么对任意 $t_2\geqslant 0$，则有 $G(t_2)>0$。因此，$AP(t_1^*, t_2)$ 是关于 t_2 的严格增函数。证毕。

说明 3: 定理 3-2 表明订购成本越大，缺货期越长。当订购成本非常大时，由于 $t_1^*=\frac{1}{\beta+\theta}\ln\left(\frac{\alpha+U(\beta+\theta)}{\alpha}\right)$，零售商不得不通过延长缺货期来减少订购频率从而减少成本；当订购成本比较小时，零售商能够比较频繁地订购产品，从而及时满足顾客需求，在这种情况下延迟订购将不会发生；当订购成本大小适中时，适当地延迟需求对零售商是有利的，此时缺货期为 t_2^*。

由定理 3-2，可推导得出以下结论。

推理 3-1: 当 $\beta p-C_h-(\beta+\theta)C_p\geqslant 0$ 时，存在 U_1^* 和 U_2^* 使得:

(1) 如果 $U\geqslant U_1^*$，缺货将不会发生，即确保缺货不发生的最小货架空

间是 $U_1{}^*$；

(2) 如果 $\max\{0, U_2{}^*\} < U < U_1{}^*$，最优缺货期 $t_2^* > 0$；

(3) 如果 $0 \leqslant U \leqslant \max\{0, U_2{}^*\}$，那么 $AP(t_1^*, t_2)$ 关于 t_2 严格递增。

证明：(1) 令

$$R(U) = \frac{\alpha[\beta p - C_h - (\beta+\theta)C_p]}{(\beta+\theta)^2}\left[\frac{U(\beta+\theta)}{\alpha} - \ln\left(1+\frac{U(\beta+\theta)}{\alpha}\right)\right] - A$$

则有

$$\frac{\mathrm{d}R(U)}{\mathrm{d}U} = \frac{U[\beta p - C_h - (\beta+\theta)C_p]}{[\alpha+U(\beta+\theta)]} > 0,$$

即 $R(U)$是关于 U 的严格增函数。令 $U_1{}^*$ 是 $R(U)=0$ 的唯一解，那么由 $R(U)$ 的单调性可知，当$U \geqslant U_1{}^*$时，则有$R(U) \geqslant 0$。由定理3-2可知，$t_2^* = 0$，需求延迟的情况将不会发生。

(2) 令

$$J(U) = \frac{\alpha[\beta p - C_h - (\beta+\theta)C_p]}{(\beta+\theta)^2}\left[\frac{U(\beta+\theta)}{\alpha} - \ln\left(1+\frac{U(\beta+\theta)}{\alpha}\right)\right] + \frac{\alpha[C_s + (\delta_1+\delta_2)(C_o + p - C_p)]}{(\delta_1+\delta_2)\delta_2}\left[\frac{\delta_2}{\beta+\theta}\ln\left(1+\frac{U(\beta+\theta)}{\alpha}\right) + 1\right] - A$$

则有

$$\frac{\mathrm{d}J(U)}{\mathrm{d}U} = \frac{1}{[\alpha+U(\beta+\theta)]}\left\{U[\beta p - C_h - (\beta+\theta)C_p] + \alpha\left[\frac{C_s}{(\delta_1+\delta_2)} + (C_o + p - C_p)\right]\right\} > 0$$

即 $J(U)$关于 U 严格递增。令 $U_2{}^*$ 是 $J(U)=0$ 的唯一解，那么由 $J(U)$ 的单调性可知，当 $U \geqslant U_2{}^*$ 时，则有 $J(U) \geqslant 0$。因此，当 $\max\{0, U_2{}^*\} < U < U_1{}^*$ 时，最优缺货期 $t_2^* > 0$。

(3) 如果 $0 \leqslant U \leqslant \max\{0, U_2^*\}$，则有 $J(U) \leqslant 0$。由定理 3-2 可知，$AP(t_1^*, t_2)$ 关于 t_2 严格递增。

说明 4: 当货架空间不是很大时，虽然持有库存带来的收益大于成本，但此时适当的缺货对零售商来说是有利的。当货架空间非常小，在短期内又无法改变时，零售商可以通过延长缺货期来增加短期利润。但需要指出的是，这样将会引起一些其他管理问题，比如服务质量下降、有损商业诚信、顾客流失等。

2. 不允许延迟订购的模型(模型 3)

接下来考虑不允许延迟订购的情况，补货周期内库存水平随时间的变化曲线如图 3-2 所示。假设期末剩余库存将以单位残值 s 处理掉，期末剩余库存量记为 E(决策变量)。

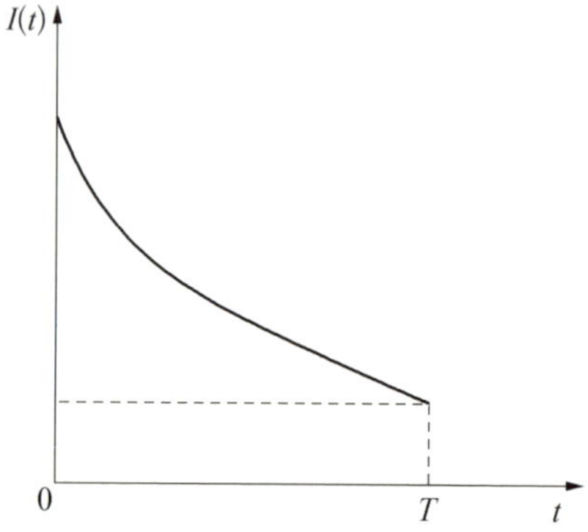

图 3-2　不允许延迟订购情况下库存水平变化曲线

在这种情况下，t 时刻的库存水平 $I(t)$ 满足下列微分方程：

$$\frac{\mathrm{d}I(t)}{\mathrm{d}t} = -(\alpha + \beta I(t)) - \theta I(t),\ 0 \leqslant t \leqslant T \tag{3-34}$$

由边界条件 $I(T) = E$，求解式(3-34)，得

$$I(t) = Ee^{(\beta+\theta)(T-t)} + \frac{\alpha}{\beta+\theta}(\mathrm{e}^{(\beta+\theta)(T-t)} - 1) \tag{3-35}$$

一个周期的利润函数的构成要素如下：

(1) 订购成本 $FC = A$

(2) 库存持有成本 $HC = C_h\int_0^T I(t)\mathrm{d}t = \frac{C_h}{\beta+\theta}\left[\left(E + \frac{\alpha}{\beta+\theta}\right)(\mathrm{e}^{(\beta+\theta)T} - 1) - \alpha T\right]$

(3) 购买成本 $PC = C_p I(0) = C_p\left[E\mathrm{e}^{(\beta+\theta)T} + \frac{\alpha}{\beta+\theta}(\mathrm{e}^{(\theta+\beta)T} - 1)\right]$

(4) 销售收入 $SR = p\int_0^T D(t)\mathrm{d}t = \alpha pT + \frac{\beta p}{\beta+\theta}\left[\left(E + \frac{\alpha}{\beta+\theta}\right)(\mathrm{e}^{(\beta+\theta)T} - 1) - \alpha T\right]$

(5) 期末残值 $ES = sI(T) = sE$

综上,平均利润可表示为

$$AP(T,E) = \frac{1}{T}(SR + ES - FC - HC - PC)$$
$$= (p - C_p)\alpha + \frac{[\beta p - C_h - (\beta+\theta)C_p]}{\beta+\theta}\cdot \left[\frac{1}{T}\left(E + \frac{\alpha}{\beta+\theta}\right)(\mathrm{e}^{(\beta+\theta)T} - 1) - \alpha\right] - \frac{A + (C_p - s)E}{T} \tag{3-36}$$

由 $I(0) = U$ 和式(3-35),则有

$$T^* = \frac{1}{\beta+\theta}\ln\left(\frac{\alpha + U(\beta+\theta)}{\alpha + E(\beta+\theta)}\right) \tag{3-37}$$

将式(3-37)代入式(3-36)可得 $AP(T,E)$ 是关于 E 的一元函数,记为 $AP(E)$。$AP(E)$ 存在最优解 E^* 的一阶必要条件如下:

$$\frac{\mathrm{d}AP(E)}{\mathrm{d}E} = \frac{(\beta+\theta)^2}{[\alpha + E(\beta+\theta)]\left(\ln\frac{\alpha + U(\beta+\theta)}{\alpha + E(\beta+\theta)}\right)^2}\cdot \left\{\frac{[\beta p - C_h - (\beta+\theta)C_p](U - E)}{\beta+\theta} - [A + E(C_p - s)]\right\} - \frac{\beta+\theta}{\ln\frac{\alpha + U(\beta+\theta)}{\alpha + E(\beta+\theta)}}\left[\frac{[\beta p - C_h - (\beta+\theta)C_p]}{\beta+\theta} + (C_p - s)\right] = 0 \tag{3-38}$$

化简可得

$$\frac{[\beta p-C_h-(\beta+\theta)C_p](U-E)}{\beta+\theta}-\frac{[\alpha+E(\beta+\theta)]}{\beta+\theta}\ln\frac{\alpha+U(\beta+\theta)}{\alpha+E(\beta+\theta)}\left[\frac{[\beta p-C_h-(\beta+\theta)C_p]}{\beta+\theta}+(C_p-s)\right]-[A+E(C_p-s)]=0 \tag{3-39}$$

为了验证式(3-39)有唯一解,令

$$F_1(E)=\frac{[\beta p-C_h-(\beta+\theta)C_p](U-E)}{\beta+\theta}-\frac{[\alpha+E(\beta+\theta)]}{\beta+\theta}\ln\frac{\alpha+U(\beta+\theta)}{\alpha+E(\beta+\theta)}\left[\frac{[\beta p-C_h-(\beta+\theta)C_p]}{\beta+\theta}+(C_p-s)\right]-[A+E(C_p-s)] \tag{3-40}$$

则有

$$F_1'(E)=-\left\{\frac{[\beta p-C_h-(\beta+\theta)C_p]}{\beta+\theta}+(C_p-s)\right\}\ln\frac{\alpha+U(\beta+\theta)}{\alpha+E(\beta+\theta)}<0 \tag{3-41}$$

即 $F_1(E)$ 是关于 E 的严格减函数。此外,

$$F_1(U)=-[A+E(C_p-s)]<0$$

$$F_1(0)=\frac{[\beta p-C_h-(\beta+\theta)C_p]U}{\beta+\theta}-\frac{\alpha}{\beta+\theta}\ln\frac{\alpha+U(\beta+\theta)}{\alpha}\cdot\left[\frac{[\beta p-C_h-(\beta+\theta)C_p]}{\beta+\theta}+(C_p-s)\right]-A$$

综上,有以下定理:

定理 3-3: 当 $\beta p-C_h-(\beta+\theta)C_p\geqslant 0$ 时,有

(1) 如果

$$\frac{[\beta p-C_h-(\beta+\theta)C_p]U}{\beta+\theta}>\frac{\alpha}{\beta+\theta}\ln\frac{\alpha+U(\beta+\theta)}{\alpha}\cdot\left[\frac{[\beta p-C_h-(\beta+\theta)C_p]}{\beta+\theta}+(C_p-s)\right]+A \tag{3-42}$$

那么存在唯一的 $0<E^*<U$ 使 $AP(E)$ 取得最大值，并且最优订购周期为

$$T^*=\frac{1}{\beta+\theta}\ln\frac{\alpha+U(\beta+\theta)}{\alpha+E^*(\beta+\theta)}。$$

(2) 如果

$$\frac{[\beta p-C_h-(\beta+\theta)C_p]U}{\beta+\theta}\leqslant\frac{\alpha}{\beta+\theta}\ln\frac{\alpha+U(\beta+\theta)}{\alpha}\cdot\left[\frac{[\beta p-C_h-(\beta+\theta)C_p]}{\beta+\theta}+(C_p-s)\right]+A \tag{3-43}$$

那么有 $E^*=0$，并且最优订购周期为

$$T^*=\frac{1}{\beta+\theta}\ln\frac{\alpha+U(\beta+\theta)}{\alpha}。$$

证明：(1) 由于 $AP(E)$ 是区间 $[0, U]$ 上的连续函数，因此存在最大值点。可知当式(3-42)成立时，有 $F_1(0)>0$。因此，存在唯一的 $0<E^*<U$ 使 $F(E^*)=0$ 成立。

进而，由 $\beta p-C_h-(\beta+\theta)C_p\geqslant 0$ 可得：

$$\left.\frac{\mathrm{d}^2AP(E)}{\mathrm{d}E^2}\right|_{E=E^*}=-\frac{1}{[\alpha+E^*(\beta+\theta)]T^*}\{[\beta p-C_h-(\beta+\theta)C_p]+(\beta+\theta)(C_p-s)\}<0$$

因此，E^* 是 $AP(E)$ 的唯一最大值点。

(2) 当式(3-43)成立时，有 $F_1(0) \leqslant 0$。由 $F_1(E)$ 的单调性可知，对所有的 $E>0$，则有 $F_1(E) < 0$。$AP(E)$ 是关于 E 的严格递减函数，因此当 $E^* = 0$ 时，$AP(E)$ 取得最大值。证毕。

推理 3-2: 当 $\beta p - C_h - (\beta+\theta)C_p \geqslant 0$ 时，存在 $U_{31}{}^*$ 和 $U_{32}{}^*$，使得：

(1) 如果 $0 \leqslant U < \max\{0, U_{31}{}^*\}$ 或 $U > U_{32}{}^*$，有 $E^* > 0$；

(2) 如果 $\max\{0, U_{31}{}^*\} \leqslant U \leqslant U_{32}{}^*$，有 $E^* = 0$。

证明: 令

$$L(U) = \frac{[\beta p - C_h - (\beta+\theta)C_p]U}{\beta+\theta} - \frac{\alpha}{\beta+\theta}\ln\frac{\alpha+U(\beta+\theta)}{\alpha} \cdot \left[\frac{[\beta p - C_h - (\beta+\theta)C_p]}{\beta+\theta} + (C_p - s)\right] - A$$

那么有

$$\frac{\mathrm{d}^2 L(U)}{\mathrm{d}U^2} = \frac{\alpha(\beta+\theta)}{[\alpha+U(\beta+\theta)]^2}\left[\frac{[\beta p - C_h - (\beta+\theta)C_p]}{\beta+\theta} + (C_p - s)\right] > 0$$

即 $L(U)$ 是严格凸函数。令 $U_{31}{}^*$ 和 $U_{32}{}^*$ 是 $L(U) = 0$ 的两个解，由 $L(U)$ 的凸性容易知道，如果 $0 \leqslant U < \max\{0, U_{31}{}^*\}$ 或 $U > U_{32}{}^*$，则有 $L(U) > 0$。由定理 3-3 可知 $E^* > 0$。如果 $\max\{0, U_{31}{}^*\} \leqslant U \leqslant U_{32}{}^*$，由定理 3-3 可知 $E^* = 0$，即期末时没有剩余库存。证毕。

3.2.3 算例分析

以下主要针对每种情况展示一些数值算例。

例 3-1 允许延迟订购且持有库存不利 ($\beta p - C_h - (\beta+\theta)C_p < 0$) 的情况

由以上证明结论可知，保持其他参数不变，当价格满足 $p < \bar{p} = [C_h + (\beta+\theta)C_p]/\beta$ 时，持有库存对零售商来说是不利的。令 $\alpha = 600$ 件，$\beta = 0.3$，$\theta = 0.05$，$A = 250$ 元/次，$C_p = 5$ 元/件，$C_s = 3$ 元/件/月，$C_o = 5$ 元/件，$C_h =$

1.75 元/件/月，那么 $\bar{p}=11.67$。表 3 - 1 和表 3 - 2 分别列出了当 $p=7$ 和 $p=10$ 时的最优解。

表 3 - 1　模型 1 中当 $p=7$ 时最优解随 δ_1 和 δ_2 的变化情况

δ_1	δ_2	t_1^*	t_2^*	T^*	t_1^*/T^*	Q^*	AP^*
0	0	0.907 1	0.421 0	1.328 1	0.683 0	893.170 0	601.56
0	1	0.663 3	0.110 4	0.773 7	0.857 3	510.680 0	572.87
0	5	0.696 2	0.031 4	0.727 6	0.956 8	490.450 0	537.77
0	10	0.702 5	0.016 6	0.719 1	0.976 9	487.020 0	531.01
0	25	0.706 7	0.006 9	0.713 6	0.990 3	484.870 0	526.54
0	50	0.708 1	0.003 5	0.711 6	0.995 1	484.070 0	524.98
1	0	0.661 7	0.116 4	0.778 1	0.850 4	512.820 0	574.50
1	1	0.680 3	0.070 0	0.750 3	0.906 7	500.130 0	554.76
1	5	0.698 1	0.027 0	0.725 1	0.962 8	489.430 0	535.71
1	10	0.703 1	0.015 3	0.718 4	0.978 7	486.750 0	530.39
1	25	0.706 8	0.006 6	0.713 4	0.990 7	484.780 0	526.43
1	50	0.708 2	0.003 4	0.711 6	0.995 2	484.090 0	524.95
5	0	0.695 5	0.033 9	0.729 4	0.953 5	491.260 0	538.51
5	1	0.697 7	0.028 5	0.726 2	0.960 8	489.950 0	536.14
5	5	0.702 3	0.017 3	0.719 6	0.976 0	487.240 0	531.22
5	10	0.704 7	0.011 6	0.716 3	0.983 8	485.930 0	528.66
5	25	0.707 1	0.005 8	0.712 9	0.991 9	484.570 0	526.05
5	50	0.708 3	0.003 2	0.711 5	0.995 5	484.060 0	524.84
10	0	0.702 1	0.018 0	0.720 1	0.975 0	487.460 0	531.43
10	1	0.702 8	0.016 3	0.719 1	0.977 3	487.060 0	530.71
10	5	0.704 6	0.011 9	0.716 5	0.983 4	486.010 0	528.76
10	10	0.705 9	0.008 9	0.714 8	0.987 5	485.350 0	527.42
10	25	0.707 5	0.005 1	0.712 6	0.992 8	484.490 0	525.69
10	50	0.708 4	0.002 9	0.711 3	0.995 9	483.970 0	524.73

续 表

δ_1	δ_2	t_1^*	t_2^*	T^*	t_1^*/T^*	Q^*	AP^*
25	0	0.706 5	0.007 5	0.714 0	0.989 5	485.040 0	526.73
25	1	0.700 6	0.007 2	0.707 8	0.989 8	480.340 0	526.57
25	5	0.707 0	0.006 2	0.713 2	0.991 3	484.700 0	526.15
25	10	0.707 4	0.005 3	0.712 7	0.992 6	484.520 0	525.75
25	25	0.708 1	0.003 6	0.711 7	0.994 9	484.120 0	525.02
25	50	0.708 6	0.002 4	0.711 0	0.996 6	483.840 0	524.47
50	0	0.708 0	0.003 8	0.711 8	0.994 7	484.150 0	525.07
50	1	0.708 1	0.003 7	0.711 8	0.994 8	484.170 0	525.04
50	5	0.708 2	0.003 4	0.711 6	0.995 2	484.090 0	524.91
50	10	0.708 3	0.003 1	0.711 4	0.995 6	484.000 0	524.78
50	25	0.708 6	0.002 5	0.711 1	0.996 5	483.900 0	524.49
50	50	0.708 8	0.001 8	0.710 6	0.997 5	483.670 0	524.20

表 3-2　模型 1 中当 $p=10$ 时最优解随 δ_1 和 δ_2 的变化情况

δ_1	δ_2	t_1^*	t_2^*	T^*	t_1^*/T^*	Q^*	AP^*
1	1	1.116 7	0.031 1	1.147 8	0.972 9	837.919 0	2 590.11
1	5	1.124 6	0.011 4	1.136 0	0.990 0	833.450 4	2 586.58
1	10	1.126 6	0.006 3	1.132 9	0.994 4	832.269 9	2 585.67
1	25	1.128 1	0.002 7	1.130 8	0.997 6	831.517 6	2 585.01
1	50	1.158 7	0.001 4	1.160 1	0.998 8	831.298 1	2 584.77
5	1	1.124 5	0.011 6	1.136 1	0.989 8	833.477 0	2 586.61
5	5	1.126 4	0.007 1	1.133 5	0.993 7	832.553 6	2 585.79
5	10	1.127 3	0.004 7	1.132 0	0.995 8	831.964 4	2 585.38
5	25	1.128 3	0.002 4	1.130 7	0.997 9	831.520 7	2 584.95
5	50	1.128 7	0.001 3	1.130 0	0.998 8	831.240 2	2 584.76
10	1	1.126 6	0.006 5	1.133 1	0.994 3	832.384 3	2 585.69

续　表

δ_1	δ_2	t_1^*	t_2^*	T^*	t_1^*/T^*	Q^*	AP^*
10	5	1.127 3	0.004 8	1.132 1	0.995 8	832.021 1	2 585.38
10	10	1.127 8	0.003 6	1.131 4	0.996 8	831.770 9	2 585.17
10	25	1.128 4	0.002 1	1.130 5	0.998 1	831.435 3	2 584.89
10	50	1.128 7	0.001 2	1.129 9	0.998 9	831.182 2	2 584.74
25	1	1.128 1	0.002 8	1.130 9	0.997 5	831.574 7	2 585.03
25	5	1.128 2	0.002 4	1.130 6	0.997 9	831.432 5	2 584.96
25	10	1.128 4	0.002 1	1.130 5	0.998 1	831.435 8	2 584.89
25	25	1.128 6	0.001 5	1.130 1	0.998 7	831.265 8	2 584.78
25	50	1.128 8	0.001 0	1.129 8	0.999 1	831.154 7	2 584.69
50	1	1.128 6	0.001 4	1.130 0	0.998 8	831.209 7	2 584.78
50	5	1.128 7	0.001 3	1.130 0	0.998 8	831.240 7	2 584.76
50	10	1.128 7	0.001 2	1.129 9	0.998 9	831.182 6	2 584.74
50	25	1.128 8	0.001 0	1.129 8	0.999 1	831.154 9	2 584.70
50	50	1.128 9	0.000 7	1.129 6	0.999 4	831.071 3	2 584.65

如表3-1和表3-2所示，随着δ_1和δ_2的增加，缺货期t_2^*和补货周期T^*缩短，但持有库存的时间t_1^*延长。因此，服务水平(t_1^*/T^*)增加。最优利润和订购量随着δ_1和δ_2的增加而减小。事实上，当δ_1和δ_2增大时，缺货时愿意等待的顾客数量减少，在这种情况下，零售商不得不通过延长持有库存的时间并缩短缺货期来降低由丧失销售带来的损失。由于产品的变质特性，零售商会增加订购频率并缩短补货周期。从计算结果看，δ_1和δ_2的值越小，最优订购量、订购周期和利润对δ_1和δ_2的变化越敏感。随着δ_1和δ_2的增加，缺货期或等待时间将缩短。在这种情况下，只有少数顾客愿意延迟订购，因此零售商最好缩短缺货期。

通过比较表3-1和表3-2的结果，可以发现保持其他成本相同，当销售价格较低时，最优订购量、补货周期、缺货期和利润对 δ_1 和 δ_2 的变化更加敏感。因此，当零售商的毛利润较高时，部分延迟订购策略对平均利润的影响并不是很大；当毛利润较低时，零售商应尽量减少延迟订购策略对需求的影响。

保持其他参数的取值不变，令 $p=10$。表 3-3 给出了随着变质率 θ 的变化，最优解的变化情况。随着 θ 的增加，t_1^* 和 T^* 减小，但 t_2^* 增加。事实上，当 θ 增加时，由产品变质而带来的损失增加，因此零售商不得不通过缩短 t_1 和 T，同时延迟缺货期 t_2^* 来减小由变质引起的成本。随着 θ 的增加最优订购量和利润也将减小。

表 3-3　模型 1 中最优解随 θ 的变化情况

δ_1	δ_2	θ	t_1^*	t_2^*	T^*	t_1^*/T^*	Q^*	AP^*
1	5	0	1.554 6	0.008 1	1.562 7	0.994 8	1 193.169 0	2 702.90
1	5	0.03	1.250 3	0.010 2	1.260 5	0.991 9	934.553 6	2 628.55
1	5	0.05	1.124 6	0.011 4	1.136 0	0.990 0	833.450 4	2 586.58
1	5	0.06	1.074 3	0.011 9	1.086 2	0.989 0	793.867 8	2 567.16
1	5	0.08	0.990 8	0.013 0	1.003 8	0.987 0	729.370 1	2 530.79
5	5	0	1.555 8	0.005 0	1.560 8	0.996 8	1 192.500 0	2 702.61
5	5	0.03	1.250 3	0.006 3	1.256 6	0.995 0	933.731 8	2 627.98
5	5	0.05	1.126 4	0.007 1	1.133 5	0.993 7	832.553 6	2 585.79
5	5	0.06	1.076 2	0.007 4	1.083 6	0.993 2	792.936 2	2 566.26
5	5	0.08	0.992 8	0.008 1	1.000 9	0.991 9	728.285 4	2 529.64
10	5	0	1.556 4	0.003 4	1.559 8	0.997 8	1 192.137 0	2 702.46
10	5	0.03	1.252 7	0.004 3	1.257 0	0.996 6	933.292 5	2 627.69
10	5	0.05	1.127 3	0.004 8	1.132 1	0.995 8	832.021 1	2 585.38
10	5	0.06	1.077 1	0.005 0	1.082 1	0.995 4	792.342 3	2 565.78
10	5	0.08	0.993 9	0.005 5	0.999 4	0.994 5	727.747 1	2 529.04

例 3-2　允许延迟订购且持有库存有利 $(\beta p-C_h-(\beta+\theta)C_p\geqslant 0)$ 的情况

保持其他参数取值与例1中的相同，令 $\delta_1=5,\delta_2=1$，可知，当 $p\geqslant 11.67$ 时，持有库存将是有利的。表3-4展示了当 $p=12$ 时的最优解。通过MATLAB软件中提供的FZERO函数，可以得到 $U_1^*=2\ 358.4$ 和 $U_2^*=-493.514\ 2$。由推论3-1可知，当 $U>U_1^*=2\ 358.4$ 时，缺货的情况将不会发生，这与表3-4中所展示的结果一致。

表 3-4　模型 2 中当 $C_s=3$, $C_o=5$ 时最优解随 U 的变化情况

U	t_1^*	t_2^*	T^*	t_1^*/T^*	Q^*	AP^*
10	0.016 6	0.136 2	0.152 8	0.108 6	69.198 7	721.55
30	0.049 6	0.094 1	0.143 7	0.345 2	74.533 0	1 423.29
50	0.082 1	0.068 0	0.150 1	0.547 0	84.112 3	1 978.86
100	0.162 0	0.037 2	0.199 2	0.813 3	120.125 1	2 811.28
300	0.460 8	0.012 4	0.473 2	0.973 8	307.175 2	3 678.90
500	0.731 2	0.007 3	0.738 5	0.990 1	504.286 6	3 883.59
800	1.094 3	0.004 3	1.098 6	0.996 1	802.547 2	4 009.37
833.477	1.132 1	0.004 1	1.136 2	0.996 4	835.907 2	4 018.43
1 000	1.312 9	0.003 0	1.315 9	0.997 7	1 001.784 0	4 055.94
1 500	1.796 0	0.001 6	1.797 6	0.999 1	1 500.955 0	4 128.03
1 700	1.968 5	0.001 2	1.969 7	0.999 4	1 700.717 0	4 148.33
1 900	2.131 1	0.000 8	2.131 9	0.999 6	1 900.455 0	4 165.99
2 100	2.285 0	0.000 4	2.285 4	0.999 8	2 100.246 0	4 181.74
2 300	2.431 0	0.000 1	2.431 1	1.000 0	2 300.053 0	4 196.05
2 358.4	2.472 3	0	2.472 3	1	2 358.400 0	4 200.00
2 400	2.501 3	0	2.501 3	1	2 400.000 0	4 202.76
2 600	2.637 0	0	2.637 0	1	2 600.000 0	4 215.48
2 800	2.766 4	0	2.766 4	1	2 800.000 0	4 227.38
3 000	2.890 3	0	2.890 3	1	3 000.000 0	4 238.64

观察表 3-4 可以发现，当持有库存有利时，利润随着货架空间 U 的增加而增大。在某种程度上这可能是由于没有考虑增加货架空间本身的成本而导致的结果。实践中，通常最优货架空间是由一些因素，如可用货架空间、成本和其他产品的货架空间共同决定的。

由推论 3-1 可知，当 $U \geqslant U_1^*$ 时，缺货期等于 0，即不发生缺货。在模型 3 中，当 $U < U_3^*$ 时，有 $E^* = 0$。因此，如果令模型 2 中 $C_s = C_o = 0$，那么当 $U_1^* \leqslant U \leqslant U_3^*$ (U_3^* 与 C_s 和 C_o 的值无关)时，两种模型下的利润和订购量是相同的。表 3-5 给出了当缺货成本为 0 时的最优解，计算结果与分析结果一致。当 $U < U_1^*$ 时，对于给定的初始货架空间利润几乎完全一样，特别是当 $U \geqslant 300$ 时。事实上，当持有库存有利时，模型 2 中的最优缺货期将缩短，模型 2 和模型 3 的结果相差不多。比较表 3-4 和表3-5 的结果也可以观察到，$C_s = 3$ 且 $C_o = 5$ 时和 $C_s = C_o = 0$ 时的利润几乎是相同的。

表 3-5　模型 2 中当 $C_s = 0$, $C_o = 0$ 时最优解随 U 的变化情况

U	t_1^*	t_2^*	T^*	t_1^*/T^*	Q^*	AP^*
10	0.016 6	0.227 7	0.244 3	0.067 9	94.617 8	1 686.67
30	0.049 6	0.167 4	0.217 0	0.228 6	98.712 7	2 024.81
50	0.082 1	0.126 1	0.208 2	0.394 3	105.889 5	2 335.50
100	0.162 0	0.071 3	0.233 3	0.694 4	135.495 7	2 913.30
300	0.460 8	0.023 1	0.483 9	0.952 3	312.974 0	3 684.45
500	0.731 2	0.013 4	0.744 6	0.982 0	507.731 9	3 884.86
800	1.094 3	0.007 9	1.102 2	0.992 8	804.630 8	4 009.67
833.477	1.132 1	0.007 5	1.139 6	0.993 4	837.878 5	4 018.69
1 000	1.312 9	0.005 9	1.318 8	0.995 5	1 003.479 0	4 056.08
1 500	1.796 0	0.002 9	1.798 9	0.998 4	1 504.725 0	4 128.05
1 700	1.968 5	0.002 1	1.970 6	0.998 9	1 701.252 0	4 148.34

续　表

U	t_1^*	t_2^*	T^*	t_1^*/T^*	Q^*	AP^*
1 900	2.131 1	0.001 4	2.132 5	0.999 3	1 900.836 0	4 166.00
2 100	2.285 0	0.000 7	2.285 7	0.999 7	2 100.437 0	4 181.74
2 300	2.431 0	0.000 2	2.431 2	0.999 9	2 300.096 0	4 196.05

模型 3： 不允许延迟订购的情况

保持其他参数取值与例 1 中的相同，令 $s=4$ 元/件，$p=12$ 元/件。模型 3 的计算结果见表 3-6。通过 MATLAB 软件中提供的 FZERO 函数，可以得到 $U_{31}{}^*=-228.4881$ 和 $U_{32}{}^*=20\,709$。由推论 3-2 可知，当 $U<U_{32}{}^*=20\,709$ 时，期末剩余库存为 0，这与表 3-6 的计算结果一致。利润仍然随着货架空间 U 的增加而增加。同样，在一定程度上该结果也可能是由于未考虑货架空间的成本所致。

表 3-6　模型 3 中最优解随 U 的变化情况

U	T^*	E^*	Q^*	AP^*
10	0.016 6	0	10	−10 843.00
30	0.049 6	0	30	−842.13
50	0.082 1	0	50	1 158.95
100	0.162 0	0	100	2 661.62
300	0.460 8	0	300	3 672.02
500	0.731 2	0	500	3 882.05
800	1.094 3	0	800	4 008.99
833.477	1.132 1	0	833.477	4 018.09
1 000	1.313 0	0	1 000	4 055.77
1 500	1.796 0	0	1 500	4 128.00
1 700	1.968 5	0	1 700	4 148.32
1 900	2.131 1	0	1 900	4 165.99

续 表

U	T^*	E^*	Q^*	AP^*
2 000	2.209 1	0	2 000	4 174.07
2 100	2.285 0	0	2 100	4 181.74
2 300	2.431 0	0	2 300	4 196.05
2 358.4	2.472 3	0	2 358.4	4 200.00
2 400	2.501 3	0	2 400	4 202.76
2 600	2.637 0	0	2 600	4 215.48
2 800	2.766 4	0	2 800	4 227.38
3 000	2.890 3	0	3 000	4 238.64
6 000	4.297 4	0	6 000	4 369.31
8 000	4.956 0	0	8 000	4 439.33
11 000	5.724 9	0	11 000	4 533.88
14 000	6.330 2	0	14 000	4 620.97
17 000	6.829 4	0	17 000	4 703.18
20 000	7.254 2	0	20 000	4 781.83
20 709	7.346 0	0	20 709	4 799.99
21 000	7.355 5	16.482 6	21 000	4 807.42
23 000	7.415 0	130.081 5	23 000	4 858.54
25 000	7.466 2	243.945 6	25 000	4 909.78
28 000	7.530 8	415.120 8	28 000	4 986.80
30 000	7.567 5	529.434 0	30 000	5 038.250 0

3.3 时变变质率产品的库存控制问题

本节研究需求依赖于库存水平、变质服从两参数 Weibull 分布、部分延迟订购且延迟订购率与等待时间相关的易变质品库存优化策略。以利润最大化为目标构建库存模型，并证明了最优解的存在性和唯一性，同时给出应用牛顿迭代法求解模型的具体步骤。最后，通过算例给出了模型的应用并对参数的灵敏度进行了分析。

3.3.1　假设与符号说明

本节用到的假设和其他符号说明如下。

(1) 计划时域无限，补货率无穷大且提前期为 0。

(2) $I(t)$ 表示在 $t \in [0, t_1 + t_2]$ 时刻的库存水平，$t_1(t_1 \geqslant 0)$ 表示在补货周期内库存水平为非负时的时间段长度(决策变量)，$t_2(t_2 \geqslant 0)$ 表示库存水平为负(或缺货)的时间段长度(决策变量)，$T = t_1 + t_2$ 为总的补货周期的长度。I_0 表示初始库存水平即 $I_0 = I(0)$，S 表示最大缺货量，即 $S = -I(T)$。此外，用 t_1/T 来表示库存系统的服务水平。

(3) 需求率 D 是关于即时库存水平 $I(t)$ 的函数，表示为

$$D(I(t)) = \begin{cases} \alpha + \beta I(t), & 0 \leqslant t \leqslant t_1 \\ \alpha, & t_1 < t \leqslant t_1 + t_2 \end{cases}$$

其中，$\alpha\ (\alpha > 0)$ 表示基本需求，这部分需求一般比较稳定，它的变化会受到经济、社会等因素的影响；$\beta\ (0 < \beta < 1)$ 表示受库存水平影响的产品需求率参数，那么 $\beta I(t)$ 则表示在 t 时刻受库存水平影响的需求。当 $0 \leqslant t \leqslant t_1$ 时，库存水平为非负，产品的需求由稳定需求和受库存水平影响而带来的额外需求两部分组成；当 $t_1 < t \leqslant t_1 + t_2$ 时，库存水平为负，即系统处于缺货状态，此时顾客的需求不受库存水平影响，需求仅包含稳定需求部分 α。

(4) 假设随着时间的变化产品的变质服从两参数的 Weibull 分布。两参数 Weibull 分布的概率分布函数和密度函数分别为：$\Phi(t) = 1 - \mathrm{e}^{-at^b}$ 和 $\varphi(t) = abt^{b-1}\mathrm{e}^{-at^b}$，其中 $t > 0$。因此，产品的瞬时变质率为：$\theta(t) = \varphi(t)/[1 - \Phi(t)] = abt^{b-1}$，$t > 0$。其中，$a(0 \leqslant a < 1)$ 为尺度参数(scale

parameter)，$b(b \geqslant 0)$ 为形状参数(shape parameter)。如图 3－3 所示，当 $0 < b < 1$ 时，变质率随时间的推移逐渐减小，适用于变质率或故障率在期初时较高而后随着时间推移逐渐下降的产品；当 $b=1$ 时，$\theta(t)=a$，即变质率为常数，表示随着时间的变化变质率是固定的；当 $1<b<2$ 时，变质率随时间的推移逐渐增大，但变质率增大的速率逐渐减小；当 $b=2$ 时，$\theta(t)=2at$，即变质率与时间呈线性关系，逐渐增大；当 $b>2$ 时，变质率随时间推移逐渐增大，且变质率增大的速率也逐渐增大。可见，常数变质率和线性变质率是 Weibull 变质率的两种特殊情况。本节考虑 $b \geqslant 1$ 的情况，即变质率随时间的推移逐渐增大的产品。此外，假设在补货周期内变质了的产品价值为 0。

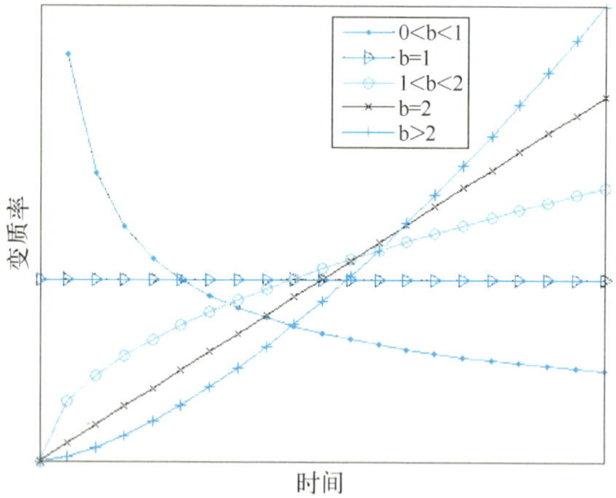

图 3－3　两参数 Weibull 分布变质率随时间变化曲线

(5) 库存系统允许缺货且缺货量部分延迟订购。系统缺货时，产品的部分延迟订购率 $B(t)$ 是关于顾客等待时间 (t_1+t_2-t) 的减函数，且 $B(t)=\mathrm{e}^{-k(t_1+t_2-t)}$，即随着等待时间的增加，越来越少的顾客选择等待。[86] 其中，$k(k \geqslant 0)$ 表示延迟订购阻力，即顾客对等待的不耐烦程度，是一个主观因素，因人而异，k 越大表示顾客越不愿意等待。此外，设函数 $t_2\mathrm{e}^{-Kt_2}$ 是关于 t_2 的一个非减函数，即 $(1-kt_2)\mathrm{e}^{-kt_2} \geqslant 0$ (该条件可简化为 $t_2 \leqslant 1/k$，表示 t_2 不能太大，即缺货时间不能太长)。

3.3.2 模型构建与分析

在周期开始时，补货使得库存达到某一水平 I_0。由于需求和变质的原因，在时间段 $[0, t_1)$ 内，库存水平逐渐下降，并在 $t = t_1$ 时刻库存水平下降为 0。此后，在时间段 $(t_1, t_1 + t_2]$ 内，缺货发生且部分延迟订购。延迟的需求将在下一个补货周期的期初一次性满足。所以，库存水平 $I(t)$ 关于时间的变化可以用下面的微分方程来描述：

$$\frac{\mathrm{d}I(t)}{\mathrm{d}t} = \begin{cases} -D(t) - \theta(t)I(t), & 0 \leqslant t \leqslant t_1 \\ -B(t)D(t), & t_1 \leqslant t \leqslant t_1 + t_2 \end{cases} \tag{3-44}$$

边界条件为 $I(t_1) = 0$。

求解微分方程(3-44)，可以得到：

$$I(t) = \begin{cases} \alpha \mathrm{e}^{-(at^b + \beta t)} \int_t^{t_1} \mathrm{e}^{at^b + \beta t} \mathrm{d}t, & 0 \leqslant t \leqslant t_1 \\ -\frac{\alpha}{k}[\mathrm{e}^{-k(t_1 + t_2 - t)} - \mathrm{e}^{-kt_2}], & t_1 \leqslant t \leqslant t_1 + t_2 \end{cases} \tag{3-45}$$

综上，一个周期内总利润的各构成要素分别为

(1) 固定订购成本 $FC = A$

(2) 购买成本

$$PC = C_p\left[\int_0^{t_1} D(t)\mathrm{d}t + \int_0^{t_1} \theta(t)I(t)\mathrm{d}t - I(t_1 + t_2)\right]$$

$$= \alpha C_p\left[t_1 + \beta \int_0^{t_1} \mathrm{e}^{-(at^b + \beta t)}\left(\int_t^{t_1} \mathrm{e}^{at^b + \beta t} \mathrm{d}t\right)\mathrm{d}t + \right.$$

$$\left. \int_0^{t_1}\left(abt^{b-1}\mathrm{e}^{-at^b - \beta t}\int_t^{t_1} \mathrm{e}^{at^b + \beta t}\mathrm{d}t\right)\mathrm{d}t + \frac{1}{K}(1 - \mathrm{e}^{-Kt_2})\right]$$

(3) 库存持有成本

$$HC = C_h\int_0^{t_1} I(t)\mathrm{d}t = \alpha C_h\int_0^{t_1} \mathrm{e}^{-(at^b+\beta t)}\left(\int_t^{t_1} \mathrm{e}^{at^b+\beta t}\mathrm{d}t\right)\mathrm{d}t$$

(4) 变质成本

$$DC = C_d\int_0^{t_1} \theta(t)I(t)\mathrm{d}t = \alpha C_d\int_0^{t_1} \left(abt^{b-1}\mathrm{e}^{-at^b-\beta t}\int_t^{t_1} \mathrm{e}^{at^b+\beta t}\mathrm{d}t\right)\mathrm{d}t$$

(5) 缺货成本

$$SC = C_s\int_{t_1}^{t_1+t_2} -I(t)\mathrm{d}t = \frac{\alpha}{k}C_s\left[\frac{1}{k}(1-\mathrm{e}^{-kt_2})-t_2\mathrm{e}^{-kt_2}\right]$$

(6) 机会成本

$$OC = C_o\int_{t_1}^{t_1+t_2} \alpha(1-\mathrm{e}^{-k(t_1+t_2-t)})\mathrm{d}t = \alpha C_o\left[t_2-\frac{1}{k}(1-\mathrm{e}^{-kt_2})\right]$$

(7) 销售收入

$$\begin{aligned}SR &= p[\int_0^{t_1} D(t)dt - I(t_1+t_2)]\\ &= \alpha p\left[t_1+\beta\int_0^{t_1} \mathrm{e}^{-(at^b+\beta t)}\left(\int_t^{t_1} \mathrm{e}^{at^b+\beta t}\mathrm{d}t\right)\mathrm{d}t+\frac{1}{k}(1-\mathrm{e}^{-kt_2})\right]\end{aligned}$$

因此,系统在一个周期的总利润可表示为

$$\begin{aligned}TP(t_1, t_2) &= SR-FC-PC+HC+DC+SC+OC\\ &=-A+\alpha\Big\{(p-C_p)t_1+[\beta(p-C_p)-\\ &C_h]\int_0^{t_1}\left(\mathrm{e}^{-at^b-\beta t}\int_t^{t_1} \mathrm{e}^{at^b+\beta t}\mathrm{d}t\right)\mathrm{d}t-\\ &(C_p+C_d)\int_0^{t_1}\left(abt^{b-1}\mathrm{e}^{-at^b-\beta t}\int_t^{t_1} \mathrm{e}^{at^b+\beta t}\mathrm{d}t\right)\mathrm{d}t+\end{aligned}$$

$$(p-C_p)\frac{1}{k}(1-e^{-kt_2})-C_s\frac{1}{k}\left[\frac{1}{k}(1-e^{-kt_2})-t_2e^{-kt_2}\right]-$$

$$C_o\left[t_2-\frac{1}{k}(1-e^{-kt_2})\right]\Big\} \tag{3-46}$$

由式(3-46)可得到系统的平均利润为

$$AP(t_1, t_2)=\frac{1}{t_1+t_2}TP(t_1, t_2) \tag{3-47}$$

系统的平均利润 $AP(t_1, t_2)$ 存在最优解的必要条件如下：

$$\frac{\partial AP}{\partial t_1}=\frac{\frac{\partial TP}{\partial t_1}(t_1+t_2)-TP}{(t_1+t_2)^2}=0 \tag{3-48}$$

$$\frac{\partial AP}{\partial t_2}=\frac{\frac{\partial TP}{\partial t_2}(t_1+t_2)-TP}{(t_1+t_2)^2}=0 \tag{3-49}$$

其中，

$$\frac{\partial TP}{\partial t_1}=\alpha\Big\{p-C_p+[\beta(p-C_p)-C_h]e^{at_1^b+\beta t_1}\int_0^{t_1}e^{-at^b-\beta t}dt-$$

$$(C_p+C_d)e^{at_1^b+\beta t_1}\int_0^{t_1}abt^{b-1}e^{-at^b-\beta t}dt\Big\} \tag{3-50}$$

$$\frac{\partial TP}{\partial t_2}=\alpha\{(p-C_p-C_st_2)e^{-kt_2}-C_o(1-e^{-kt_2})\} \tag{3-51}$$

定理 3-4: 如果 $\beta(p-C_p)-C_h<0$，那么 t_2 是关于 t_1 的增函数，且为凸函数。

证明: 由式(3-48)可知，t_2 可表示为 t_1 的函数，记 $t_2=f(t_1)$。由式(3-48)和式(3-49)可知：

$$\frac{\partial TP}{\partial t_1}=\frac{\partial TP}{\partial t_2} \tag{3-52}$$

式(3-52)两边分别对 t_1 求导数，得

$$\frac{\partial^2 TP}{\partial t_1^2}=\frac{\mathrm{d}t_2}{\mathrm{d}t_1}\frac{\partial^2 TP}{\partial t_2^2} \tag{3-53}$$

其中，

$$\frac{\partial^2 TP}{\partial t_1^2}=\alpha\Big\{[\beta(p-C_p)-C_h]\Big[(abt_1^{b-1}+\beta)\mathrm{e}^{at_1^b+\beta t_1}\int_0^{t_1}\mathrm{e}^{-at^b-\beta t}\mathrm{d}t+1\Big]-$$
$$(C_p+C_d)\Big[(abt_1^{b-1}+\beta)\mathrm{e}^{at_1^b+\beta t_1}\int_0^{t_1}abt^{b-1}\mathrm{e}^{-at^b-\beta t}\mathrm{d}t+abt_1^{b-1}\Big]\Big\} \tag{3-54}$$

$$\frac{\partial^2 TP}{\partial t_2^2}=-\alpha\mathrm{e}^{-kt_2}\{(p-C_p+C_o)k+C_s(1-kt_2)\} \tag{3-55}$$

容易知道：当 $\beta(p-C_p)-C_h<0$ 时，$\partial^2 TP/\partial t_1^2<0$；由假设知 $1-kt_2>0$，所以 $\partial^2 TP/\partial t_2^2<0$。因此，$\mathrm{d}t_2/\mathrm{d}t_1>0$，即 t_2 是关于 t_1 的增函数。

式(3-53)两边分别再对 t_1 求导数，得

$$\frac{\partial^3 TP}{\partial t_1^3}=\frac{\partial^3 TP}{\partial t_2^3}\left(\frac{\mathrm{d}t_2}{\mathrm{d}t_1}\right)^2+\frac{\partial^2 TP}{\partial t_2^2}\frac{\mathrm{d}t_2^2}{\mathrm{d}t_1^2}。$$

容易验证 $\partial^3 TP/\partial t_1^3<0$，$\partial^3 TP/\partial t_2^3>0$；并且 $(dt_2/dt_1)^2>0$，$\partial^2 TP/\partial t_2^2<0$。从而，则有 $\mathrm{d}t_2^2/\mathrm{d}t_1^2>0$，即 t_2 是关于 t_1 的凸函数。证毕。

说明 1： 在定理 3-4 中，$\beta(p-C_p)$ 表示单位库存带来的收益，而 C_h 表示单位库存引起的库存持有成本。如果 $\beta(p-C_p)-C_h<0$，意味着单位库存带来的收益小于其库存持有成本，显然，此时延迟订购策略对系统来说是有益的；反之，如果 $\beta(p-C_p)-C_h\geqslant 0$，对于系统来说持有库存可能更有利，这时系统应采用不允许缺货的策略。所以，$\beta(p-C_p)-C_h<0$ 是允许缺货策略有意义的前提条件。此外，定理 3-4 说明，当持有库存不利时，越长的库存持有时间，则需要越长的缺货时间来平衡上一阶段损失的收益，

且随着库存持有时间的增大，缺货时间段的增长将越来越快。

定理 3-5： 如果 $\beta(p-C_p)<C_h<\beta(p-C_p)+(p-C_p+C_o)k+C_s$，那么

(1) 存在唯一的解 (t_1^*,t_2^*) 满足式(3-48)和式(3-49)；

(2) 系统的平均利润 $AP(t_1,t_2)$ 在点 (t_1^*,t_2^*) 处取得全局最大值。

(3) 系统的最优补货策略是 (Q^*,T^*)，其中

$$Q^*=\int_0^{t_1^*}\alpha e^{at^b+\beta t}dt+\frac{\alpha}{k}(1-e^{-kt_2^*}),\ T^*=t_1^*+t_2^*。$$

证明： (1) 将由式(3-48)所得 $t_2=f(t_1)$ 代入式(3-52)，得到关于 t_1 的一个一元方程：

$$p-C_p+[\beta(p-C_p)-C_h]e^{at_1^b+\beta t_1}\int_0^{t_1}e^{-at^b-\beta t}dt-$$
$$(C_p+C_d)e^{at_1^b+\beta t_1}\int_0^{t_1}abt^{b-1}e^{-at^b-\beta t}dt$$
$$=(p-C_p-C_sf(t_1))e^{-kf(t_1)}-C_o(1-e^{-kf(t_1)})$$

令 $g(t_1)=g_1(t_1)-g_2(t_1)$，其中

$$g_1(t_1)=\Big\{p-C_p+[\beta(p-C_p)-C_h]e^{at_1^b+\beta t_1}\int_0^{t_1}e^{-at^b-\beta t}dt-$$
$$(C_p+C_d)e^{at_1^b+\beta t_1}\int_0^{t_1}abt^{b-1}e^{-at^b-\beta t}dt\Big\}$$
$$g_2(t_1)=[p-C_p-C_sf(t_1)]e^{-kf(t_1)}-C_o[1-e^{-kf(t_1)}]。$$

由

$$g_1'(t_1)=[\beta(p-C_p)-C_h]\Big\{\Big[ab(b-1)t_1^{b-2}e^{at_1^b+\beta t_1}+$$
$$(abt_1^{b-1}+\beta)^2e^{at_1^b+\beta t_1}\Big]\int_0^{t_1}e^{-at^b-\beta t}dt+abt_1^{b-1}+\beta\Big\}-$$

$$(C_p+C_d)\Big\{\Big[ab(b-1)t_1^{b-2}e^{at_1^b+\beta t_1}+$$
$$(abt_1^{b-1}+\beta)^2e^{at_1^b+\beta t_1}\Big]\int_0^{t_1}abt^{b-1}e^{-at^b-\beta t}dt+$$
$$abt_1^{b-1}(abt_1^{b-1}+\beta)+ab(b-1)t_1^{b-2}\Big\}<0$$

可知，$g'_1(t_1)$ 关于 t_1 是减函数。

由

$$\frac{d^2g_2}{d(f(t_1))^2}=ke^{-kf(t_1)}[(p-C_p+C_o)k+C_s(1-kf(t_1))]+$$
$$kC_se^{-kf(t_1)}>0$$

可知，g'_2 关于 $f(t_1)$ 是增函数。又因为 $f(t_1)$ 关于 t_1 是增函数，所以，$g'_2(t_1)$ 关于 t_1 是增函数。

综上可知，函数 $g'(t_1)=g'_1(t_1)-g'_2(t_1)$ 是关于 t_1 的减函数。此外，有 $\lim_{t_1\to 0}t_2\to 0$ 和 $\lim_{t_1\to\infty}t_2\to\infty$。从而有

$$\lim_{t_1\to 0}g'(t_1)=[\beta(p-C_p)-C_h]+\lim_{t_1\to 0}\frac{dt_2}{dt_1}[(p-C_p+C_o)k+C_s]$$
$$\lim_{t_1\to\infty}g'(t_1)\to-\infty<0。$$

又式(3-48)等价于 $\frac{\partial TP}{\partial t_1}-AP=0$（其中 t_2 是关于 t_1 的函数)，两边同时对 t_1 求导，得

$$\frac{\partial^2TP}{\partial t_1^2}-\frac{\left(\frac{\partial TP}{\partial t_1}+\frac{\partial TP}{\partial t_2}\frac{dt_2}{dt_1}\right)(t_1+t_2)-TP\left(1+\frac{dt_2}{dt_1}\right)}{(t_1+t_2)^2}=0$$

化简得

$$\frac{dt_2}{dt_1}=\frac{\frac{\partial^2TP}{\partial t_1^2}(t_1+t_2)^2-\frac{\partial TP}{\partial t_1}(t_1+t_2)+TP}{\frac{\partial TP}{\partial t_2}(t_1+t_2)+TP}$$

所以，$\lim\limits_{t_1 \to 0} \frac{\mathrm{d}t_2}{\mathrm{d}t_1} \to \frac{TP}{TP} = 1$。容易求得 $\lim\limits_{t_1 \to 0} g'(t_1) = [\beta(p - C_p) - C_h] + [(p - C_p + C_o)k + C_s]$。

若 $[\beta(p - C_p) - C_h] + [(p - C_p + C_o)k + C_s] > 0$，即 $C_h < \beta(p - C_p) + (p - C_p + C_o)k + C_s$，则在 $t_1 \in (0, \infty)$ 上，$g'(t_1)$ 的值由正到负变化。那么，函数 $g(t_1)$ 在 $t_1 \in (0, \infty)$ 上先增后减。又由于 $\lim\limits_{t_1 \to 0} g(t_1) \to 0$ 且 $\lim\limits_{t_1 \to \infty} g(t_1) \to -\infty < 0$，所以在 $(0, \infty)$ 内必然存在唯一的 $t_1^* \in (0, \infty)$，使 $g(t_1^*) = 0$。将 t_1^* 代入 $t_2 = f(t_1)$，可得到 $t_2^* = f(t_1^*)$。

(2) 求 $AP(t_1, t_2)$ 对于 t_1 和 t_2 的二阶偏导数，然后求得这些偏导数在点 (t_1^*, t_2^*) 处的值，则有

$$\left.\frac{\partial^2 AP}{\partial t_1^2}\right|_{(t_1, t_2) = (t_1^*, t_2^*)} = \frac{1}{t_1 + t_2} \left.\frac{\partial^2 TP}{\partial t_1^2}\right|_{(t_1, t_2) = (t_1^*, t_2^*)} < 0 \tag{3-56}$$

$$\left.\frac{\partial^2 AP}{\partial t_2^2}\right|_{(t_1, t_2) = (t_1^*, t_2^*)} = \frac{1}{t_1 + t_2} \left.\frac{\partial^2 TP}{\partial t_2^2}\right|_{(t_1, t_2) = (t_1^*, t_2^*)} < 0 \tag{3-57}$$

$$\frac{\partial^2 AP}{\partial t_1 \partial t_2} = 0$$

令 $\boldsymbol{H}$ 表示 $AP(t_1, t_2)$ 的海塞矩阵，则

$$|\boldsymbol{H}|_{(t_1, t_2) = (t_1^*, t_2^*)} = \frac{\partial^2 AP}{\partial t_1^2} \frac{\partial^2 AP}{\partial t_2^2} > 0 \tag{3-58}$$

由式(3-53)—式(3-58)可知，(t_1^*, t_2^*) 处的海塞矩阵 $\boldsymbol{H}$ 为负值。因此，(t_1^*, t_2^*) 为 $AP(t_1, t_2)$ 的全局最大值点。

(3) 由上述可知，最优补货周期：$T^* = t_1^* + t_2^*$。将 (t_1^*, t_2^*) 代入式(3.3-2)，则

初始库存量为

$$I_0 = I(0) = \int_0^{t_1^*} \alpha e^{at^b + \beta t} dt$$

最大缺货量为

$$S = -I(T^*) = \frac{\alpha}{k}(1 - e^{-kt_2^*})$$

因此，最优订购量为

$$Q^* = I_0 + S = \int_0^{t_1^*} \alpha e^{at^b + \beta t} dt + \frac{\alpha}{k}(1 - e^{-kt_2^*})。$$

证毕。

说明 2： 定理 3-5 给出了最优解存在的充分条件，其中 $\beta(p - C_p) < C_h$ 是为了保证允许缺货的策略能为系统带来利润；而 $C_h < \beta(p - C_p) + (p - C_p + C_o)k + C_s$ 则限制了库存持有成本在某个范围内，从而保证模型有解。

3.3.3　算法

由于方程组的高度非线性，很难求出最优解的解析表达式，因此采用数值求解方法，具体运用牛顿迭代法（Newton Method）。牛顿迭代法是求方程根的重要方法之一，是牛顿在 17 世纪提出的一种在实数域和复数域上近似求解方程的方法。它使用函数的泰勒级数的前面几项来寻找方程的根，是把非线性方程线性化的一种近似方法。其最大优点是在方程的单根附近具有平方收敛。这里将牛顿迭代法应用到二元非线性方程组，具体步骤如下：

分别记　$$F_1(t_1, t_2) = \frac{\frac{\partial TP}{\partial t_1}(t_1 + t_2) - TP}{(t_1 + t_2)^2},$$

$$F_2(t_1, t_2) = \frac{\frac{\partial TP}{\partial t_2}(t_1 + t_2) - TP}{(t_1 + t_2)^2}。$$

设 $F_1(t_1, t_2)$ 和 $F_2(t_1, t_2)$ 允许的误差范围为 e（假设允许的误差为 0.000 1），$(t_1(i), t_2(i))$ 表示第 i 次迭代代入的 (t_1, t_2) 的值。

第 1 步：给定任意的迭代初值 $(t_1(i), t_2(i))$（迭代从 $i=1$ 开始）；

第 2 步：将 $(t_1(i), t_2(i))$ 代入 $F_1(t_1, t_2)$ 和 $F_2(t_1, t_2)$，如果 $F_1(t_1(i), t_2(i)) < e$ 且 $F_2(t_1(i), t_2(i)) < e$，则停止迭代，$(t_1(i), t_2(i))$ 即为最优解；否则进行第 3 步；

第 3 步：分别计算 $F_1(t_1, t_2)$ 和 $F_2(t_1, t_2)$ 在 $(t_1(i), t_2(i))$ 处的偏导数，表示成矩阵形式：

$$J_i = \begin{pmatrix} \left.\dfrac{\partial F_1(t_1, t_2)}{\partial t_1}\right|_{(t_1, t_2)=(t_1(i), t_2(i))} & \left.\dfrac{\partial F_1(t_1, t_2)}{\partial t_2}\right|_{(t_1, t_2)=(t_1(i), t_2(i))} \\ \left.\dfrac{\partial F_2(t_1, t_2)}{\partial t_1}\right|_{(t_1, t_2)=(t_1(i), t_2(i))} & \left.\dfrac{\partial F_2(t_1, t_2)}{\partial t_2}\right|_{(t_1, t_2)=(t_1(i), t_2(i))} \end{pmatrix};$$

第 4 步：再分别求两曲面交线过点 $(t_1(i), t_2(i))$ 处的切线，则

$$\begin{pmatrix} F_1(t_1(i+1), t_2(i+1)) \\ F_2(t_1(i+1), t_2(i+1)) \end{pmatrix} - \begin{pmatrix} F_1(t_1(i), t_2(i)) \\ F_2(t_1(i), t_2(i)) \end{pmatrix}$$

$$= J_i \times \left[\begin{pmatrix} t_1(i+1) \\ t_2(i+1) \end{pmatrix} - \begin{pmatrix} t_1(i) \\ t_2(i) \end{pmatrix}\right],$$

令 $\begin{pmatrix} F_1(t_1(i+1), t_2(i+1)) \\ F_2(t_1(i+1), t_2(i+1)) \end{pmatrix} = 0$，求得交线与 t_1ot_2 平面的交点即为下一个迭代点，即

$$\begin{pmatrix} t_1(i+1) \\ t_2(i+1) \end{pmatrix} = \begin{pmatrix} t_1(i) \\ t_2(i) \end{pmatrix} - J_i^{-1} \times \begin{pmatrix} F_1(t_1(i), t_2(i)) \\ F_2(t_1(i), t_2(i)) \end{pmatrix};$$

第 5 步：令 $(t_1(i), t_2(i)) = (t_1(i+1), t_2(i+1))$，返回第 2 步，直到得到最优解，记为 (t_1^*, t_2^*)。

3.3.4 算例分析

这一部分对主要参数的灵敏度进行分析，算法通过 MATLAB 实现。令 $A=125$ 元，$\alpha=600$ 件，$\beta=0.04$，$a=0.001$，$b=3$，$k=0.4$，$C_p=14$ 元/件，$C_h=3$ 元/件/月，$C_d=5$ 元/件，$C_s=12$ 元/件/月，$C_o=15$ 元/件，$p=25$ 元/件。保持其他参数不变，当 k，C_p，C_h，C_s，C_o 变化时的计算结果分别见表 3-7 至表 3-10。

表 3-7 不同延迟订购阻力对最优策略的影响

k	t_1^*	t_2^*	T^*	t_1^*/T^*	I_0	S	Q^*	AP^*
0.1	0.371 7	0.065 6	0.437 3	0.85	224.689 1	39.231 2	263.920 3	6 028.5
0.2	0.375 9	0.056 6	0.432 5	0.869 1	227.247 2	33.768 5	261.015 7	6 022.0
0.3	0.379 2	0.049 7	0.428 9	0.884 1	229.257 4	29.598 8	258.856 2	6 017.0
0.4	0.381 7	0.044 3	0.426	0.896	230.780 5	26.345 9	257.126 4	6 013.1
0.7	0.386 9	0.033 4	0.420 3	0.920 5	233.949	19.807 5	253.756 5	6 005.1
1	0.39	0.026 8	0.416 8	0.935 7	235.838 2	15.866 4	251.704 6	6 000.3
2	0.395 2	0.016 1	0.411 3	0.960 9	239.007 8	9.506 1	248.513 9	5 992.3
10	0.401 2	0.003 9	0.405 1	0.990 4	242.665 8	2.295	244.960 8	5 983.1
20	0.402 1	0.002	0.404 1	0.995 1	243.214 6	1.176 3	244.390 9	5 981.6
100	0.402 9	0.000 4	0.403 3	0.999	243.702 5	0.235 3	243.937 8	5 980.4

由表 3-7 可知，当延迟订购阻力 k 增大时，库存持有时间 t_1^*、服务水平 t_1^*/T^*、期初库存量 I_0 均随之增大，而缺货时间 t_2^*、期末延迟订购量 S、总的补货周期 T^*、最优订购量 Q^* 和平均利润 AP^* 逐渐减少。k 越大表示顾客越没耐心，即越不愿意等待，这时缺货时间就会减少，相应地就应该增加库存持有时间，所以期末延迟订购量变少。当 k 足够大时，甚至没有延

迟订购量。由于延迟订购量的大量减少，总的订购量也呈下降趋势，平均利润也减少。特别是，当 k 很大，如 $k=100$ 时，服务水平为 0.999，接近于 1，近似于不允许缺货的情况，平均利润最小。如果顾客群体对缺货不太敏感，企业选择部分缺货可以在保证一个比较高的服务水平的情况下，增加收益。

表 3-8　不同单位购买成本对最优策略的影响

C_p	t_1^*	t_2^*	T^*	t_1^*/T^*	I_0	S	Q^*	AP^*
8	0.404 8	0.038 3	0.443 1	0.913 6	244.861 1	22.804 9	267.666	9 635.9
10	0.396 8	0.040 2	0.437	0.908	239.983 2	23.927 1	263.910 3	8 428.0
12	0.389 1	0.042 2	0.431 3	0.902 2	235.289 7	25.107 5	260.397 2	7 220.4
14	0.381 7	0.044 3	0.426	0.896	230.780 5	26.345 9	257.126 4	6 013.1
15	0.378 1	0.045 4	0.423 5	0.892 8	228.587 3	26.994 2	255.581 5	5 409.6
17	0.371	0.047 7	0.418 7	0.886 1	224.262 8	28.348 7	252.611 5	4 202.8
20	0.360 7	0.051 4	0.412 1	0.875 3	217.991 4	30.525 1	248.516 5	2 393.3
22	0.354 1	0.054 1	0.408 2	0.867 5	213.974 2	32.111 3	246.085 5	1 187.4

由表 3-8 可知，当单位购买成本 C_p 增大时，持有库存的时间 t_1^*、总的补货周期 T^*、服务水平 t_1^*/T^*、期初库存量 I_0、最优订购量 Q^* 和总平均成本 AP^* 均减小，而缺货时间 t_2^* 和期末延迟订购量 S 增大。当单位购买成本增大时，为了减少库存资金占用，企业将通过缩短持有库存时间和补货周期，来提高库存周转率，从而增加流通资金，所以期初库存量减少。由于延迟订购几乎不占有资金，能够加快资金流转，相应地可以延长缺货的时间段，期末延迟订购量随之增加。但总的订购量和平均利润仍然呈下降趋势。从表 3-8 中可以看出，平均利润对购买成本的变化非常敏感，很小的单位购买成本的变化，将导致很大的平均利润的反向变化。

表 3-9 不同单位持有成本对最优策略的影响

C_h	t_1^*	t_2^*	T^*	t_1^*/T^*	I_0	S	Q^*	AP^*
1	0.837	0.021 6	0.858 6	0.974 8	510.777 1	12.904 2	523.681 3	6 312.1
2	0.498 4	0.035 2	0.533 6	0.934	302.050 1	20.972	323.022 1	6 132.1
3	0.381 7	0.044 3	0.426	0.896	230.780 5	26.345 9	257.126 4	6 013.1
5	0.275 2	0.057	0.332 2	0.828 4	166.033	33.813 1	199.846 1	5 846.8
8	0.202 6	0.069 9	0.272 5	0.743 5	122.054 1	41.359 1	163.413 2	5 680.9
12	0.153 7	0.081 4	0.235 1	0.653 8	92.504 2	48.053 4	140.557 6	5 533.6

由表 3-9 容易看出，随着单位持有成本 C_h 的增大，持有库存的时间 t_1^*、总的补货周期 T^*、服务水平 t_1^*/T^*、期初库存量 I_0、最优订购量 Q^* 和总平均成本 AP^* 均减小，而缺货时间 t_2^* 和期末延迟订购量 S 增大。当单位持有成本增大时，为了减少周期内总的持有成本，应该缩短持有库存的时间，相应地延长缺货时间。因此，服务水平、期初库存降低，期末延迟订购量增加。由于持有库存时间和补货周期的急剧缩短，最优订购量也相应地大大减少。当 C_h 减小 66.7%，即从 $C_h = 3$ 到 $C_h = 1$ 时，服务水平增加 8.79%，平均利润上升 4.97%；当 C_h 增加 300%，即从 $C_h = 3$ 到 $C_h = 12$ 时，服务水平减少 27%，平均利润下降 7.97%。所以，服务水平和平均利润对单位持有成本的变化较敏感，且均呈负相关，因此降低库存持有成本对系统的服务水平和利润收益都是有利的。

表 3-10 不同单位缺货成本(或单位机会成本)对最优策略的影响

C_s	C_o	t_1^*	t_2^*	T^*	t_1^*/T^*	I_0	S	Q^*	AP^*
8	15	0.377 4	0.053 4	0.430 8	0.876	228.160 9	31.700 2	259.861 1	6 019.6
10	15	0.379 8	0.048 4	0.428 2	0.887	229.622 9	28.760 7	258.383 6	6 016.1
12	15	0.381 7	0.044 3	0.426	0.896	230.780 5	26.345 9	257.126 4	6 013.1
15	15	0.384 1	0.039 2	0.423 3	0.907 4	232.242 8	23.336 6	255.579 4	6 009.5

续　表

C_s	C_o	t_1^*	t_2^*	T^*	t_1^*/T^*	I_0	S	Q^*	AP^*
18	15	0.385 9	0.035 2	0.421 1	0.916 4	233.339 6	20.972	254.311 6	6 006.5
20	15	0.387	0.033	0.42	0.921 4	234.009 9	19.669 9	253.679 8	6 004.9
12	8	0.378 9	0.050 3	0.429 2	0.882 8	229.074 6	29.878 4	258.953	6 017.4
12	10	0.379 7	0.048 4	0.428 1	0.886 9	229.562	28.760 7	258.322 7	6 016.1
12	12	0.380 6	0.046 7	0.427 3	0.890 7	230.110 3	27.759 9	257.870 2	6 014.8
12	15	0.381 7	0.044 3	0.426	0.896	230.780 5	26.345 9	257.126 4	6 013.1
12	17	0.382 4	0.042 8	0.425 2	0.899 3	231.207	25.461 4	256.668 4	6 012.0
12	19	0.383	0.041 4	0.424 4	0.902 5	231.572 6	24.635 5	256.208 1	6 011.0

由表 3－10 可知，当单位缺货成本 C_s 或单位机会成本 C_o 增大时，持有库存的时间 t_1^* 增大，但总的补货周期 T^* 缩短，所以服务水平 t_1^*/T^* 提高。最优订购量 Q^* 减少，主要是由期末延迟订购量 S 的减少而引起的。期初库存量 I_0 随着 C_s 和 C_o 的增加而增加，是因为持有库存时间延长，在这一时间段的需求量和变质量也随之增加，因而需要期初持有更多的库存量。平均利润 AP^* 随着单位缺货成本 C_s 或单位机会成本 C_o 的增大而减少。可以看出，对于单位缺货成本和单位机会成本的变化，服务水平的变化比平均利润更为灵敏。所以，当一种商品的缺货成本或机会成本很大时，对商家来说，与平均利润相比，服务水平应具有更大的权重。

3.4　非立即变质品的库存控制问题

本节主要研究非立即变质品的库存策略设计问题。以平均利润最大化为决策目标，构建了一个需求依赖于库存水平、持有成本和变质期内的变质率均时变、允许缺货且缺货量部分延迟订购的非立即变质品库存补货模型，进一步证明了当参数满足一定条件时，模型存在唯一的最优解。最后，采用牛顿法给出一些具体的数值算例，并对模型中主要参数的灵敏度进行分析。

3.4.1 假设与符号说明

本节用到的假设和其他符号说明如下。

(1) 计划时域无限，补货率无穷大且提前期为零。

(2) $t_d(t_d \geqslant 0)$ 表示产品的固定保鲜期，$t_1(t_1 \geqslant 0)$ 表示在补货周期内库存水平为非负时的时间段长度(决策变量)，$t_2(t_2 \geqslant 0)$ 表示库存水平为负(或缺货)的时间段长度(决策变量)，$T = t_1 + t_2$ 为总的补货周期的长度。I_0表示初始库存水平，即 $I_0 = I(0)$，S 表示最大缺货量，即 $S = -I(T)$。

(3) 库存产品为非立即变质品，从产品入库开始存在一个固定的保鲜期 t_d，即在保鲜期 t_d 内产品不发生变质，超过固定保鲜期后产品进入变质期，开始发生变质，假设产品的变质与时间相关，服从两参数 Weibull 分布。因此，产品的变质率可表示为

$$\theta(t) = \begin{cases} 0, & 0 \leqslant t \leqslant t_d \\ ab\,(t - t_d)^{b-1}, & t_d \leqslant t \leqslant t_1 \end{cases}。$$

(4) $I(t)$ 表示在 $t \in [0,\ t_1 + t_2]$ 时刻的库存水平。具体地，$I_1(t)$ 表示在 $t \in [0,\ t_d]$ 时刻的库存水平，且 $I_1(t) > 0$；$I_2(t)$ 表示在 $t \in [t_d,\ t_1]$ 时刻的库存水平，且 $I_2(t) \geqslant 0$；$I_3(t)$ 表示在 $t \in [t_1,\ t_1 + t_2]$ 时刻的库存水平，且 $I_3(t) \leqslant 0$。

(5) 需求受即时库存水平 $I(t)$ 的影响，且在保鲜期和变质期内即时库存水平对需求率的影响系数不同，参照文献[137]，t 时刻的需求率函数 $D(t)$ 表示为

$$D(I(t))=\begin{cases}\alpha+\beta_1 I(t), & 0\leqslant t\leqslant t_d\\ \alpha+\beta_2 I(t), & t_d\leqslant t\leqslant t_1\\ \alpha, & t_1<t\leqslant t_1+t_2\end{cases}$$

其中 $\alpha>0$，$\beta_1\geqslant\beta_2>0$。

(6) 系统允许缺货且缺货量部分延迟订购。部分延迟订购率是顾客等待时间的减函数，表示为 $B(t)=\mathrm{e}^{-k(t_1+t_2-t)}$（见文献[86]），其中 $k(k\geqslant 0)$ 表示延迟订购阻力，(t_1+t_2-t) 表示顾客的等待时间。此外，设函数 $t_2\mathrm{e}^{-Kt_2}$ 是关于 t_2 的一个非减函数。

(7) 库存系统中单位产品单位时间的库存持有成本，$C_h(t)$，是关于时间的增函数，即 $\frac{\mathrm{d}C_h(t)}{\mathrm{d}t}\geqslant 0$。

3.4.2　模型构建与分析

如图 3-4 所示，系统在期初，即 $t=0$ 时刻，通过补货使得库存达到某一水平 I_0，即 $I(0)=I_0$。在保鲜期 $[0,\ t_d]$ 内，物品不发生变质，需求使得库存水平不断下降；然后进入变质期，在变质期 $[t_d,\ t_1]$ 内，在需求和变质的共同作用下库存水平逐渐下降，并在 $t=t_1$ 时刻库存水平到达 0，即 $I(t_1)=0$。此后，在时间段 $[t_1,\ t_1+t_2]$ 内，缺货发生且缺货量以 $B(t)=\mathrm{e}^{-k(t_1+t_2-t)}$ 的部分延迟订购率延迟交付，延迟的需求将在下一个补货周期的期初一次性满足。

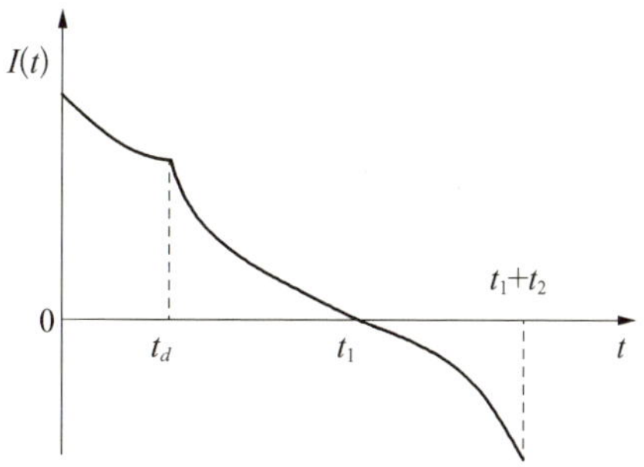

图 3-4　补货周期内库存水平随时间变化曲线

当 $0\leqslant t\leqslant t_d$ 时，库存水平 $I(t)$ 满足：

$$\frac{\mathrm{d}I_1(t)}{\mathrm{d}t}=-D(I(t))=-\alpha-\beta_1 I_1(t) \tag{3-59}$$

由 $I_1(0)=I_0$，求解式(3-59)，得

$$I_1(t)=\mathrm{d}^{-\beta_1 t}I_0-\frac{\alpha}{\beta_1}(1-\mathrm{e}^{-\beta_1 t}) \tag{3-60}$$

当 $t_d\leqslant t\leqslant t_1$ 时，库存水平 $I(t)$ 满足：

$$\begin{aligned}\frac{\mathrm{d}I_2(t)}{\mathrm{d}t}&=-D(I(t))-\theta(t)I_2(t)\\&=-\alpha-[\beta_2+ab(t-t_d)^{b-1}]I_2(t)\end{aligned} \tag{3-61}$$

利用边界条件 $I_2(t_1)=0$，求解式(3-61)，得

$$I_2(t)=\alpha\mathrm{e}^{-[a(t-t_d)^b+\beta_2 t]}\int_t^{t_1}\mathrm{e}^{a(u-t_d)^b+\beta_2 u}\mathrm{d}u \tag{3-62}$$

由函数 $I(t)$ 在 $t=t_d$ 处的连续性知，$I_1(t_d)=I_2(t_d)$，因此，由式(3-60)和式(3-62)可得

$$\mathrm{e}^{-\beta_1 t_d}I_0-\frac{\alpha}{\beta_1}(1-\mathrm{e}^{-\beta_1 t_d})=\alpha\mathrm{e}^{-\beta_2 t_d}\int_{t_d}^{t_1}\mathrm{e}^{a(t-t_d)^b+\beta_2 t}\mathrm{d}t \tag{3-63}$$

化简式(3-63)，得

$$I_0=\alpha\left[\frac{1}{\beta_1}(\mathrm{e}^{\beta_1 t_d}-1)+\mathrm{e}^{(\beta_1-\beta_2)t_d}\int_{t_d}^{t_1}\mathrm{e}^{a(t-t_d)^b+\beta_2 t}\mathrm{d}t\right] \tag{3-64}$$

将式(3-64)代入式(3-60)，得

$$I_1(t)=\alpha\left[\frac{1}{\beta_1}(\mathrm{e}^{\beta_1(t_d-t)}-1)+\mathrm{e}^{-\beta_1 t}\mathrm{e}^{(\beta_1-\beta_2)t_d}\int_{t_d}^{t_1}\mathrm{e}^{a(t-t_d)^b+\beta_2 t}\mathrm{d}t\right] \tag{3-65}$$

当 $t_1\leqslant t\leqslant t_1+t_2$ 时，库存水平 $I(t)$ 满足：

$$\frac{\mathrm{d}I_3(t)}{\mathrm{d}t}=-B(t)D(I(t))=-\alpha\mathrm{e}^{-k(t_1+t_2-t)} \tag{3-66}$$

利用边界条件 $I_3(t_1)=0$，求解(3.4-8)式，得：

$$I_3(t)=-\frac{\alpha}{k}(e^{-k(t_1+t_2-t)}-e^{-kt_2}) \tag{3-67}$$

由式(3-69)容易得到，期末最大缺货量为

$$S=-I_3(t_1+t_2)=\frac{\alpha}{k}(1-e^{-kt_2}) \tag{3-68}$$

可知，一个补货周期内系统总的订货量为

$$Q=I_0+S=\alpha\left[\frac{1}{\beta_1}(e^{\beta_1 t_d}-1)+e^{(\beta_1-\beta_2)t_d}\int_{t_d}^{t_1}e^{a(t-t_d)^b+\beta_2 t}dt+\frac{1}{k}(1-e^{-kt_2})\right] \tag{3-69}$$

那么，一个补货周期内系统利润的构成要素如下：

(1) 固定订购成本 $FC=A$

(2) 购买成本

$$\begin{aligned}PC&=C_p\left\{\int_0^{t_d}[\alpha+\beta_1 I_1(t)]dt+\int_{t_d}^{t_1}[\alpha+\beta_2 I_2(t)]dt-\right.\\&\left.I_3(t_1+t_2)+\int_{t_d}^{t_1}\theta(t)I_2(t)dt\right\}\\&=\alpha C_p\left\{(e^{\beta_1 t_d}-1)\left[\frac{1}{\beta_1}+e^{-\beta_2 t_d}\int_{t_d}^{t_1}e^{a(t-t_d)^b+\beta_2 t}dt\right]+\right.\\&(t_1-t_d)+\beta_2\int_{t_d}^{t_1}\left[e^{-(a(t-t_d)^b+\beta_2 t)}\int_t^{t_1}e^{a(u-t_d)^b+\beta_2 u}du\right]dt+\\&\frac{1}{k}(1-e^{-kt_2})+\int_{t_d}^{t_1}\left[ab(t-t_d)^{b-1}e^{-(a(t-t_d)^b+\beta_2 t)}\cdot\right.\\&\left.\left.\int_t^{t_1}e^{a(u-t_d)^b+\beta_2 u}du\right]dt\right\}\end{aligned}$$

（3）库存持有成本

$$HC=\int_0^{t_d}C_h(t)I_1(t)\mathrm{d}t+\int_{t_d}^{t_1}C_h(t)I_2(t)\mathrm{d}t$$

$$=\alpha\left\{\int_0^{t_d}C_h(t)\left[\frac{1}{\beta_1}(\mathrm{e}^{\beta_1(t_d-t)}-1)+\right.\right.$$

$$\left.\mathrm{e}^{-\beta_1 t}\mathrm{e}^{(\beta_1-\beta_2)t_d}\int_{t_d}^{t_1}\mathrm{e}^{a(t-t_d)^b+\beta_2 t}\mathrm{d}t\right]\mathrm{d}t+$$

$$\left.\int_{t_d}^{t_1}\left[C_h(t)\mathrm{e}^{-(a(t-t_d)^b+\beta_2 t)}\int_t^{t_1}\mathrm{e}^{a(u-t_d)^b+\beta_2 u}\mathrm{d}u\right]\mathrm{d}t\right\}$$

（4）变质成本或残值

$$DC=C_d\int_{t_d}^{t_1}\theta(t)I_2(t)\mathrm{d}t$$

$$=\alpha C_d\int_{t_d}^{t_1}\left[ab(t-t_d)^{b-1}\mathrm{e}^{-[a(t-t_d)^b+\beta_2 t]}\int_t^{t_1}\mathrm{e}^{a(u-t_d)^b+\beta_2 u}\mathrm{d}u\right]\mathrm{d}t$$

（5）缺货成本

$$SC=C_s\int_{t_1}^{t_1+t_2}-I_3(t)\mathrm{d}t=\frac{\alpha}{k}C_s\left[\frac{1}{k}(1-\mathrm{e}^{-kt_2})-t_2\mathrm{e}^{-kt_2}\right]$$

（6）机会成本

$$OC=C_o\int_{t_1}^{t_1+t_2}\alpha(1-\mathrm{e}^{-k(t_1+t_2-t)})\mathrm{d}t=\alpha C_o\left[t_2-\frac{1}{k}(1-\mathrm{e}^{-kt_2})\right]$$

（7）销售收入

$$SR=p\left\{\int_0^{t_d}[\alpha+\beta_1 I_1(t)]\mathrm{d}t+\int_{t_d}^{t_1}[\alpha+\beta_2 I_2(t)]\mathrm{d}t-I_3(t_1+t_2)\right\}$$

$$=\alpha p\left\{(\mathrm{e}^{\beta_1 t_d}-1)\left[\frac{1}{\beta_1}+\mathrm{e}^{-\beta_2 t_d}\int_{t_d}^{t_1}\mathrm{e}^{a(t-t_d)^b+\beta_2 t}\mathrm{d}t\right]+(t_1-t_d)+\right.$$

$$\left.\beta_2\int_{t_d}^{t_1}\left[\mathrm{e}^{-[a(t-t_d)^b+\beta_2 t]}\int_t^{t_1}\mathrm{e}^{a(u-t_d)^b+\beta_2 u}\mathrm{d}u\right]\mathrm{d}t+\frac{1}{k}(1-\mathrm{e}^{-kt_2})\right\}$$

因此,系统在一个补货周期内的总利润为

$$
\begin{aligned}
TP(t_1, t_2) &= SR - FC - PC - HC - DC - SC - OC \\
&= -A + \alpha\Bigg\{(p - C_p)\Big[(e^{\beta_1 t_d} - 1)\Big[\frac{1}{\beta_1} + e^{-\beta_2 t_d}\int_{t_d}^{t_1} e^{a(t-t_d)^b + \beta_2 t}\,dt\Big] + \\
&\quad (t_1 - t_d) + \beta_2\int_{t_d}^{t_1}\Big[e^{-(a(t-t_d)^b + \beta_2 t)}\int_t^{t_1} e^{a(u-t_d)^b + \beta_2 u}\,du\Big]dt + \\
&\quad \frac{1}{k}(1 - e^{-kt_2})\Big] - (C_p + C_d)\int_{t_d}^{t_1}\Big[ab(t-t_d)^{b-1}e^{-[a(t-t_d)^b + \beta_2 t]}\cdot \\
&\quad \int_t^{t_1} e^{a(u-t_d)^b + \beta_2 u}\,du\Big]dt - \int_0^{t_d} C_h(t)\Big[\frac{1}{\beta_1}(e^{\beta_1(t_d - t)} - 1) + \\
&\quad e^{-\beta_1 t}e^{(\beta_1 - \beta_2)t_d}\int_{t_d}^{t_1} e^{a(t-t_d)^b + \beta_2 t}\,dt\Big]dt - \\
&\quad \int_{t_d}^{t_1}\Big[C_h(t)e^{-[a(t-t_d)^b + \beta_2 t]}\int_t^{t_1} e^{a(u-t_d)^b + \beta_2 u}\,du\Big]dt - \\
&\quad \frac{C_s}{k}\Big[\frac{1}{k}(1 - e^{-kt_2}) - t_2 e^{-kt_2}\Big] - C_o\Big[t_2 - \frac{1}{k}(1 - e^{-kt_2})\Big]\Bigg\}
\end{aligned}
\tag{3-70}
$$

并且

$$
\begin{aligned}
\frac{\partial TP}{\partial t_1} &= \alpha\Bigg\{(p - C_p) - \frac{1}{\beta_1}\int_0^{t_d} C_h(t)(e^{\beta_1(t_d - t)} - 1)\,dt + \\
&\quad e^{a(t_1 - t_d)^b + \beta_2 t_1}\Big[\Big[(e^{\beta_1 t_d} - 1)(p - C_p) - \int_0^{t_d} C_h(t)e^{\beta_1(t_d - t)}\,dt\Big]e^{-\beta_2 t_d} + \\
&\quad \int_{t_d}^{t_1}[\beta_2(p - C_p) - C_h(t) - (C_p + C_d)ab(t - t_d)^{b-1}]\cdot \\
&\quad e^{-[a(t-t_d)^b + \beta_2 t]}\,dt\Big]\Bigg\}
\end{aligned}
\tag{3-71}
$$

$$
\frac{\partial TP}{\partial t_2} = \alpha[(p - C_p)e^{-kt_2} - C_s t_2 e^{-kt_2} - C_o(1 - e^{-kt_2})] \tag{3-72}
$$

由式(3-70)可得系统的平均利润为

$$AP(t_1,t_2)=\frac{1}{t_1+t_2}TP(t_1,t_2) \tag{3-73}$$

并且

$$\frac{\partial AP}{\partial t_1}=\frac{(t_1+t_2)\dfrac{\partial TP}{\partial t_1}-TP}{(t_1+t_2)^2} \tag{3-74}$$

$$\frac{\partial AP}{\partial t_2}=\frac{(t_1+t_2)\dfrac{\partial TP}{\partial t_2}-TP}{(t_1+t_2)^2} \tag{3-75}$$

系统存在最优解的一阶必要条件是 $\frac{\partial AP}{\partial t_1}=0$ 和 $\frac{\partial AP}{\partial t_2}=0$，即

$$(t_1+t_2)\frac{\partial TP}{\partial t_1}-TP=0 \tag{3-76}$$

$$(t_1+t_2)\frac{\partial TP}{\partial t_2}-TP=0 \tag{3-77}$$

定理 3-4: 当 $\beta_1 e^{\beta_1 t_d}(p-C_p)-C_h(t_d)\leqslant 0$ 时，t_2 是关于 t_1 的增函数，即 $\frac{dt_2}{dt_1}>0$。

证明: 由式(3-76)和式(3-77)可得

$$\frac{\partial TP}{\partial t_1}-\frac{\partial TP}{\partial t_2}=0 \tag{3-78}$$

式(3-78)可看作是 t_2 关于 t_1 的一个隐函数，记为 $t_2=g(t_1)$。对隐函数式(3-78)求导，得

$$\frac{\partial^2 TP}{\partial t_1^2}-\frac{\partial^2 TP}{\partial t_2^2}\frac{dt_2}{dt_1}=0 \tag{3-79}$$

由式(3-71)可求得

$$\frac{\partial^2 TP}{\partial t_1^2} = \alpha\Big\{(ab(t_1-t_d)^{b-1}+\beta_2)e^{a(t_1-t_d)^b+\beta_2 t_1}\times$$

$$\Big[\Big[(e^{\beta_1 t_d}-1)(p-C_p)-\int_0^{t_d}C_h(t)e^{\beta_1(t_d-t)}dt\Big]e^{-\beta_2 t_d}+$$

$$\int_{t_d}^{t_1}[\beta_2(p-C_p)-C_h(t)-$$

$$(C_p+C_d)ab(t-t_d)^{b-1}]e^{-[a(t-t_d)^b+\beta_2 t]}dt\Big]+$$

$$[\beta_2(p-C_p)-C_h(t_1)-(C_p+C_d)ab(t_1-t_d)^{b-1}]\Big\} \quad (3-80)$$

由式(3-80)可以发现，当参数满足不等式组(3-81)时，有 $\frac{\partial^2 TP}{\partial t_1^2}<0$。

$$\begin{cases}(e^{\beta_1 t_d}-1)(p-C_p)-\int_0^{t_d}C_h(t)e^{\beta_1(t_d-t)}dt\leqslant 0 & \text{(a)}\\ \int_{t_d}^{t_1}[\beta_2(p-C_p)-C_h(t)-(C_p+C_d)ab(t-t_d)^{b-1}]e^{-[a(t-t_d)^b+\beta_2 t]}dt\leqslant 0 & \text{(b)}\\ \beta_2(p-C_p)-C_h(t_1)-(C_p+C_d)ab(t_1-t_d)^{b-1}\leqslant 0 & \text{(c)}\end{cases}$$

(3-81)

观察式(3-81(a))左端，则有

$$(e^{\beta_1 t_d}-1)(p-C_p)-\int_0^{t_d}C_h(t)e^{\beta_1(t_d-t)}dt$$

$$<(e^{\beta_1 t_d}-1)(p-C_p)-\int_0^{t_d}C_h(t)dt。$$

令 $f(t_d)=(e^{\beta_1 t_d}-1)(p-C_p)-\int_0^{t_d}C_h(t)dt$，求导可得

$$\frac{df(t_d)}{dt_d}=\beta_1 e^{\beta_1 t_d}(p-C_p)-C_h(t_d)$$

此外可知，$f(t_d=0)=0$。因此，如果满足 $\beta_1 e^{\beta_1 t_d}(p-C_p)-C_h(t_d)\leqslant 0$，那

么有 $\frac{\mathrm{d}f(t_d)}{\mathrm{d}t_d} \leqslant 0$，从而 $f(t_d) = (e^{\beta_1 t_d} - 1)(p - C_p) - \int_0^{t_d} C_h(t)\mathrm{d}t \leqslant 0$。显然有式(3－81(a))成立。

观察式(3－81(b))左端，由积分中值定理可知，存在 $\eta \in [t_d,\ t_1]$ 满足：

$$\int_{t_d}^{t_1} [\beta_2(p - C_p) - C_h(t) - (C_p + C_d)ab(t - t_d)^{b-1}]\mathrm{e}^{-[a(t-t_d)^b + \beta_2 t]}\mathrm{d}t$$

$$= [\beta_2(p - C_p) - C_h(\eta) - (C_p + C_d)ab(\eta - t_d)^{b-1}]\mathrm{e}^{-[a(\eta-t_d)^b + \beta_2 \eta]}(t_1 - t_d)$$

由 $t_d \leqslant \eta \leqslant t_1$ 和 $dC_h(t)/dt \geqslant 0$，有

$$\beta_2(p - C_p) - C_h(\eta) - (C_p + C_d)ab(\eta - t_d)^{b-1} < \beta_2(p - C_p) - C_h(t_d)$$

观察式(3－81(c))左端有

$$\beta_2(p - C_p) - C_h(t_1) - (C_p + C_d)ab(t_1 - t_d)^{b-1} < \beta_2(p - C_p) - C_h(t_d)$$

此外，由 $\beta_1 \geqslant \beta_2 > 0$ 容易得到 $\beta_2(p - C_p) - C_h(t_d) < \beta_1 \mathrm{e}^{\beta_1 t_d}(p - C_p) - C_h(t_d) \leqslant 0$。综上，当 $\beta_1 \mathrm{e}^{\beta_1 t_d}(p - C_p) - C_h(t_d) \leqslant 0$ 成立时，不等式组(3－81)成立，从而有 $\frac{\partial^2 TP}{\partial t_1^2} < 0$。

另外，$(p - C_p)\mathrm{e}^{-kt_2}$ 和 $-C_o(1 - \mathrm{e}^{-kt_2})$ 都是关于 t_2 的减函数；再由假设可知 $t_2 \mathrm{e}^{-kt_2}$ 是关于 t_2 的一个非减函数，可知 $-C_s t_2 \mathrm{e}^{-kt_2}$ 是关于 t_2 的非增函数。观察式(3－72)，故有 $\frac{\partial TP}{\partial t_2}$ 是关于 t_2 的减函数，即 $\frac{\partial^2 TP}{\partial t_2^2} < 0$。

由以上分析可知，当 $\beta_1(p - C_p) - C_h(0) \leqslant 0$ 时，有 $\frac{\partial^2 TP}{\partial t_1^2} < 0$，$\frac{\partial^2 TP}{\partial t_1^2} < 0$。从而，由式(3－79)容易得到 $\frac{\mathrm{d}t_2}{\mathrm{d}t_1} > 0$，即 t_2 是关于 t_1 的增函数。证毕。

说明： 定理 3－4 指出，当持有库存的成本较高时，持有库存的时间越

长，则缺货的时间也越长。这是因为越长的库存持有时间将会带来更多的收益损失，所以就需要越长的缺货时间来平衡。

定理 3-5： 当 $\beta_1 e^{\beta_1 t_d}(p-C_p)-C_h(t_d)\leqslant 0$ 时，

(1) 存在唯一的 (t_1^*, t_2^*) 同时满足式(3-76)和式(3-77)；

(2) (t_1^*, t_2^*) 是 $AP(t_1, t_2)$ 的全局最优解。

证明： (1) 将式(3-78)代入式(3-76)，有

$$(t_1+t_2)\frac{\partial TP}{\partial t_1}-TP=0 \tag{3-82}$$

其中 $t_2=g(t_1)$。

记式(3-82)等号左端为 $G(t_1)$，即

$$G(t_1)=(t_1+t_2)\frac{\partial TP}{\partial t_1}-TP \tag{3-83}$$

对 $G(t_1)$ 求导，得

$$\frac{\mathrm{d}G(t_1)}{\mathrm{d}t_1}=\frac{\mathrm{d}t_2}{\mathrm{d}t_1}\left(\frac{\partial TP}{\partial t_1}-\frac{\partial TP}{\partial t_2}\right)+(t_1+t_2)\frac{\partial^2 TP}{\partial t_1^2} \tag{3-84}$$

将式(3-78)代入式(3-84)有

$$\frac{\mathrm{d}G(t_1)}{\mathrm{d}t_1}=(t_1+t_2)\frac{\partial^2 TP}{\partial t_1^2}<0 \tag{3-85}$$

即 $G(t_1)$ 是关于 $t_1\in[0,\infty)$ 的严格减函数。

由式(3-78)容易得到 $\lim_{t_1\to 0}t_2\to 0$，又 $\lim_{t_1\to 0}t_d\to 0$，那么有 $\lim_{t_1\to 0}G(t_1)\to A>0$。另外，对 $G(t_1)$ 求二阶导数，由式(3-85)得

$$\frac{\mathrm{d}^2G(t_1)}{\mathrm{d}t_1^2}=\left(1+\frac{\mathrm{d}t_2}{\mathrm{d}t_1}\right)\frac{\partial^2 TP}{\partial t_1^2}+(t_1+t_2)\frac{\partial^3 TP}{\partial t_1^3} \tag{3-86}$$

又由式(3-80)求得

$$\frac{\partial^3 TP}{\partial t_1^3}=\alpha\Big\{e^{a(t_1-t_d)^b+\beta_2 t_1}\big[(ab(b-1)(t_1-t_d)^{b-2})+(ab(t_1-t_d)^{b-1}+\beta_2)^2\big]\times$$
$$\Big[\Big[(e^{\beta_1 t_d}-1)(p-C_p)-\int_0^{t_d}C_h(t)e^{\beta_1(t_d-t)}\mathrm{d}t\Big]e^{-\beta_2 t_d}+$$
$$\int_{t_d}^{t_1}\big[\beta_2(p-C_p)-C_h(t)-(C_p+C_d)ab(t-t_d)^{b-1}\big]e^{-(a(t-t_d)^b+\beta_2 t)}\mathrm{d}t\Big]+$$
$$[ab(t_1-t_d)^{b-1}+\beta_2+1][\beta_2(p-C_p)-C_h(t_1)-$$
$$(C_p+C_d)ab(t_1-t_d)^{b-1}]\Big\} \tag{3-87}$$

当 $\beta_1 e^{\beta_1 t_d}(p-C_p)-C_h(t_d)\leqslant 0$ 时,式(3-81)成立,因此有 $\frac{\partial^3 TP}{\partial t_1^3}<0$。另外,由定理 3.4-1 可知 $\frac{dt_2}{dt_1}>0$ 和 $\frac{\partial^2 TP}{\partial t_1^2}<0$。因此,由式(3-86)可知 $\frac{d^2G(t_1)}{dt_1^2}<0$,即 $G(t_1)$ 是关于 $t_1\in[0,\infty)$ 的严格凹函数。可知,$G(t_1)$ 是关于 $t_1\in[0,\infty)$ 的严格递减凹函数。因此,有 $\lim_{t_1\to\infty}G(t_1)\to-\infty$。

综上,存在唯一的 t_1^* 满足式(3-82),将 t_1^* 代入式(3-78)可得 $t_2^*=g(t_1^*)$。因此,存在唯一的 (t_1^*, t_2^*) 同时满足式(3-76)和式(3-77)。

(2) 令 $\boldsymbol{H}$ 为 $AP(t_1, t_2)$ 的海塞矩阵,那么 (t_1^*, t_2^*) 是 $AP(t_1, t_2)$ 的全局最优解的二阶充分条件是:点 (t_1^*, t_2^*) 处的海塞矩阵为负定。

由式(3-74)—式(3-77)可求得 $AP(t_1, t_2)$ 在点 (t_1^*, t_2^*) 处的二阶偏导数分别为

$$\left.\frac{\partial^2 AP}{\partial t_1^2}\right|_{(t_1,t_2)=(t_1^*,t_2^*)}=\frac{1}{t_1+t_2}\left.\frac{\partial^2 TP}{\partial t_1^2}\right|_{(t_1,t_2)=(t_1^*,t_2^*)}<0 \tag{3-88}$$

$$\left.\frac{\partial^2 AP}{\partial t_2^2}\right|_{(t_1,t_2)=(t_1^*,t_2^*)}=\frac{1}{t_1+t_2}\left.\frac{\partial^2 TP}{\partial t_2^2}\right|_{(t_1,t_2)=(t_1^*,t_2^*)}<0 \tag{3-89}$$

$$\frac{\partial^2 AP}{\partial t_1\partial t_2}=\frac{\partial^2 AP}{\partial t_2\partial t_1}=0$$

从而，有

$$|\boldsymbol{H}|_{(t_1, t_2)=(t_1^*, t_2^*)} = \frac{\partial^2 AP}{\partial t_1^2}\frac{\partial^2 AP}{\partial t_2^2} - \left(\frac{\partial^2 AP}{\partial t_1 \partial t_2}\right)^2 > 0 \tag{3-90}$$

由式(3－88)—式(3－90)可知，(t_1^*, t_2^*) 处的海塞矩阵为负定。证毕。

将最优解 (t_1^*, t_2^*) 代入式(3－69)，可得到系统的最优订货量为

$$Q^* = \alpha\left[\frac{1}{\beta_1}(e^{\beta_1 t_d} - 1) + e^{(\beta_1-\beta_2)t_d}\int_{t_d}^{t_1^*} e^{a(t-t_d)^b+\beta_2 t}\mathrm{d}t + \frac{1}{k}(1-e^{-kt_2^*})\right] \tag{3-91}$$

另外，系统的最优补货周期为

$$T^* = t_1^* + t_2^* \tag{3-92}$$

3.4.3　算例分析

这一部分将运用上述模型，通过具体的数值例子来求解系统的最优策略，并对主要参数的灵敏度进行分析。本节将通过 MATLAB，采用牛顿法(Newton Method)对式(3－76)和式(3－77)进行数值求解。在算例中，令 $C_h(t) = h + \delta t(h > 0,\ \delta \geqslant 0)$，显然，当 $\delta = 0$ 时，有 $C_h(t) = h$，表示单位产品单位时间的库存持有成本为常数的情况。

例 3－3　考虑一个库存补货系统，系统中各参数取值分别为：$\alpha = 600$，$\beta_1 = 0.5$，$\beta_2 = 0.3$，$a = 0.001$，$b = 3$，$t_d = 0.03$ 月，$A = 150$ 元／次，$k = 0.2$，$C_p = 7$ 元／件，$C_d = 1$，$C_s = 3$，$C_o = 4$，$p = 16$，$h = 8$，$\delta = 0.4$。经验证，参数取值满足模型成立的充分条件，即 $\beta_1 e^{\beta_1 t_d}(p - C_p) - C_h(t_d) \leqslant 0$。求解可得：$t_1^* = 0.2181$，$t_2^* = 0.2123$，从而最优补货周期为 $T^* = t_1^* + t_2^* = 0.4304$，最优订购量为 $Q^* = 260.6794$，系统的最优平均利润为 $AP^* = 4709.5$。

保持其他参数不变，分别改变参数 t_d、β_1、β_2和 δ 的值，变化程度为 -40%，-20%，$+20\%$和$+40\%$。表 3.4 - 1—表 3.4 - 4 分别给出各参数变化时最优解的灵敏度变化情况。表头中 $t_d(\%)$、$\beta_1(\%)$、$\beta_2(\%)$、$\delta(\%)$、$t_1^*(\%)$、$t_2^*(\%)$、$T^*(\%)$、$Q^*(\%)$和 $AP^*(\%)$各列分别表示各指定参数变化百分比及其对应的最优解变化百分比。

观察表 3 - 11—表 3 - 14，有下列结论。

(1) 随着保鲜期 t_d以及即时库存水平对需求率的影响系数β_1和β_2的逐渐增大，持有库存的时间 t_1^*、补货周期 T^*、订购量 Q^* 和最优平均利润 AP^* 均逐渐增大，而缺货时间 t_2^* 却逐渐减小。这是因为当 t_d、β_1和 β_2增大时，物品的需求增加、变质量减小，所以需要相应延长持有库存的时间，并缩短缺货时间，从而订购量和平均利润也随之增加。可见，延长物品的保鲜期将有助力提高系统的平均利润。

(2) 最优解对 β_1和 β_2的敏感度要大于 t_d，即增大即时库存水平对需求率的影响系数 β_1和 β_2比延长保鲜期 t_d对最优库存策略和平均利润的影响程度更大。

(3) 最优解对 β_2的敏感度大于 β_1。也就是说，增加变质期内的需求(增大 β_2)比增加保鲜期内的需求(增大 β_1)更有助于增加系统的平均利润。

(4) 随着 δ 的增加，t_1^*、T^*、Q^* 和 AP^* 逐渐减小，而 t_2^* 逐渐增大。这是由于随着 δ 的增加，系统的库存持有成本将增大，因此需要减小持有库存的时间 t_1^* 并增大缺货时间 t_2^* 来平衡增加的持有成本。由于 t_1^* 的减小量大于 t_2^* 的增加量，从而导致总的库存补货周期 T^* 呈减小趋势。此外，最优解对 δ 变化的敏感度较差。

例 3 - 4 考虑这样一个库存补货系统，令 $h=5$，$\delta=0.1$，$C_d=0$，其他参数取值与例 1 相同。求解可得到：$t_1^*=0.3814$，$t_2^*=0.1610$，从而最优补货周期为 $T^*=t_1^*+t_2^*=0.5424$，最优订购量为 $Q^*=338.9110$，系统的最优平均利润为 $AP^*=4\,872.4$。

表 3-11　t_d 的变化对最优策略的影响

t_d	t_1^*	t_2^*	T^*	Q^*	AP^*	t_d	t_1^*	t_2^*	T^*	Q^*	AP^*
0.018	0.215 3	0.213 1	0.428 4	259.107 0	4 706.8	−40%	−1.284%	0.377%	−0.465%	−0.603%	−0.057%
0.024	0.216 6	0.212 6	0.429 2	259.822 2	4 708.4	−20%	−0.688%	0.141%	−0.279%	−0.329%	−0.023%
0.036	0.219 6	0.212 1	0.431 7	261.677 8	4 710.2	20%	0.688%	−0.094%	0.302%	0.383%	0.015%
0.042	0.221 2	0.212 0	0.433 2	262.816 2	4 710.3	40%	1.421%	−0.141%	0.651%	0.820%	0.017%

表 3-12　β_1 的变化对最优策略的影响

β_1	t_1^*	t_2^*	T^*	Q^*	AP^*	β_1	t_1^*	t_2^*	T^*	Q^*	AP^*
0.3	0.212 6	0.217 2	0.429 8	259.272 4	4 694.1	−40%	−2.522%	2.308%	−0.139%	−0.540%	−0.327%
0.4	0.215 4	0.214 8	0.430 2	259.986 1	4 701.7	−20%	−1.238%	1.178%	−0.046%	−0.266%	−0.166%
0.6	0.220 8	0.209 8	0.430 6	261.352 1	4 717.5	20%	1.238%	−1.178%	0.046%	0.258%	0.170%
0.7	0.223 4	0.207 2	0.430 6	262.003 8	4 725.6	40%	2.430%	−2.402%	0.046%	0.508%	0.342%

表 3-13 β_2 的变化对最优策略的影响

β_2	t_1^*	t_2^*	T^*	Q^*	AP^*	β_2	t_1^*	t_2^*	T^*	Q^*	AP^*
0.18	0.195 1	0.219 7	0.414 8	249.143 8	4 686.3	−40%	−10.546%	3.486%	−3.625%	−4.425%	−0.493%
0.24	0.205 8	0.216 2	0.422 0	254.450 2	4 697.2	−20%	−5.640%	1.837%	−1.952%	−2.390%	−0.261%
0.36	0.232 3	0.207 8	0.440 1	268.098 0	4 723.5	20%	6.511%	−2.120%	2.254%	2.846%	0.297%
0.42	0.249 0	0.202 8	0.451 8	277.087 7	4 739.6	40%	14.168%	−4.475%	4.972%	6.294%	0.639%

表 3-14 δ 的变化对最优策略的影响

δ	t_1^*	t_2^*	T^*	Q^*	AP^*	δ	t_1^*	t_2^*	T^*	Q^*	AP^*
0.24	0.218 6	0.212 2	0.430 8	260.971 4	4 709.9	−40%	0.229%	−0.047%	0.093%	0.112%	0.008%
0.32	0.218 4	0.212 2	0.430 6	260.824 9	4 709.7	−20%	0.138%	−0.047%	0.046%	0.056%	0.004%
0.48	0.217 8	0.212 3	0.430 1	260.534 8	4 709.3	20%	−0.138%	0.000%	−0.070%	−0.055%	−0.004%
0.56	0.217 5	0.212 4	0.429 9	260.391 0	4 709.1	40%	−0.275%	0.047%	−0.116%	−0.111%	−0.008%

上面给出在 $C_d = 0$ 即变质后物品处理成本为 0 或没有残值情况下，库存系统的最优解。接下来考虑更为一般的情况，即当 $C_d \neq 0$ 时，库存系统最优解的变化情况。容易知道，在本节所构建模型中，当 $C_d < 0$ 时，C_d 表示单位物品变质后剩余的残值；当 $C_d > 0$ 时，C_d 表示处理单位变质后物品所需的成本。保持其他参数不变，图 3 - 5 分别给出 a 在不同取值[0.001, 0.01, 0.1]下，当 C_d 的取值变化为[−6, −4, −2, 0, 2, 4, 6]时，最优解 t_1^*、t_2^*、Q^* 和 AP^* 的变化趋势。

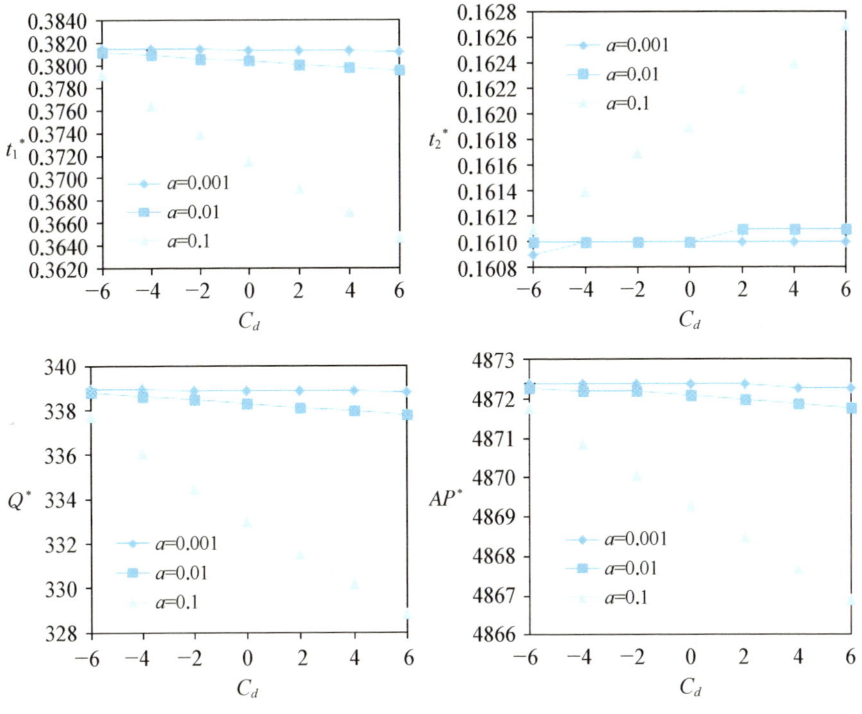

图 3 - 5　不同取值 a 下最优解随 C_d 的变化情况

观察图 3 - 5，可以发现：

(1) 当 C_d 或 a 逐渐增大时，t_1^*、Q^* 和 AP^* 逐渐减小，而 t_2^* 逐渐增大。当 C_d 或 a 增大时，变质处理成本或物品的变质率将增加，为了减少变质处理成本或由物品变质带来的损失，因此需要相应的缩短持有库存的时间t_1^*，同时延长缺货时间t_2^*。因此订购量Q^*和平均利润AP^*也随之减少。

(2) 从图中可以看出，当$a=0.001$时，各曲线的斜率几乎为0，即变质成本C_d取值的变化对最优策略和平均利润几乎没有影响；随着a的增大，曲线的斜率也逐渐增大，意味着变质成本C_d取值的变化对最优策略和平均利润的影响越来越大。也就是说，随着a的增加，t_1^*、t_2^*、Q^*和AP^*对C_d取值变化的敏感度越来越高。原因在于：a增大意味着物品的变质率也增大，那么变质的物品量也增多，从而变质处理成本C_d对总成本的影响就增加，进而对最优补货策略和平均利润产生较大影响。因此，对高变质物品来说，其变质处理成本对最优策略和平均利润的影响不容忽视。

例 3-5 当$t_d=0$时，构成立即变质品的库存补货模型，是本模型的一个特例。保持其他参数与例3-1中的相同，令$t_d=0$，可求解得到该补货系统的最优解为：$t_1^*=0.2118$，$t_2^*=0.2156$，$T^*=0.4274$，$Q^*=257.8167$，$AP^*=4699.1$。

例 3-6 当$\beta_1=\beta_2$时，得到保鲜期和变质期内需求受库存水平影响系数相同的库存模型，是本模型的另一个特例。保持其他参数与例1中的相同，令$\beta_1=\beta_2=0.3$，求解得到系统的最优解为：$t_1^*=0.2126$，$t_2^*=0.2172$，$T^*=0.4298$，$Q^*=259.2724$，$AP^*=4694.1$。令$\beta_1=\beta_2=0.5$，求解得到最优解：$t_1^*=0.2766$，$t_2^*=0.1947$，$T^*=0.4713$，$Q^*=292.5404$，$AP^*=4765.2$。

例 3-7 由$C_h(t)=h+\delta t(h>0,\ \delta\geqslant 0)$可知，$\delta=0$时，单位物品单位时间的库存持有成本为常数，即$C_h(t)=h$，也是本模型的一个特例。保持其他参数与例3-1中的相同，令$\delta=0$，求解得到系统的最优解为：$t_1^*=0.2195$，$t_2^*=0.2120$，$T^*=0.4315$，$Q^*=261.4161$，$AP^*=4710.5$。

3.5 本章小结

本章研究了在三种不同库存条件下需求依赖于库存水平的易变质品库存控制问题。

(1) 考虑了一个产品的需求依赖于库存水平、变质率为常数的库存系统,研究了缺货时系统允许延迟订购和不允许延迟订购两种情况。对允许延迟订购的情况,假设部分延迟订购率同时依赖于已延迟订购的需求量和等待时间,又分别讨论了持有库存有利和持有库存不利两种情况。对不允许延迟订购的情况,假设期末剩余的库存能以一定残值被处理掉。以平均利润最大化为目标函数构建相应的模型,并给出了最优解存在和唯一的充分条件。此外,对允许延迟订购的情况,当持有库存有利时,得到了确保缺货不发生的最小货架空间。对不允许延迟订购的情况,得到了确保期末库存剩余等于 0 的最大货架空间。为了展示模型的有效性,给出了一些数值算例,并分析了最优解对参数的灵敏度。结果显示: ① 随着延迟订购阻力系数(δ_1 和 δ_2)增大,持有库存的时间将延长,而缺货期将缩短。② 当销售价格较低时,最优策略对延迟订购阻力系数(δ_1 和 δ_2)的变化更加敏感。③ 当产品的变质率增大时,持有库存的时间将缩短,而缺货期将延长。

(2) 构建了一个需求依赖于即时库存水平,变质服从两参数 Weibull 分布,缺货量部分延迟订购且延迟订购率是等待时间的负指数函数的易变质品库存模型。通过对模型的证明与分析给出了模型存在唯一最优解的充分条件,并得到库存系统的最优补货策略。最后通过算例给出了模型的应用并对参数的灵敏度进行了分析,总结了相应的库存管理结论: ① 当延迟订购阻力系数变大时,最优策略下的平均利润降低但服务水平有所提高,且服务水平的变化较为敏感。② 平均利润对购买成本的变化非常敏感,单位购买成本的很小变化,将导致平均利润很大的反向变化。③ 服务水平和平均利润对库存持有成本的变化都比较敏感且均呈负相关,所以降低库存持有成本能在提高利润的同时提升服务水平。④ 对于缺货成本和机会成本的变化,服务水平比平均利润更为敏感,所以当一种商品的缺货成本或机会成本很大时,对商家来说,服务水平比平均利润更重要。

(3) 考虑了一个需求依赖于即时库存水平、持有成本和变质期内的变质率均随时间发生变化、允许缺货且缺货量部分延迟订购的非立即变质品库存补货系统,具体假设:在保鲜期和变质期内库存水平对需求率的影响系数不同;进入变质期后,物品的变质服从 Weibull 分布;持有成本是关于时间的一般形式的连续增函数;缺货发生时部分延迟订购率是关于顾客等待时间的负指数函数。以平均利润最大化为目标函数,同时考虑物品的变质处理成本,构建相应模型。通过对模型的证明与分析给出了模型存在唯一最优解的充分条件,并得到库存系统的最优补货策略。最后通过算例给出模型的几个数值应用并对主要参数的灵敏度进行了分析,得到以下结论:① 最优补货周期、订购量和平均利润随着促进需求增加的相关参数取值的增大而增大,随着促使成本增加的相关参数取值的增大而减小。② 增大即时库存水平对需求率的影响系数和延长产品的保鲜期均有助于增加系统的平均利润,但增大即时库存水平对需求率的影响系数比延长保鲜期对最优库存策略和平均利润的影响程度更大。③ 增加变质期内的需求比增加保鲜期内的需求更有助于增加系统的平均利润。④ 随着变质率的增加,最优补货策略和平均利润对单位变质处理成本取值变化的敏感度越来越高,因此,对于变质率高的产品来说,其变质处理成本对最优策略和平均利润的影响不容忽视。

第4章 易变质品的库存与定价联合决策问题

4.1 引　言

本章主要讨论各种市场环境和库存条件下需求受销售价格影响的易变质品的库存与定价联合决策问题。众所周知，产品的需求在很大程度上受到销售价格的影响，通常价格越高，需求越小；反之，则越大。在传统的库存控制模型中，产品的销售价格往往被忽略，即使被考虑一般将其看作是外生变量。然而，在经济实践中商家常常通过创新的定价策略来对库存进行有效的管理，如广泛应用于航空、酒店、租赁等领域的收益管理技术。Gallego 和 van Ryzin[73] 指出，在零售行业，动态定价技术对提升利润有着非常重要的作用。比如一些服装类的快销时尚品牌在季节开始时基本需求较为旺盛，销售价格相对也会比较高；随着时间的推移，基本需求逐渐下降，当库存量仍然较大时，商家就会采取降价的方式促销，以减少库存量。因此，如 Fleischmann，Hall 和 Pyke[142] 所述，“定价决策对运营有着直接的和重大的影响，反之亦然。”

在实践中不难发现，很多易变质品的计划时域或销售周期一般都是有限的，比如时尚类、季节性产品和 IT 产品等。由于计划时域或销售周期有限，这类产品如果不能在规定的期限内送达顾客手中，那么在存储过程中就会由于腐败、破损或更有竞争力的新产品出现等原因而价值不断减少，这在一定程度上给企业的管理造成困难。关于有限时域内需求受价格影响的易变质品订购与定价联合决策模型可参见文献[98—101]。然而，在有限时域内关于易变质品生产问题的研究却较少。Sana，Goyal 和 Chaudhuri[143]在线性时变需求、常数生产率和变质率并且完全延迟订购的假设基础上构建了一个有限时域内易变质品的生产库存模型。Diponegoro 和 Sarker[144]在常数生产率、需求率以及交货时间的假设基础上研究了有限时域的生产问题。随后，Diponegoro 和 Sarker[145]进一步将问题拓展到时变需求的情况。Yang[146]构建了有限时域内需求率、生产率和变质率均与时间相关且部分延迟订购的生产库存模型，并给出使系统总成本最小的最优解存在的条件。但以上文献均未考虑产品定价对需求及生产策略的影响。因此，在 4.2 节考虑有限时域内产品的需求同时依赖于时间和价格，允许缺货且部分延迟订购率与等待时间负相关，产品以固定的生产率进行间歇生产并以固定的速率发生变质的生产和定价问题，从生产商的角度出发，探讨在有限时域内如何制订最优的生产计划和定价策略。

另外，在日常生活中，我们常常观察发现，物品的大量摆放往往跟促销和降价相关。比如，面对各大超市或卖场的促销活动，以及农贸市场上整车的蔬菜和水果的贩卖，消费者的第一反应就是便宜，因此会招来大量顾客前来询问或购买。因此，同时考虑产品的库存水平和销售价格对需求的影响具有一定的现实意义。Urban 和 Baker[147]假设产品的需求与价格、时间和库存水平同时相关，在不考虑系统缺货的情况下，构建了相关库存模型。Datta 和 Paul[148]分析了一个有限时域内需求同时受库存水平和销售价格影响且不允许缺货的库存系统。Hou 和 Lin[100]考虑通货膨胀和货币的时间价值，假设产品的变质率为常数，需求同时受库存水平和价格的影响，缺货量完全延迟订购，构建了一个有限时域内的库存模型。You 和

Hsieh[149]考虑企业在有限的计划时域内销售季节性产品的情况，假设需求与库存水平和产品价格同时相关，并且在有限的时域内允许多次价格变化，构建了一个不允许缺货的联合定价和库存控制模型。Teng 和 Chang[97]针对易变质品提出了一个生产率和变质率均为常数的联合定价和生产模型，假设产品的需求与库存水平和价格同时相关，且系统不允许缺货。以上模型均采用缺货时缺货量完全损失或完全延迟订购的假设。而考虑“部分延迟订购”情况下的订购与定价联合决策模型，如文献[88—94]，却有共同的不足之处：① 假设需求只依赖于价格；② 不考虑已变质产品的处理成本。事实上，处理已变质产品会产生一定的人力和物力成本，并且影响着库存和定价策略。当变质处理成本较大时，订购量或生产量会减少，定价策略也会发生变化。

综上，4.3 节构建了一个需求与库存水平和销售价格同时相关、产品的生产率和变质率均为常数的易变质品的生产与定价联合决策模型，分别讨论了缺货量完全延迟订购和部分延迟订购的情况，且部分延迟订购率是顾客等待时间的负指数函数。4.4 节考虑一个需求同时依赖销售价格和即时库存水平，变质率和部分延迟订购率均为关于时间的一般函数的易变质品的订购与定价联合决策模型。模型中均将变质处理成本引入目标函数。

以上研究中讨论的产品均为“立即变质”的。接下来考虑“非立即变质”的情况。在针对非立即变质品的相关库存研究的灵敏度分析中，可以发现对销售此类产品的零售商都有着相同的管理建议，即：如果零售商能够有效地降低产品的变质率并且延长保鲜期，那么平均库存成本将明显下降或平均利润明显提高。然而，在以上所有提到的库存模型中，产品的变质率均被看作是外生变量，不受控制。在实践中，产品的变质率可以通过对存储设备进行有效的资本投入来减小，比如冰箱、温控设备或其他物理和化学方法，包括真空技术、打蜡、烟熏等。这些设备和方法可以统称为

“保鲜技术”。

在考虑现实情况的基础上，Hsu，Wee 和 Teng[150]讨论了一个需求率和变质率为常数、部分延迟订购率与时间相关的易变质品库存问题，并且零售商可以通过投入保鲜技术来降低产品的变质率。然而，他们假设每个库存周期的保鲜技术成本是固定的，这一成本与补货周期的长度无关。事实上，保鲜技术成本与时间的长度密切相关。比如，当使用冰箱时会产生资金成本，相关费用可能以租金或其他类似成本的方式按时间收取。Dye 和 Hsieh[151]对文献[150]的模型进行扩展，假设保鲜技术成本是关于补货周期长度的函数，变质率和部分延迟订购率均与时间相关。Hsieh 和 Dye[152]以保鲜技术投入成本和生产策略为决策变量，在有限时域内构建了一个时变需求、有限补货率、常数初始变质率的易变质品的生产-库存模型。Dye[68]研究了非立即变质品的保鲜技术投入和库存决策问题。特别是，在构建模型时采用了一般形式的资本投资生产率、时变变质率和延迟订购率。但是在其模型中仍然存在一些不足之处，如：需求率为常数，销售价格为外生常数，保鲜期固定且为外生变量。综上，4.5 节研究的非立即变质品的订购与定价联合决策问题，主要从以下三个方面对文献[68]的模型进行改进，即：① 需求是关于销售价格的函数；② 销售价格不再是外生变量，而是决策变量之一；③ 保鲜技术投入不仅能降低产品的变质率，同时也能延长保鲜期。此外，缺货不允许发生。

4.2 有限时域内常数变质率产品的生产与定价联合决策问题

本节研究有限时域内对易变质品同时安排生产计划和制定定价策略的问题。有限时域被划分成同等长度的多个周期，产品以固定的生产率间歇生产，并以固定的速率发生变质。需求同时依赖时间和产品价格，在每个周期内都允许缺货且缺货量部分延迟订购。目的是要寻求一个使有限时域内系统的平均利润最大化的生产计划和定价策略。在算例中，分别讨论了需求随时间增大和减小两种不同的需求模式，采用 Box 复合算法[153]，通过数值计算求得相应的最优生产计划和定价策略，并对相关参数的灵敏度进行了分析。

4.2.1　假设与符号说明

本节用到的假设和其他符号说明如下。

(1) 有限时域 H 被划分成 n 个同等长度的周期，那么每个周期的长度为 H/n，其中 n 为决策变量之一。

(2) 需求 D 与时间 t 和价格 p 同时线性相关，即 $D(t, p) = a + bt + cp$，其中 $a \geqslant 0$, $b \neq 0$, $c < 0$, $t \in [0, H]$。当 $b > 0$ 时，表示需求随时间的变化而增大；当 $b < 0$ 时，表示需求随时间的变化而减小。

(3) 产品的变质率 $\theta(0 \leqslant \theta \leqslant 1)$ 为常数。

(4) 产品的生产率 K 有限且为常数，且 $K > D(t, p) + \theta I(t)$，其中 $I(t)$表示 t 时刻的库存水平。

(5) 系统允许缺货且缺货量部分延迟订购，部分延迟订购率 $B(\tau)$ 与顾客的等待时间 τ 负相关，满足 $B(\tau) = K_0 e^{-K_1 \tau}$, $0 < K_0 < 1$, $K_1 \geqslant 0$（见文献[86]），其中 K_0为延迟订购强度系数，K_1为延迟订购阻力系数。

4.2.2　模型构建与分析

考虑一个销售时域有限的生产系统，时域 H 被划分成 n 个等长度的周期，如图 4－1 所示，第 $i(i = 1, 2, \cdots, n)$ 个周期的期初库存水平为 0，生产从 T_{i-1} 时刻开始到 t'_i 时刻结束，在满足需求和变质后库存不断累积并在 t'_i 时刻达到最大；在时间段 $[t'_i, t_i]$ 内累积的库存在需求和变质的作用下逐

渐下降并在 t_i 时刻下降到 0。接着发生缺货，缺货量在时间段 $[t_i, S_i]$ 内积累。在 S_i 时刻生产重新开始，在时间段 $[S_i, T_i]$ 内累积的缺货量和当前的需求均被满足，在周期末（即 T_i 时刻）库存水平变为 0，新的周期开始。生产与库存以同样的模式从第 1 个周期开始不断重复直到第 n 个周期结束。目的是最大化系统在有限时域内的平均利润，即决定在有限时域 H 内，n 取多少？t'_i 和 S_i 分别为多少？以及产品的最优定价 p 为多少？

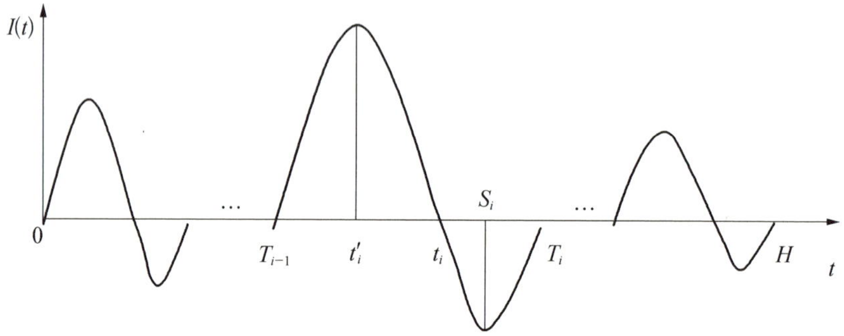

图 4-1　第 *i* 个周期内库存随时间变化示意图

由于一个周期内不发生缺货的时间越长，顾客需求的满足率就越高，即服务水平越高，所以在文献中常用不发生缺货的时间段在一个周期内所占的比例来表示系统的服务水平[143]。如图 4-1 所示，对于第 i 个周期 $[T_{i-1}, T_i]$，在时间段 $[T_{i-1}, t_i]$ 内没有缺货发生，那么用 r 表示服务水平，则

$$r=(t_i-T_{i-1})/(T_i-T_{i-1}),\ 0<r<1 \tag{4-1}$$

此外，为了方便计算，分别令

$$k_i=(t'_i-T_{i-1})/(t_i-T_{i-1}),\ 0<k_i<1 \tag{4-2}$$

$$d_i=(S_i-t_i)/(T_i-t_i),\ 0<d_i<1 \tag{4-3}$$

由式(4-1)—式(4-3)以及假设，可得

$$\begin{cases} t'_i = \dfrac{H}{n}(rk_i + i - 1),\ 0 < k_i < 1 \\ t_i = \dfrac{H}{n}(r + i - 1),\ 0 < r < 1 \\ S_i = \dfrac{H}{n}[i - (1 - d_i)(1 - r)],\ 0 < d_i < 1 \\ T_i = \dfrac{H}{n} i,\ i = 1,\ 2,\ \cdots,\ n \end{cases} \tag{4-4}$$

当 $t \in [T_{i-1},\ t'_i]$ 时,即时库存水平 $I(t)$ 满足:

$$\begin{cases} \dfrac{\mathrm{d}I(t)}{\mathrm{d}t} = K - D(t,\ p) - \theta I(t),\ T_{i-1} \leqslant t \leqslant t'_i \\ I(T_{i-1}) = 0 \end{cases} \tag{4-5}$$

当 $t \in [t'_i,\ t_i]$ 时, $I(t)$ 满足:

$$\begin{cases} \dfrac{\mathrm{d}I(t)}{\mathrm{d}t} = -D(t,\ p) - \theta I(t),\ t'_i \leqslant t \leqslant t_i \\ I(t_i) = 0 \end{cases} \tag{4-6}$$

从 t_i时刻开始发生缺货,假设对于未被满足的需求,系统采用“先到先得”的原则,即先到的需求在有货时将先被满足。如图 4－1 所示,在时间段 $[t_i,\ S_i]$ 内没有生产,只有延迟订购的需求,所以当 $t \in [t_i,\ S_i]$ 时,等待时间 $\tau = S_i - t - I(t)/K$。在 S_i时刻生产重新开始,所以在时间段 $[S_i,\ T_i]$ 内,在时间段 $[t_i,\ S_i]$ 累积的缺货量不断减少,同时,新的缺货量(即在时间段 $[S_i,\ T_i]$ 内的需求)还在不断产生。因此,在 $t \in [S_i,\ T_i]$ 时刻,顾客的等待时间 $\tau = -I(t)/K$。

由以上分析可知,当 $t \in [t_i,\ S_i]$ 时,即时库存水平 $I(t)$ 的变化可表示为

$$\begin{cases} \dfrac{\mathrm{d}I(t)}{\mathrm{d}t} = -D(t,\ p)B\left(S_i - t - \dfrac{I(t)}{K}\right),\ t_i \leqslant t \leqslant S_i \\ I(t_i) = 0 \end{cases} \tag{4-7}$$

当 $t \in [S_i,\ T_i]$ 时,有

$$\begin{cases} \dfrac{\mathrm{d}I(t)}{\mathrm{d}t} = K - D(t,\ p)B\left(-\dfrac{I(t)}{K}\right),\ S_i \leqslant t \leqslant T_i \\ I(T_i) = 0 \end{cases} \tag{4-8}$$

求解微分方程(4-5)—式(4-8),分别可得

$$I(t) = \frac{K-(a+cp)}{\theta}[1-\mathrm{e}^{\theta(T_{i-1}-t)}] - \frac{b}{\theta^2}[(\theta t-1)-(\theta T_{i-1}-1)\mathrm{e}^{\theta(T_{i-1}-t)}],\ T_{i-1} \leqslant t \leqslant t'_i \tag{4-9}$$

$$I(t) = \left\{\frac{K}{\theta}(\mathrm{e}^{\theta t'_i}-\mathrm{e}^{\theta T_{i-1}})+\left[\frac{a+cp}{\theta}+\frac{b}{\theta^2}(\theta T_{i-1}-1)\right]\mathrm{e}^{\theta T_{i-1}}\right\}\mathrm{e}^{-\theta t} - \left[\frac{a+cp}{\theta}+\frac{b}{\theta^2}(\theta t-1)\right],\ t'_i \leqslant t \leqslant t_i \tag{4-10}$$

$$I(t) = -\frac{K}{K_1}\ln\left\{\frac{K_0}{K}\left[\left(a+cp-\frac{b}{K_1}\right)(\mathrm{e}^{K_1(t-S_i)}-\mathrm{e}^{K_1(t_i-S_i)}) + b(\mathrm{e}^{K_1(t-S_i)}t-\mathrm{e}^{K_1(t_i-S_i)}t_i)\right]+1\right\},\ t_i \leqslant t \leqslant S_i \tag{4-11}$$

$$I(t) = -\frac{K}{K_1}\ln\left\{\frac{K_0}{K}\left(a+cp-\frac{b}{K_1}\right)(1-\mathrm{e}^{K_1(t_i-t)}) + \frac{bK_0}{K}(t-\mathrm{e}^{K_1(t_i-t)}t_i)+\mathrm{e}^{K_1(S_i-t)}\right\},\ S_i \leqslant t \leqslant T_i \tag{4-12}$$

此外,由式(4-6)中的初始条件 $I(t_i)=0$,可得

$$t'_i = \frac{1}{\theta}\ln\left\{\left[\frac{a+cp}{K}+\frac{b(\theta t_i-1)}{K\theta}\right]\mathrm{e}^{\theta t_i} - \left[\frac{a+cp}{K}+\frac{b(\theta T_{i-1}-1)}{K\theta}-1\right]\mathrm{e}^{\theta T_{i-1}}\right\},$$

将式(4-4)代入，化简可得

$$k_i=\frac{n}{H\theta r}\ln\left\{\frac{1}{K}\left[a+cp+\frac{bH(r+i-1)}{n}-\frac{b}{\theta}\right]e^{\frac{H\theta r}{n}}-\frac{a+cp}{K}-\frac{bH(i-1)}{Kn}+\frac{b}{K\theta}+1\right\} \tag{4-13}$$

同理，由式(4-8)中 $I(T_i)=0$，可得

$$d_i=1-\frac{n}{HK_1(1-r)}\ln\frac{K}{K-K_0\left\{\left(1-e^{-\frac{HK_1(1-r)}{n}}\right)\left(a+\frac{bHi}{n}+cp-\frac{b}{K_1}\right)+\frac{bH(1-r)}{n}e^{-\frac{HK_1(1-r)}{n}}\right\}} \tag{4-14}$$

由式(4-9)可求得，在时间段 $[T_{i-1},\ t_i']$ 内总的库存量为

$$\begin{aligned}I_{i1}&=\int_{T_{i-1}}^{t_i'}I(t)\mathrm{d}t\\&=-\frac{K-a-cp}{\theta^2}\left[\theta(t_i'-T_{i-1})+e^{\theta(T_{i-1}-t_i')}-1\right]-\\&\quad\frac{b}{\theta^3}\left[\frac{\theta^2}{2}(t_i'^2-T_{i-1}^2)-\theta(t_i'-T_{i-1})+(\theta T_{i-1}-1)(e^{\theta(T_{i-1}-t_i')}-1)\right]\end{aligned} \tag{4-15}$$

由式(4-10)求得时间段 $[t_i',\ t_i]$ 内总的库存量为

$$\begin{aligned}I_{i2}&=\int_{t_i'}^{t_i}I(t)\mathrm{d}t\\&=-\frac{1}{\theta^3}(e^{-\theta t_i}-e^{-\theta t_i'})\left\{\theta K(e^{\theta t_i'}-e^{\theta T_{i-1}})+\right.\\&\quad\left.[\theta(a+cp)+b(\theta T_{i-1}-1)]e^{\theta T_{i-1}}\right\}-\\&\quad\frac{1}{2\theta^2}[2(a\theta-b)(t_i-t_i')+b\theta(t_i^2-t_i'^2)]\end{aligned} \tag{4-16}$$

由式(4-11)和式(4-12)求得时间段$[t_i, S_i]$和$[S_i, T_i]$内总的缺货量分别为

$$I_{i3}=-\int_{t_i}^{S_i}I(t)dt=\frac{K}{K_1}\int_{t_i}^{S_i}\ln\left\{\frac{K_0}{K}\left[\left(a+cp-\frac{b}{K_1}\right)(e^{K_1(t-S_i)}-e^{K_1(t_i-S_i)})+b(e^{K_1(t-S_i)}t-e^{K_1(t_i-S_i)}t_i)\right]+1\right\}dt \tag{4-17}$$

$$I_{i4}=-\int_{S_i}^{T_i}I(t)dt=\frac{K}{K_1}\int_{S_i}^{T_i}\ln\left[\frac{K_0}{K}\left(a+cp-\frac{b}{K_1}\right)(1-e^{K_1(t_i-t)})+\frac{bK_0}{K}(t-e^{K_1(t_i-t)}t_i)+e^{K_1(S_i-t)}\right]dt \tag{4-18}$$

此外,由式(4-4)、式(4-13)和式(4-14)可知变量t'_i、t_i、S_i和T_i均可由r和p来表示,因此问题可重新表述为对有限时域内的周期数n、服务水平r和产品价格p的决策。下面以n,r和p为决策变量进行分析。

(1) 由式(4-4),式(4-15)和式(4-16)可知,在第i个周期内总的库存量Inv_i为

$$\begin{aligned}Inv_i&=I_{i1}+I_{i2}\\&=-\frac{K}{\theta^2}e^{-\frac{\theta rH(1-k_i)}{n}}+\frac{rHk_i}{n\theta^2}\left\{\theta K+\frac{bH(\theta-1)(i-1)}{n}\right\}+\\&\quad(1-e^{-\frac{\theta rH}{n}})\left[\frac{b}{\theta^3}\left(\frac{\theta H(i-1)}{n}-1\right)-\frac{K-a-cp}{\theta^2}\right]+\\&\quad\frac{K}{\theta^2}-\frac{rH}{2n\theta^2}\left\{2[(a+cp)\theta-b]+\frac{b\theta H(r+2i-2)}{n}\right\}\end{aligned}$$

(2) 由式(4-4),式(4-17)和式(4-18)可知,在第i个周期内总的缺货量$Shor_i$为

$$\begin{aligned}Shor_i&=I_{i3}+I_{i4}\\&=\frac{K}{K_1}\left\{\int_{t_i}^{S_i}\ln\left\{\frac{K_0}{K}\left[\left(a+cp-\frac{b}{K_1}\right)(e^{K_1(t-S_i)}-e^{K_1(t_i-S_i)})+\right.\right.\right.\end{aligned}$$

$$b(e^{K_1(t-S_i)}t - e^{K_1(t_i-S_i)}t_i)\Big] + 1\Big\}dt +$$

$$\int_{S_i}^{T_i}\ln\Big\{\frac{K_0}{K}\Big(a+cp-\frac{b}{K_1}\Big)(1-e^{K_1(t_i-t)}) +$$

$$\frac{bK_0}{K}(t-e^{K_1(t_i-t)}t_i)+e^{K_1(S_i-t)}\Big\}dt\Big\}$$

其中 $t_i = \dfrac{H(r+i-1)}{n}$，$S_i = \dfrac{H[i-(1-d_i)(1-r)]}{n}$，$T_i = \dfrac{Hi}{n}$。

(3) 在第 i 个周期内损失的销售量 $Lost_i$ 为

$$Lost_i = \int_{t_i}^{T_i} D(t, p)dt - Shor_i$$

$$= (a+cp)(T_i - t_i) + \frac{b}{2}(T_i^2 - t_i^2) - Shor_i$$

$$= \frac{-H(r-1)(a+cp)}{n} + \frac{bH^2(1-r)(2i+r-1)}{2n^2} - Shor_i$$

(4) 在第 i 个周期内生产的产品总量 $prod_i$ 为

$$prod_i = \int_{T_{i-1}}^{t_i'} K\,dt + \int_{S_i}^{T_i} K\,dt = K[(t_i' - T_{i-1}) + (T_i - S_i)]$$

$$= \frac{KH}{n}[rk_i + (1-d_i)(1-r)]$$

(5) 在第 i 个周期内变质的产品总量为 θInv_i

综上可知，在整个时域 $[0, H]$ 内，构成系统利润函数的各组成要素分别为：

(1) 生产准备成本 $FC = nA$

(2) 生产成本 $PC = C_p \sum_{i=1}^{n} prod_i$

(3) 库存持有成本 $HC = C_h \sum_{i=1}^{n} Inv_i$

(4) 变质成本 $DC = C_d \theta \sum_{i=1}^{n} Inv_i$

(5) 缺货成本 $SC = C_s \sum_{i=1}^{n} Shor_i$

(6) 机会成本 $OC = C_o \sum_{i=1}^{n} Lost_i$

(7) 销售收入 $SR = p \sum_{i=1}^{n} (prod_i - \theta Inv_i)$

因此,系统在时域 $[0, H]$ 内的平均利润可以表示为

$$
\begin{aligned}
AP &= SR - FC - PC - HC - DC - SC - OC \\
&= \frac{1}{H}\Big[(p - C_p)\sum_{i=1}^{n} prod_i - nA - (\theta p + \theta C_d + C_h)\cdot \\
&\qquad \sum_{i=1}^{n} Inv_i - C_s \sum_{i=1}^{n} Shor_i - C_o \sum_{i=1}^{n} Lost_i\Big]
\end{aligned}
$$

综上,以上所讨论的问题可表述为

$$
\max AP(r, p)
$$

$$
s.t. \begin{cases} 0 \leqslant r \leqslant 1 \\ C_p \leqslant p \leqslant P_m \\ 0 \leqslant k_i \leqslant 1 \\ 0 \leqslant d_i \leqslant 1 \end{cases} \tag{4-19}
$$

其中 P_m 是一个常数,表示在定价决策中产品价格的上限,可根据市场情况要求销售经理具体给定。在式(4-19)中 r 和 p 是显性变量,而 k_i 和 d_i 是关于 r 和 p 的函数,属于隐性变量。可以看出,目标函数为多变量非线性函数且约束条件为不等式的规划问题,而 Box 复合算法[153]正是一个对非线性目标函数和非线性不等式约束条件的优化问题非常有效的顺序搜索技术,并且无需像经典的优化技术那样计算导数。此外,因为初始设定的点随机分布在整个可行域范围内,所以这一过程能够获得全局最大值。因此,本节运用 Box 复合算法对式(4-19)进行求解。

4.2.3 算法

对于目标函数为多变量非线性函数且约束条件为不等式的规划问题,

Box 复合算法(Box complex algorithm)可以不涉及对目标函数的求导而寻找得到使其取得最大值的决策变量的解。对于非线性规划问题(P),表述为

(P)

$$\max f(X_1,\ X_2,\cdots,\ X_N)$$

$$s.t.\quad G_k \leqslant X_k \leqslant H_k,\ k=1,\ 2,\cdots,\ M,\ M>N$$

其中,隐性变量 $X_{N+1},\cdots,\ X_M$ 是显性独立变量 $X_1,\ X_2,\cdots,\ X_N$ 的函数。约束条件的上下限 H_k 和 G_k 均为常数。

用 Box 复合算法求解问题(P)的具体步骤如下。

第 1 步: 生成由 $k\ (k\geqslant N+1)$ 个点构成的初始结构。这 k 个点包含一个初始可行点和 $k-1$ 个附加点,其中 $k-1$ 个附加点是由随机数和每个独立变量的约束条件产生的,可由下面的式子表示:

$$X_{i,\ j}=G_i+R_{i,\ j}(H_i-G_i),\ i=1,\ 2,\cdots,\ N;j=1,\ 2,\cdots,\ (k-1),$$

其中 $R_{i,\ j}$ 是 0—1 之间的随机数。

第 2 步: 以上选择的点必须满足所有显性和隐性约束条件。在任意时刻,如果选定的点不满足显性约束条件,那么将该点向相应范围内移动 δ;如果不满足隐性约束条件,则将该点移动距剩余点的中心一半的距离,即

$$X_{i,\ j}(\text{新})=(X_{i,\ j}(\text{旧})+\bar{X}_{i,\ c})/2,\ i=1,\ 2,\cdots,\ N,$$

其中剩余点的中心坐标 $\bar{X}_{i,\ c}$ 定义为

$$\bar{X}_{i,\ c}=\frac{1}{k-1}\left(\sum_{j=1}^{k}X_{i,\ j}-X_{i,\ j}(\text{旧})\right),\ i=1,\ 2,\cdots,\ N。$$

这个过程不断重复,直到满足所有的隐性约束条件。

第 3 步: 分别在每个点处都计算目标函数的值。取到最小函数值的点向剩余点的中心移动 α 倍的该点到剩余点的中心的距离,即

$$X_{i,\ j}(\text{新})=X_{i,\ j}(\text{旧})+\alpha(\bar{X}_{i,\ c}-X_{i,\ j}(\text{旧})),\ i=1,\ 2,\cdots,\ N。$$

Box[153]建议 α 取 1.3。

第 4 步： 若在连续的试验中，某点持续取得最小的函数值，则将该点移动距剩余点的中心一半的距离。

第 5 步： 检验新产生的点是否满足约束条件，如果不满足，则返回第 2 步；如果满足则到第 6 步。

第 6 步： 当每个点到所有点的中心的距离都小于等于 ε(ε 是预先给定的一个精确度)时，则认为函数收敛。

4.2.4 算例分析

在这一部分，考虑了一些数值例子及最优解关于相关参数的灵敏度分析。

(1) 数值算例

分别考虑需求随时间增大和减小两种不同的模式，即 $b>0$ 和 $b<0$。

例 4-1 需求随时间增大 $(b>0)$

令 $K=300$ 件 / 月，$H=6$ 个月，$A=120$ 元，$C_p=6$ 元 / 件，$C_d=0.4$ 元 / 件，$C_h=0.3$ 元 / 件 / 月，$C_s=4.5$ 元 / 件，$C_o=5$ 元 / 件，$a=100$ 件，$b=4$ 件，$c=-3$ 件，$K_0=0.9$，$K_1=0.6$，$\theta=0.05$，$P_m=30$ 元。如表4.2-1所示，有限时域内的最优周期数为 $n^*=7$，最优服务水平为 $r^*=0.872$，产品的最优定价为 $p^*=16.705$ 以及最优策略下系统的最优平均利润为 $AP^*=1\,342.6$。

表 4-1 需求随时间增大模式下的最优解($b>0$)

n	r	p	AP
1	0.778	20.737	528.334
2	0.848	17.916	1 072.400
3	0.855	17.471	1 226.500

续　表

n	r	p	AP
4	0.860	17.229	1 292.400
5	0.862	17.106	1 322.900
6	0.876	16.705	1 338.700
7*	**0.872***	**16.705***	**1 342.600***
8	0.875	16.390	1 335.900
9	0.875	16.390	1 329.700
10	0.874	16.456	1 320.400

例 4－2　需求随时间减小 ($b<0$)

为了保证两种需求模式具有可比性，我们使其他参数的取值保持不变，令 $b=-4$ 件，如表 4.2－2 所示，相应的最优周期数为 $n^*=1$，最优服务水平为 $r^*=0.832$，产品的最优定价为 $p^*=17.185$，最优策略下系统的最优平均利润为 $AP^*=308.267$。

表 4－2　需求随时间减小模式下的最优解 ($b<0$)

n	r	p	AP
1*	**0.832***	**17.185***	**308.267***
2	0.582	22.042	99.577
3	0.535	22.946	52.086

图 4－2 和图 4－3 分别给出了在两种需求模式的最优策略下，库存水平随时间的变化情况，横轴表示时间，纵轴表示库存水平。

当 $b>0$ 时，系统的最优周期数为 7；当 $b<0$ 时，最优周期数为 1。如果需求随时间增大($b=4$ 时)，如图 4－2 所示，最优的生产策略是多安排几次生产($n=7$) 且每次生产较少的量(每次生产补充库存到达的水平均在

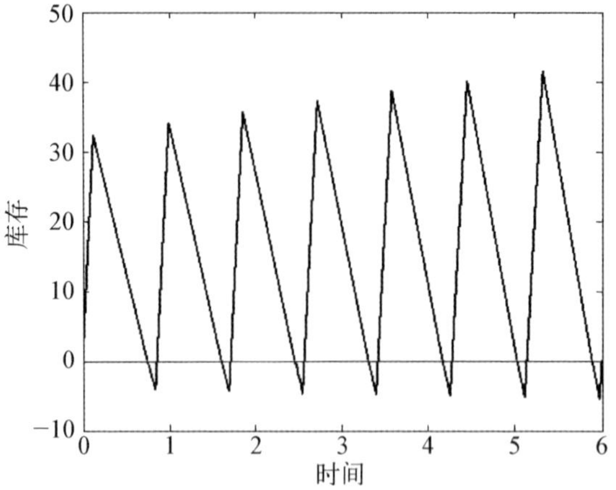

图 4-2　$b > 0$ 时有限时域内库存随时间的变化

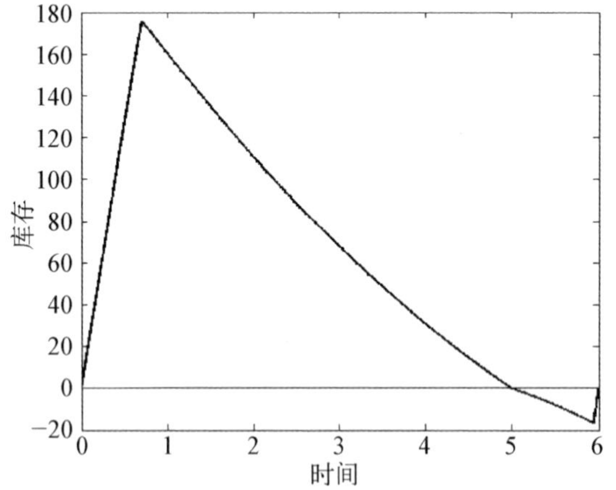

图 4-3　$b < 0$ 时有限时域内库存随时间的变化

30 ～ 40 件之间)；此外，随着需求的不断增大，每个周期的最大库存水平也不断增大。如果需求随时间减小($b = -4$ 时)，如图 4-3 所示，则最优的生产策略是安排较少的生产次数($n = 1$)，但每次生产较多的量(一次生产使库存水平达到约 180 件)。同时，我们也可以发现需求随时间减小时的最大缺货量(约为 20 件) 远大于需求随时间增大时的最大缺货量(平均为 5 ～ 6 件)。

(2) 灵敏度分析

分析两种需求模式下 ($b>0$ 和 $b<0$) 相关参数变化的灵敏度。在给定其他参数不变的情况下,每次仅改变指定参数的值,变化程度为分别增加 50%和 25%以及减少 25%和 50%。两种需求模式下的相应参数变化时最优解的灵敏度变化情况分别见表 4-3 和表 4-4。在表 4-3 与表 4-4 中,参数取值 n^*、r^*、p^* 和 AP^* 各列分别表示相应参数下的最优解,为了便于观察参数变化的灵敏度,我们在同一个表格中分别用参数变化、r^*、p^* 和 AP^* 各列表示与之对应的百分比变化情况。

表 4-3 需求随时间增大模式下的最优解灵敏度分析 ($b>0$)

	参数取值	n^*	r^*	p^*	AP^*	参数变化	r^*	p^*	AP^*
H	9	11	0.882	16.269	2 087.600	+50%	+1%	−3%	+55%
	7.5	9	0.873	16.648	1 697.300	+25%	0%	0%	+26%
	4.5	5	0.860	16.977	1 012.100	−25%	−1%	+2%	−25%
	3	3	0.842	17.685	720.731	−50%	−3%	+6%	−46%
a	150	10	0.774	20.977	2 629.000	+50%	−11%	+26%	+96%
	125	8	0.822	19.273	1 968.800	+25%	−6%	+15%	+47%
	75	6	0.939	13.231	810.947	−25%	+8%	−21%	−40%
	50	4	0.939	13.231	358.037	−50%	+8%	−21%	−73%
b	6	9	0.878	16.488	2 019.600	+50%	+1%	−1%	+50%
	5	8	0.875	16.515	1 662.400	+25%	0%	−1%	+24%
	3	6	0.865	16.731	1 048.500	−25%	−1%	0%	−22%
	2	5	0.849	17.396	797.356	−50%	−3%	+4%	−41%
$\|c\|$	4.5	6	0.939	13.231	906.513	+50%	+8%	−21%	−32%
	3.75	7	0.935	13.421	1 092.600	+25%	+7%	−20%	−19%
	2.25	8	0.814	19.708	1 699.500	−25%	−7%	+18%	+27%
	1.5	8	0.743	22.108	2 133.000	−50%	−15%	+32%	+59%

续 表

	参数取值	n^*	r^*	p^*	AP^*	参数变化	r^*	p^*	AP^*
θ	0.075	6	0.829	18.834	999.656	+50%	−5%	+13%	−26%
	0.063	6	0.856	17.382	1 124.900	+25%	−2%	+4%	−16%
	0.038	9	0.902	15.196	1 767.900	−25%	+3%	−9%	+32%
	0.025	12	0.939	13.231	2 899.000	−50%	+8%	−21%	+116%

表 4-4 需求随时间减小模式下的最优解灵敏度分析($b<0$)

	参数取值	n^*	r^*	p^*	AP^*	参数变化	r^*	p^*	AP^*
H	9	1	0.780	17.766	245.036	+50%	−6%	+3%	−21%
	7.5	1	0.791	17.541	272.914	+25%	−5%	+2%	−11%
	4.5	1	0.832	17.185	338.223	−25%	0%	0%	+10%
	3	1	0.829	17.259	364.412	−50%	0%	0%	+18%
a	150	1	0.720	23.071	900.293	+50%	−13%	+34%	+192%
	125	1	0.737	21.996	574.416	+25%	−11%	+28%	+86%
	75	1	0.894	13.809	112.678	−25%	+7%	−20%	−63%
	50	—	—	—	—	−50%	—	—	—
$\lvert b\rvert$	6	1	0.804	17.038	259.814	+50%	−3%	−1%	−16%
	5	1	0.798	17.300	280.484	+25%	−4%	+1%	−9%
	3	1	0.835	17.516	334.450	−25%	0%	+2%	+8%
	2	1	0.829	17.652	357.689	−50%	0%	+3%	+16%
$\lvert c\rvert$	4.5	1	0.939	13.231	139.434	+50%	+13%	−23%	−55%
	3.75	1	0.861	15.006	204.731	+25%	+4%	−13%	−34%
	2.25	1	0.720	23.071	468.734	−25%	−13%	+34%	+52%
	1.5	1	0.692	23.875	697.318	−50%	−17%	+39%	+126%
θ	0.075	1	0.832	17.185	296.106	+50%	0%	0%	−4%
	0.063	1	0.832	17.185	302.268	+25%	0%	0%	−2%
	0.038	1	0.832	17.185	314.104	−25%	0%	0%	+2%
	0.025	1	0.832	17.185	319.783	−50%	0%	0%	+4%

由表 4-3 可知，当需求随时间逐渐增大，即 $b>0$ 时：

(1) 有限时域内的最优周期数(n^*)随着有限时域(H)、基本需求(a)和需求对时间的灵敏度(b)的减小而减小；随着价格对需求的影响度($|c|$)以及产品的变质率(θ)的减小而增加。又因为 a 和 b 的减小都会使需求下降，而$|c|$的减小弱化了价格对需求的影响，相对而言增加了产品的需求，可见，最优周期个数随着需求的增大而增加、随着需求的减小而减小。

(2) 最优服务水平 r^* 和最优定价 p^* 对参数 a、c 和 θ 的取值变化比较敏感。

(3) 当基本需求(a)增加 50%时，最优服务水平(r^*)下降 11%，而最优定价(p^*)增加 26%并且系统平均利润(AP^*)增加 96%；当基本需求(a)减少 50%时，最优服务水平(r^*)需提升 8%，而最优定价(p^*)需降低 21%，同时系统平均利润(AP^*)也将下降 73%。这说明需求的变化对系统采取的策略有重要影响，当需求较大时可以适当降低对服务水平的要求，提高单位定价来追求更高的边际收益，从而获得更多的利润；当需求较小时要通过降低价格和提升服务水平来吸引并留住顾客，从而增加收益。

(4) 当价格对需求的影响度($|c|$)增加 50%时，最优服务水平(r^*)增加 8%，最优定价(p^*)降低 21%，同时系统平均利润(AP^*)也减少 32%；而当$|c|$减少 50%时，最优服务水平(r^*)将降低 15%，最优定价(p^*)增加 32%，此时系统平均利润(AP^*)增加 59%。与现实情况相符，当系统的定价对需求的影响较大时，系统将采取提升服务水平和降低价格的策略；而当价格对系统需求的影响较小时，系统将通过降低服务水平且提高价格的策略来增加系统利润。

(5) 当产品的变质率(θ)增加 50%时，最优服务水平(r^*)将下降 5%，产品的最优定价(p^*)提高 13%，同时系统平均利润(AP^*)将减少 26%；反之，当产品的变质率(θ)减少 50%时，最优服务水平(r^*)将提升 8%，产品的最优定价(p^*)将降低 21%，而系统的平均利润(AP^*)将增加 116%。由此可见，产品的变质特性会对库存和定价策略产生重要的影响，并在很大程度上影响着系统的利润。对于高变质性产品来说，系统可通过降低服务水平即延长缺货时间来减少在库产品的数量，通过延迟交付策略使产品能够被及时消费，从而减少由变质带来的损失；同时也可以通过提高产品价格来补偿持有高变质产品的风险及机会成本。对于变质率比较小的产品而言，系统应采取的最优策略是通过提高顾客的服务水平和降低产品价格尽可能地吸引更多的顾客，从而增加系统收益。

由表 4－4 可知，当需求随着时间的变化逐渐减小，即 $b<0$ 时：

（1）最优服务水平 r^*、最优定价 p^* 以及平均利润 AP^* 对参数 a 和 c 的取值变化表现敏感，并且与 $b>0$ 时的变化情况相似。

（2）当参数 b 和 θ 的取值发生变化时，最优服务水平 r^*、最优定价 p^* 以及平均利润 AP^* 的变化都不灵敏，这与 $b>0$ 时的情况不同。也就是说，当产品的需求随着时间的变化逐渐减小时（比如时令性很强的服装在季末销售时），变质率对系统的最优策略影响不大。

此外，对比分析表 4－3 和表 4－4 中的对应数据，可得以下结论。

（1）随着有限时域的延长，当需求随时间增大时，最优服务水平逐渐提升、产品的最优定价逐渐降低、系统的平均利润逐渐增加；而当需求随时间减小时，最优服务水平逐渐下降、产品的最优定价逐渐提高、系统的平均利润逐渐减少，即随着有限时域的延长，最优服务水平、产品的最优定价和系统的平均利润在两种需求模式下的变化方向恰好相反。另外，比较两种需求模式下对应结果的灵敏度发现：对有限时域的变化，两种模式下的最优定价均表现出不敏感，最优服务水平的变化在 $b<0$ 的情况下比 $b>0$ 时敏感，与之相反，平均利润的变化在 $b>0$ 的情况下比 $b<0$ 时敏感。

（2）当产品的有限时域较短时，需求随时间减小模式下的最优定价要低于需求随时间增大模式下的定价，也就是说对于某类有限时域或销售时期较短的产品而言，处于衰退期的定价要低于成长期的定价。满足此类定价模式的产品有手机、电脑、MP3/MP4 等技术更新较快的 IT 类产品。当有限时域比较长时，需求随时间减小的模式下产品的最优定价要高于需求随时间增大的模式。这也说明当产品处于成长期时，要通过较低的定价来获得更多的需求，从而增加收益；而当产品处于衰退期或在销售季末时，最优的策略是采取较高的定价来增加单位产品的收益。在现实生活中也存在适用此类定价模式的相应产品，如水果、蔬菜等时令性很强的产品或以这些产品为原材料生产的其他产品，随着季节的来临，需求不断增加，同时市场上产品的价格也相对较低，但当处于销售季末或过季时，需求不断减小的同时市场价格却有所提高。

(3) 当产品的变质率较大时，需求随时间减小模式下的定价要低于需求随时间增大模式下的定价；而当产品的变质率较小时，却是需求随时间减小模式下的定价高于需求随时间增大模式下的定价。换句话说，对于高变质类产品，如果处于销售季末或生命周期末，系统的最优定价是采取比销售季初或生命周期初时低的价格，以吸引更多的需求、尽早减少持有库存，从而降低由变质带来的损失；对于低变质性产品(或极端情况下的不发生变质的产品)，销售季末的最优定价要比季节初时的定价更高一点。

4.3　无限时域内常数变质率产品的生产与定价联合决策问题

本节构建了一个需求同时依赖销售价格和库存水平，生产率和变质率均为常数，允许缺货的易变质品的生产与定价联合决策模型，分别讨论了缺货量完全延迟订购和缺货量部分延迟订购的情况。首先证明了在销售价格给定的情况下，系统的总利润函数是关于生产计划的严格凹函数，平均利润函数是严格的伪凹函数，即存在唯一的最优解，并给出其充分条件；接着给出问题的一个数值求解算法；最后通过算例，展示了模型及相关算法的应用，并对相关参数进行了灵敏度分析。

4.3.1 假设与符号说明

本节用到的假设和其他符号说明如下。

(1) 计划时域无限。

(2) $I(t)$ 表示在 $t \in [0, T+\lambda]$ 时刻的库存水平，$T(T \geqslant 0)$ 表示在生产周期内库存水平为非负的时间段长度(决策变量)，$\lambda(\lambda \geqslant 0)$ 表示库存水平为负(或缺货)的时间段长度(决策变量)；γ 和 ψ 表示一个生产周期内中间过渡的时间段，如图 4-4 所示；另外 L 表示最大库存持有量；S 表示最大缺货量。

(3) 需求率是关于销售价格 p (决策变量)和即时库存水平 $I(t)$ 的函数，表示为：

$$D(p, I(t)) = \begin{cases} \alpha(p) + \beta I(t), & 0 \leqslant t \leqslant T \\ \alpha(p), & T \leqslant t \leqslant T+\lambda \end{cases},$$

其中，$\alpha(p)$ 是关于销售价格 p 的任意非负减函数；$\beta\ (0 < \beta < 1)$ 是一个非负常数，表示受库存水平影响的产品需求率参数。

(4) 产品的变质率 $\theta(0 \leqslant \theta \leqslant 1)$ 为常数。

(5) 产品的生产率 K 有限且为常数，满足 $K > D(p, I(t)) + \theta I(t)$。

(6) 系统允许缺货。

(7) 当缺货量部分延迟订购时，部分延迟订购率 $B(\tau)$ 与顾客的等待时间 τ 负相关，满足 $B(\tau) = K_0 e^{-K_1 \tau}$，$0 \leqslant K_0 \leqslant 1$，$K_1 \geqslant 0$ (见文献[86])，其中 K_0 为延迟订购强度系数，K_1 为延迟订购阻力系数。

(8) TP_i 和 AP_i 分别表示一个生产周期内库存系统的总利润和平均利

润，其中 $i=1, 2$，分别代表缺货量完全延迟(模型 1)和缺货量部分延迟(模型 2)的情况。

4.3.2　模型构建与分析

图 4-4 所示为一个生产周期内系统的库存水平随时间的变化趋势。假设生产从 $t=0$ 时刻开始，此时系统的库存水平为 $I(0)=0$。随着生产的进行，库存在满足当时的需求和变质后开始累积，在 $t=\gamma$ 时刻库存水平达到最高，停止生产。接着，由于需求和变质的共同作用，库存水平逐渐下降，在 $t=T$ 时刻库存水平下降到 0，即 $I(T)=0$。此后，系统处于缺货状态，库存水平为负并继续下降，经过时间段 ψ，在 $t=T+\psi$ 时刻，库存缺货水平达到最大。这时生产重新开始，到 $t=T+\lambda$ 时刻，累积的缺货量以及现有的需求全部被满足，库存水平再次达到 0，即 $I(T+\lambda)=0$。

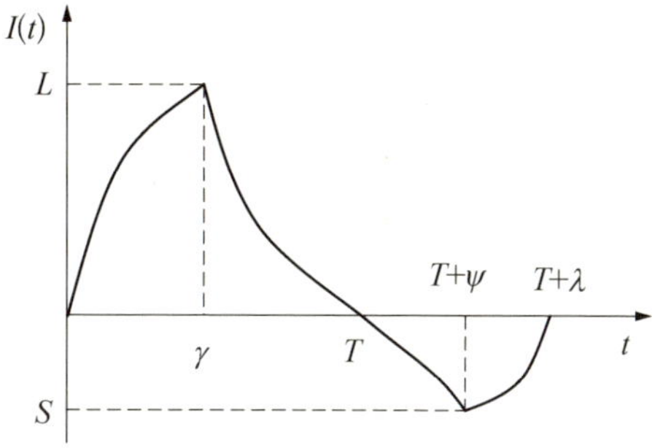

图 4-4　补货周期内库存水平随时间变化的趋势图

显然，系统只在时间段 $[0, \gamma]$ 和 $[T+\psi, T+\lambda]$ 内以常数生产率 K 进行生产，因此，一个生产周期内系统的总生产量为

$$Q=K[\gamma+(\lambda-\psi)] \tag{4-20}$$

此外，由以上描述可知在缺货期 $[T, T+\lambda]$ 内，按照缺货量完全延迟(模型 1)或部分延迟(模型 2)的假设可分别构建不同的模型。然而在时间段 $[0, T]$ 内的库存变化情况将不受缺货期情况的影响，即两种模型在存货期的情形完全相同。在模型构建中 D 和 $D(p, I(t))$，α 和 $\alpha(p)$ 可互换使用。

在 $t \in [0, \gamma]$ 时刻,库存水平 $I(t)$ 满足:

$$\frac{dI(t)}{dt} = K - D - \theta I(t) = K - \alpha(p) - (\beta + \theta) I(t), \ t \in [0, \gamma] \tag{4-21}$$

已知边界条件 $I(0) = 0$,求解微分方程(4-21)得

$$I(t) = \frac{K - \alpha}{\beta + \theta}(1 - e^{-(\beta+\theta)t}), \ t \in [0, \gamma] \tag{4-22}$$

在 $t \in [\gamma, T]$ 时刻,库存水平 $I(t)$ 满足:

$$\frac{dI(t)}{dt} = -D - \theta I(t) = -\alpha(p) - (\beta + \theta) I(t), \ t \in [\gamma, T] \tag{4-23}$$

已知边界条件 $I(T) = 0$,求解微分方程式(4-23)得

$$I(t) = \frac{\alpha}{\beta + \theta}(e^{(\beta+\theta)(T-t)} - 1), \ t \in [\gamma, T] \tag{4-24}$$

可知 $I(t)$ 在 $t = \gamma$ 处连续,由式(4-22)和式(4-24)有

$$I(\gamma) = \frac{K - \alpha}{\beta + \theta}(1 - e^{-(\beta+\theta)\gamma}) = \frac{\alpha}{\beta + \theta}(e^{(\beta+\theta)(T-\gamma)} - 1)$$

求解得

$$\gamma(T, p) = \frac{1}{\beta + \theta}\ln[1 + \frac{\alpha}{K}(e^{(\beta+\theta)T} - 1)] \tag{4-25}$$

此外,在 $[0, T]$ 时间段时累积持有的库存量为

$$\int_0^T I(t)dt = \frac{K\gamma - \alpha T}{\beta + \theta}$$

从 $t = T$ 时刻开始,系统发生缺货。按照在缺货期对缺货量延迟订购的假设不同,分别考虑以下两类模型:

模型 1：缺货量完全延迟订购

在 $t \in [T,\ T+\psi]$ 时刻，库存水平 $I(t)$ 满足：

$$\frac{\mathrm{d}I(t)}{\mathrm{d}t} = -D = -\alpha \tag{4-26}$$

已知边界条件 $I(T)=0$，求解微分方程(4-26)得

$$I(t) = -\alpha(t-T),\ t \in [T,\ T+\psi] \tag{4-27}$$

在 $t \in [T+\psi,\ T+\lambda]$ 时刻，库存水平 $I(t)$ 满足：

$$\frac{\mathrm{d}I(t)}{\mathrm{d}t} = K-D = K-\alpha \tag{4-28}$$

已知边界条件 $I(T+\lambda)=0$，求解微分方程(4-28)得

$$I(t) = -(K-\alpha)(T+\lambda-t),\ t \in [T+\psi,\ T+\lambda] \tag{4-29}$$

可知 $I(t)$ 在 $t=T+\psi$ 处连续，由式(4-27)和式(4-29)有

$$I(T+\psi) = -\alpha\psi = -(K-\alpha)(\lambda-\psi)$$

那么，

$$\psi(\lambda,\ p) = \frac{K-\alpha}{K}\lambda \tag{4-30}$$

此外，在 $[T,\ T+\lambda]$ 时间段时累积的缺货量为

$$-\int_T^{T+\lambda} I(t)\mathrm{d}t = \frac{1}{2}[\alpha\psi^2 + (K-\alpha)(\lambda-\psi)^2]$$

在以下论述中 γ 和 $\gamma(T,\ p)$，ψ 和 $\psi(\lambda,\ p)$ 可互换使用。那么一个库存周期内的利润构成包括：

(1) 生产准备成本 $FC=A$

(2) 生产成本 $PC = C_p[\alpha T + (\beta+\theta)\int_0^T I(t)\mathrm{d}t + \int_T^{T+\lambda}\alpha\mathrm{d}t]$

(3) 库存持有成本 $HC = C_h\int_0^T I(t)\mathrm{d}t$

(4) 变质成本 $DC = C_d\,\theta\int_0^T I(t)\mathrm{d}t$

(5) 缺货成本 $SC = -C_s\int_T^{T+\lambda} I(t)\mathrm{d}t$

(6) 销售收入 $SR = p[\int_0^T D(p,\ I(t))\mathrm{d}t + \int_T^{T+\lambda}\alpha\mathrm{d}t] = p[\alpha T + \beta\int_0^T I(t)\mathrm{d}t + \int_T^{T+\lambda}\alpha\mathrm{d}t]$

因此,在库存周期 $[0,\ T+\lambda]$ 内系统的总利润为:

$$
\begin{aligned}
& TP_1(T,\ \lambda,\ p) \\
= & SR - FC - PC - HC - DC - SC \\
= & \alpha(p - C_p)(T+\lambda) + \frac{[\beta(p - C_p) - \theta(C_p + C_d) - C_h]}{\beta+\theta}(K\gamma - \alpha T) - \\
& C_s\left(\frac{\alpha\psi^2 + (K-\alpha)(\lambda-\psi)^2}{2}\right) - A
\end{aligned} \tag{4-31}
$$

模型 2: 缺货量部分延迟订购

当缺货量部分延迟订购时,假设对于未满足的需求,采用“先到先得”的原则,即先到的需求在有货时将先被满足。如图 4-20 所示,在时间段 $[T,\ T+\psi]$ 内没有进行生产,只有延迟订购的需求,所以当 $t\in[T,\ T+\psi]$ 时,等待时间为 $\tau = (T+\psi) - t - I(t)/K$。在 $t = T+\psi$ 时刻生产重新开始,所以当 $t\in[T+\psi,\ T+\lambda]$ 时,顾客的等待时间为 $\tau = -I(t)/K$。

因此,当 $t\in[T,\ T+\psi]$,库存水平 $I(t)$ 满足:

$$
\begin{aligned}
\frac{\mathrm{d}I(t)}{\mathrm{d}t} &= -B(\tau)D = -B\left((T+\psi) - t - \frac{I(t)}{K}\right)D \\
&= -\alpha K_0 \mathrm{e}^{-K_1\left((T+\psi) - t - \frac{I(t)}{K}\right)},\ t\in[T,\ T+\psi]
\end{aligned} \tag{4-32}
$$

已知边界条件 $I(T) = 0$,求解微分方程(4-32)得

$$I(t)=-\frac{K}{K_1}\ln\frac{K+\alpha K_0(\mathrm{e}^{-K_1(T+\psi-t)}-\mathrm{e}^{-K_1\psi})}{K} \tag{4-33}$$

由式(4-33)可得

$$I(T+\psi)=-\frac{K}{K_1}\ln\frac{K+\alpha K_0(1-\mathrm{e}^{-K_1\psi})}{K} \tag{4-34}$$

当 $t\in[T+\psi,\ T+\lambda]$，库存水平 $I(t)$ 满足：

$$\frac{\mathrm{d}I(t)}{\mathrm{d}t}=K-B(\tau)D=K-B\left(-\frac{I(t)}{K}\right)D$$

$$=K-K_0\mathrm{e}^{K_1\left(\frac{I(t)}{K}\right)}\alpha(p),\ t\in[T+\psi,\ T+\lambda] \tag{4-35}$$

以式(4-34)为边界条件，求解得

$$I(t)=-\frac{K}{K_1}\ln\frac{K\mathrm{e}^{-K_1(t-T-\psi)}+\alpha K_0(1-\mathrm{e}^{-K_1(t-T)})}{K} \tag{4-36}$$

将 $I(T+\lambda)=0$ 代入式(4-36)，有

$$I(T+\lambda)=-\frac{K}{K_1}\ln\frac{K\mathrm{e}^{-K_1(T+\lambda-T-\psi)}+\alpha K_0(1-\mathrm{e}^{-K_1(T+\lambda-T)})}{K}=0 \tag{4-37}$$

求解式(4-37)得到

$$\psi(T,\ p)=\frac{1}{K_1}\ln\frac{\mathrm{e}^{K_1\lambda}(K-\alpha K_0)+\alpha K_0}{K} \tag{4-38}$$

综上可知，系统利润的各构成要素分别为

(1) 生产准备成本 $FC=A$

(2) 生产成本

$$PC=C_p\left[\alpha T+(\beta+\theta)\int_0^T I(t)\mathrm{d}t+\int_T^{T+\lambda}\alpha B(\tau)\mathrm{d}t\right]$$

$$=C_p\left\{\alpha T+\left[K\gamma-\alpha T-\frac{K-\alpha}{\beta+\theta}(1-\mathrm{e}^{-(\beta+\theta)\gamma})+\right.\right.$$

$$\frac{\alpha}{\beta+\theta}(\mathrm{e}^{(\beta+\theta)(T-\gamma)}-1)\Big]+K\Big[\frac{1}{K_1}\ln\Big(1+\frac{\alpha K_0}{K}(1-\mathrm{e}^{-K_1\psi})\Big)+$$

$$\alpha K_0\int_{T+\psi}^{T+\lambda}\frac{1}{K\mathrm{e}^{-K_1(t-T-\psi)}+\alpha K_0(1-\mathrm{e}^{-K_1(t-T)})}\mathrm{d}t\Big]\Big\}$$

(3) 库存持有成本

$$HC=C_h\int_0^T I(t)\mathrm{d}t=\frac{C_h}{\beta+\theta}\Big[K\gamma-\alpha T-\frac{K-\alpha}{\beta+\theta}(1-\mathrm{e}^{-(\beta+\theta)\gamma})+$$

$$\frac{\alpha}{\beta+\theta}(\mathrm{e}^{(\beta+\theta)(T-\gamma)}-1)\Big]$$

(4) 变质处理成本

$$DC=C_d\theta\int_0^T I(t)\mathrm{d}t=\frac{C_d\theta}{\beta+\theta}\Big[K\gamma-\alpha T-\frac{K-\alpha}{\beta+\theta}(1-\mathrm{e}^{-(\beta+\theta)\gamma})+$$

$$\frac{\alpha}{\beta+\theta}(\mathrm{e}^{(\beta+\theta)(T-\gamma)}-1)\Big]$$

(5) 缺货成本

$$SC=C_s\int_T^{T+\lambda}-I(t)\mathrm{d}t$$

$$=\frac{C_sK}{K_1}\Big\{\int_T^{T+\psi}\ln\Big[1+\frac{\alpha K_0}{K}(\mathrm{e}^{-K_1(T+\psi-t)}-\mathrm{e}^{-K_1\psi})\Big]\mathrm{d}t+$$

$$\int_{T+\psi}^{T+\lambda}\ln\Big[\mathrm{e}^{-K_1(t-T-\psi)}+\frac{\alpha K_0}{K}(1-\mathrm{e}^{-K_1(t-T)})\Big]\mathrm{d}t\Big\}$$

(6) 机会成本

$$OC=C_o\int_T^{T+\lambda}\alpha[1-B(\tau)]\mathrm{d}t$$

$$=C_o\Big\{\alpha\lambda-\frac{K}{K_1}\ln\Big[1+\frac{\alpha K_0}{K}(1-\mathrm{e}^{-K_1\psi})\Big]-$$

$$\alpha K_0K\int_{T+\psi}^{T+\lambda}\frac{1}{K\mathrm{e}^{-K_1(t-T-\psi)}+\alpha K_0(1-\mathrm{e}^{-K_1(t-T)})}\mathrm{d}t\Big\}$$

(7) 销售收入

$$
\begin{aligned}
SR &= p\Big[\int_0^T D(p,\ I(t))\mathrm{d}t + \int_T^{T+\lambda} \alpha B(\tau)\mathrm{d}t\Big] \\
&= p\Big\{\alpha T + \frac{\beta}{\beta+\theta}\Big[K\gamma - \alpha T - \frac{K-\alpha}{\beta+\theta}(1-\mathrm{e}^{-(\beta+\theta)\gamma}) + \\
&\quad \frac{\alpha}{\beta+\theta}(\mathrm{e}^{(\beta+\theta)(T-\gamma)}-1)\Big] + K\Big[\frac{1}{K_1}\ln\Big(1+\frac{\alpha K_0}{K}(1-\mathrm{e}^{-K_1\psi})\Big) + \\
&\quad \alpha K_0\int_{T+\psi}^{T+\lambda}\frac{1}{K\mathrm{e}^{-K_1(t-T-\psi)}+\alpha K_0(1-\mathrm{e}^{-K_1(t-T)})}\mathrm{d}t\Big]\Big\}
\end{aligned}
$$

因此,在库存周期 $[0,\ T+\lambda]$ 内系统的总利润为

$$
\begin{aligned}
TP_2(T,\ \lambda,\ p) &= SR - FC - PC - HC - DC - SC - OC \\
&= \alpha(p-C_p)T + [\beta(p-C_p) - \theta(C_p+C_d) - C_h]\cdot \\
&\quad (K\gamma - \alpha T) - A - \alpha C_o\lambda + \alpha(p - C_p + C_o)\cdot \\
&\quad \Big(\frac{K}{\alpha K_1}\ln\Big[1+\frac{\alpha K_0}{K}(1-\mathrm{e}^{-K_1\psi})\Big] + \\
&\quad K_0 K\int_{T+\psi}^{T+\lambda}\frac{1}{K\mathrm{e}^{-K_1(t-T-\psi)}+\alpha K_0(1-\mathrm{e}^{-K_1(t-T)})}\mathrm{d}t\Big) + \\
&\quad C_s\Big(-\frac{K}{K_1}\int_T^{T+\psi}\ln\frac{K+\alpha K_0(\mathrm{e}^{-K_1(T+\psi-t)}-\mathrm{e}^{-K_1\psi})}{K}\mathrm{d}t - \\
&\quad \frac{K}{K_1}\int_{T+\psi}^{T+\lambda}\ln\frac{K\mathrm{e}^{-K_1(t-T-\psi)}+\alpha K_0(1-\mathrm{e}^{-K_1(t-T)})}{K}\mathrm{d}t\Big)
\end{aligned}
\tag{4-39}
$$

那么,单位时间的平均利润为

$$
AP_i(T,\ \lambda,\ p) = \frac{TP_i(T,\ \lambda,\ p)}{T+\lambda},\ i = 1,\ 2 \tag{4-40}
$$

系统的目的是确定最优的 T、λ 和 p,使系统的平均利润 $AP_i(T,\ \lambda,\ p)$ 达到最大。问题存在最优解的必要条件是

$$\frac{\partial AP_i}{\partial T}=\frac{(T+\lambda)\dfrac{\partial TP_i}{\partial T}-TP_i}{(T+\lambda)^2}=0 \tag{4-41}$$

$$\frac{\partial AP_i}{\partial \lambda}=\frac{(T+\lambda)\dfrac{\partial TP_i}{\partial \lambda}-TP_i}{(T+\lambda)^2}=0 \tag{4-42}$$

$$\frac{\partial AP_i}{\partial p}=\frac{1}{T+\lambda}\frac{\partial TP_i}{\partial p} \tag{4-43}$$

其中

$$\frac{\partial TP_1}{\partial p}=(T+\lambda)\left[\frac{\mathrm{d}\alpha}{\mathrm{d}p}(p-C_p)+\alpha\right]-\frac{\mathrm{d}\alpha}{\mathrm{d}p}\frac{C_s\lambda^2(K-2\alpha)}{2K}+$$
$$\frac{\beta}{\beta+\theta}\left\{\frac{K}{\beta+\theta}\ln\left[1+\frac{\alpha}{K}(\mathrm{e}^{(\beta+\theta)T}-1)\right]-\alpha T\right\}+$$
$$\frac{[\beta(p-C_p)-\theta(C_p+C_d)-C_h]}{\beta+\theta}\frac{\mathrm{d}\alpha}{\mathrm{d}p}\cdot$$
$$\left[\frac{(\mathrm{e}^{(\beta+\theta)T}-1)}{(\beta+\theta)\left[1+\dfrac{\alpha}{K}(\mathrm{e}^{(\beta+\theta)T}-1)\right]}-T\right]$$

$$\frac{\partial TP_2}{\partial T}=\alpha\left\{(p-C_p)+\frac{[\beta(p-C_p)-\theta(C_p+C_d)-C_h]}{\beta+\theta}\cdot\right.$$
$$\left.\left[\frac{\mathrm{e}^{(\beta+\theta)T}}{1+\dfrac{\alpha}{K}(\mathrm{e}^{(\beta+\theta)T}-1)}-1\right]\right\}$$

$$\frac{\partial TP_2}{\partial \lambda}=\alpha(p-C_p+C_o)\cdot$$
$$K_0\left\{1-\frac{\mathrm{e}^{K_1\lambda}(K-\alpha K_0)[K(1-\mathrm{e}^{-K_1\psi})+\alpha K_0(1-\mathrm{e}^{-K_1\lambda})]}{[K+\alpha K_0(1-\mathrm{e}^{-K_1\psi})][\mathrm{e}^{K_1\lambda}(K-\alpha K_0)+\alpha K_0]}\right\}-\alpha C_o-$$
$$C_sK\left\{\frac{\alpha K_0\mathrm{e}^{K_1\lambda}(K-\alpha K_0)}{\mathrm{e}^{K_1\lambda}(K-\alpha K_0)+\alpha K_0}\int_T^{T+\psi}\frac{\mathrm{e}^{-K_1\psi}}{K+\alpha K_0(\mathrm{e}^{-K_1(T+\psi-t)}-\mathrm{e}^{-K_1\psi})}\mathrm{d}t+\right.$$

$$\frac{1}{K_1}\left[\ln\frac{K\mathrm{e}^{-K_1(\lambda-\psi)}+\alpha K_0(1-\mathrm{e}^{-K_1\lambda})}{K}-\right.$$

$$\ln\frac{K}{\mathrm{e}^{K_1(\lambda-\psi)}(K-\alpha K_0)+\alpha K_0}-$$

$$\left.\frac{\mathrm{e}^{K_1\lambda}(K-\alpha K_0)}{\mathrm{e}^{K_1\lambda}(K-\alpha K_0)+\alpha K_0}\ln\frac{K+\alpha K_0(1-\mathrm{e}^{-K_1\psi})}{K}\right]\Bigg\}$$

$$\frac{\partial TP_2}{\partial p}=\left[\frac{\mathrm{d}\alpha}{\mathrm{d}p}(p-C_p)+\alpha\right]T+\beta(K\gamma-\alpha T)+$$

$$\frac{\mathrm{d}\alpha}{\mathrm{d}p}\left[[\beta(p-C_p)-\theta(C_p+C_d)-C_h]\cdot\right.$$

$$\left.\left(\frac{(\mathrm{e}^{(\beta+\theta)T}-1)}{(\beta+\theta)\left[1+\frac{\alpha}{K}(\mathrm{e}^{(\beta+\theta)T}-1)\right]}-T\right)-C_o\lambda\right]+$$

$$K\left[\frac{\mathrm{d}\alpha}{\mathrm{d}p}(p-C_p+C_o)+\alpha\right]\left\{\frac{1}{\alpha K_1}\ln\left[1+\frac{\alpha K_0}{K}(1-\mathrm{e}^{-K_1\psi})\right]+\right.$$

$$\left.K_0\int_{T+\psi}^{T+\lambda}\frac{1}{K\mathrm{e}^{-K_1(t-T-\psi)}+\alpha K_0(1-\mathrm{e}^{-K_1(t-T)})}\mathrm{d}t\right\}+$$

$$\frac{K}{K_1}\frac{\mathrm{d}\alpha}{\mathrm{d}p}\Big\{\alpha(p-C_p+C_o)\cdot$$

$$\left\{K_0\left[\frac{K(\mathrm{e}^{K_1\psi}-1)-\alpha K_0\mathrm{e}^{-K_1\psi}(\mathrm{e}^{K_1\lambda}-1)}{\alpha K\mathrm{e}^{K_1\psi}[K+\alpha K_0(1-\mathrm{e}^{-K_1\psi})]}\right]-\right.$$

$$\frac{1}{\alpha^2}\ln\frac{K+\alpha K_0(1-\mathrm{e}^{-K_1\psi})}{K}+$$

$$\left.\frac{K_0{}^2(\mathrm{e}^{K_1\lambda}-1)[(\alpha K_0+K)\mathrm{e}^{K_1\psi}-2\alpha K_0]}{K\mathrm{e}^{K_1\psi}[K+\alpha K_0(1-\mathrm{e}^{-K_1\psi})](K\mathrm{e}^{K_1\psi}-\alpha K_0)}\right\}-$$

$$K_0C_s\left\{\left[1+\frac{\alpha K_0(\mathrm{e}^{K_1\lambda}-1)}{K\mathrm{e}^{K_1\psi}}\right]\int_T^{T+\psi}\frac{(\mathrm{e}^{-K_1(T+\psi-t)}-\mathrm{e}^{-K_1\psi})}{K+\alpha K_0(\mathrm{e}^{-K_1(T+\psi-t)}-\mathrm{e}^{-K_1\psi})}\mathrm{d}t+\right.$$

$$\left.\left.\frac{(e^{K_1\lambda}-1)}{K_1(Ke^{K_1\psi}-\alpha K_0)}\ln\frac{K}{K+\alpha K_0(1-e^{-K_1\psi})}\right\}\right\}$$

首先讨论销售价格 p 预先给定的情况，如 Abad[88] 所述，这类问题在一些情况下是适用的，比如销售者处于高竞争市场上，没有自由随意更改市场规定的价格；或供销合同中已规定了商品的价格的情况。此时分别用 $TP_i(T, \lambda \mid p)$ 和 $AP_i(T, \lambda \mid p)$ 系统总利润和平均利润。

观察式(4-40)可知，该问题属于分式规划(Fractional Program)，相关定义及性质见附录 A。

引理 4-1： 对于任意给定的 p，如果 $\beta(p-C_p)-\theta(C_p+C_d)-C_h<0$，那么 $TP_i(T, \lambda \mid p)$，$i=1, 2$ 为关于 T 和 λ 的严格凹函数。

证明： (1) 由式(4-25)，有

$$\frac{\partial\gamma}{\partial T}=\frac{\frac{\alpha}{K}e^{(\beta+\theta)T}}{1+\frac{\alpha}{K}(e^{(\beta+\theta)T}-1)}>0 \tag{4-44}$$

$$\frac{\partial^2\gamma}{\partial T^2}=\frac{\frac{\alpha}{K}(\beta+\theta)e^{(\beta+\theta)T}\left(1-\frac{\alpha}{K}\right)}{\left[1+\frac{\alpha}{K}(e^{(\beta+\theta)T}-1)\right]^2}>0 \tag{4-45}$$

由式(4-30)，有

$$\frac{\partial\psi}{\partial\lambda}=\frac{K-\alpha}{K}>0 \tag{4-46}$$

$$\frac{\partial^2\psi}{\partial\lambda^2}=0 \tag{4-47}$$

由式(4-31)，可得

$$\frac{\partial TP_1}{\partial T}=\alpha(p-C_p)+\frac{[\beta(p-C_p)-\theta(C_p+C_d)-C_h]}{\beta+\theta}\left(K\frac{\partial\gamma}{\partial T}-\alpha\right) \tag{4-48}$$

$$\frac{\partial TP_1}{\partial \lambda}=\alpha(p-C_p)-C_s\left\{[K\psi-(K-\alpha)\lambda]\frac{\partial \psi}{\partial \lambda}+(K-\alpha)(\lambda-\psi)\right\} \tag{4-49}$$

由式(4-44)—式(4-49)，容易得到如果 $\beta(p-C_p)-\theta(C_p+C_d)-C_h<0$ 成立，那么有

$$\frac{\partial^2 TP_1}{\partial T^2}=\frac{[\beta(p-C_p)-\theta(C_p+C_d)-C_h]K}{\beta+\theta}\frac{\partial^2 \gamma}{\partial T^2}<0$$

$$\frac{\partial^2 TP_1}{\partial \lambda^2}=-\frac{C_s\alpha(K-\alpha)}{K}<0$$

$$\frac{\partial^2 TP_1}{\partial T\partial \lambda}=\frac{\partial^2 TP_1}{\partial \lambda\partial T}=0$$

令 H_1 表示 $TP_1(T,\lambda\mid p)$ 的海塞矩阵，那么有 $|H_1|>0$。可知 H_1 为负定，因此 $TP_1(T,\lambda\mid p)$ 是关于 T 和 λ 的严格凹函数。

(2) 运用牛顿-莱布尼茨公式，由式(4-39)可求得

$$\frac{\partial^2 TP_2}{\partial T^2}=\frac{[\beta(p-C_p)-\theta(C_p+C_d)-C_h]}{\beta+\theta}K\frac{\partial^2 \gamma}{\partial T^2} \tag{4-50}$$

$$\begin{aligned}\frac{\partial^2 TP_2}{\partial \lambda^2}=&\alpha(p-C_p+C_o)K_0\cdot\\&\left\{\frac{Ke^{-K_1\psi}\left[\left(\frac{\partial^2\psi}{\partial\lambda^2}-K_1\left(\frac{\partial\psi}{\partial\lambda}\right)^2\right)(K+\alpha K_0)-\alpha K_0\frac{\partial^2\psi}{\partial\lambda^2}e^{-K_1\psi}\right]}{[K+\alpha K_0(1-e^{-K_1\psi})]^2}-\right.\\&\left.\frac{\alpha K_0K_1(Ke^{K_1\psi}-\alpha K_0)(K+\alpha K_0)}{K(e^{K_1\psi})^2[K+\alpha K_0(1-e^{-K_1\psi})]^2}\right\}-\\&C_s\left\{\alpha KK_0e^{-K_1\psi}\left[\frac{\partial^2\psi}{\partial\lambda^2}\int_T^{T+\psi}\frac{1}{K+\alpha K_0(e^{-K_1(T+\psi-t)}-e^{-K_1\psi})}dt+\right.\right.\\&\left(\frac{\partial\psi}{\partial\lambda}\right)^2\left[\frac{1}{K+\alpha K_0(1-e^{-K_1\psi})}-\right.\end{aligned}$$

$$K_1K\int_T^{T+\psi}\frac{1}{[K+\alpha K_0(e^{-K_1(T+\psi-t)}-e^{-K_1\psi})]^2}dt\Big]\Big]+$$

$$\frac{K}{K_1}\left[\frac{\left(\frac{\alpha K_0K_1}{e^{K_1\psi}}\right)^2}{[K+\alpha K_0(1-e^{-K_1\psi})]K}-\frac{\partial^2\psi}{\partial\lambda^2}\ln\frac{K+\alpha K_0(1-e^{-K_1\psi})}{K}-\right.$$

$$\left.\left(\frac{\partial\psi}{\partial\lambda}\right)^2\frac{\alpha K_0K_1e^{-K_1\psi}}{K+\alpha K_0(1-e^{-K_1\psi})}\right]\Big\} \tag{4-51}$$

其中，由式(4-38)求得

$$\frac{\partial\psi}{\partial\lambda}=\frac{e^{K_1\lambda}(K-\alpha K_0)}{e^{K_1\lambda}(K-\alpha K_0)+\alpha K_0}$$

$$\frac{\partial^2\psi}{\partial\lambda^2}=\frac{\alpha K_0K_1e^{K_1\lambda}(K-\alpha K_0)}{[e^{K_1\lambda}(K-\alpha K_0)+\alpha K_0]^2}。$$

又由式(4-25)可得

$$\frac{\partial^2\gamma}{\partial T^2}=\frac{\frac{\alpha}{K}(\beta+\theta)e^{(\beta+\theta)T}\left(1-\frac{\alpha}{K}\right)}{\left[1+\frac{\alpha}{K}(e^{(\beta+\theta)T}-1)\right]^2}>0 \tag{4-52}$$

因此，当 $\beta(p-C_p)-\theta(C_p+C_d)-C_h<0$ 时，有

$$\frac{\partial^2 TP_2}{\partial T^2}<0 \tag{4-53}$$

由于式子的复杂性，虽然无法从解析的角度证明 $\frac{\partial^2 TP_2}{\partial\lambda^2}<0$，但代入数值容易求得 $\frac{\partial^2 TP_2}{\partial\lambda^2}$ 的数值解。在数值算例中，给出了已知参数取值下的 $\frac{\partial^2 TP_2}{\partial\lambda^2}$ 的值(见表 4-10)，观察发现均满足：

$$\frac{\partial^2 TP_2}{\partial\lambda^2}<0 \tag{4-54}$$

另外，有 $\frac{\partial^2 TP_2}{\partial T \partial \lambda} = \frac{\partial^2 TP_2}{\partial \lambda \partial T} = 0$，用 H_2 表示 $TP_2(T, \lambda \mid p)$ 的海塞矩阵，那么：

$$|H_2| = \frac{\partial^2 TP_2}{\partial T^2} \frac{\partial^2 TP_2}{\partial \lambda^2} - \frac{\partial^2 TP_2}{\partial T \partial \lambda} \frac{\partial^2 TP_2}{\partial \lambda \partial T} > 0 \tag{4-55}$$

由式(4－53)—式(4－55)可知，H_2 为负定，所以 $TP_2(T, \lambda \mid p)$ 是关于 T 和 λ 的严格凹函数。证毕。

引理 4－2： 对于任意给定的 p，如果 $\beta(p-C_p)-\theta(C_p+C_d)-C_h<0$，那么 $AP_i(T, \lambda \mid p)$，$i=1, 2$ 为关于 T 和 λ 的严格伪凹函数。

证明： 由引理 4.3－1 可知，当 $\beta(p-C_p)-\theta(C_p+C_d)-C_h<0$ 时，$TP_i(T, \lambda \mid p)$ 为关于 T 和 λ 的严格凹函数。又由 $AP_i(T, \lambda, p) = \frac{TP_i(T, \lambda, p)}{T+\lambda}$，$i=1, 2$ 容易知道分母是关于 T 和 λ 的线性函数。因此，由分式规划的性质 A－1 可知，$AP_i(T, \lambda \mid p)$，$i=1, 2$ 为关于 T 和 λ 的严格伪凹函数。证毕。

此外，由性质 A－2 和引理 4－21，可直接得出以下定理。

定理 4－1： 对于任意给定的 p，当 $\beta(p-C_p)-\theta(C_p+C_d)-C_h<0$ 时，存在唯一的全局最优解最大化 $AP_i(T, \lambda \mid p)$，$i=1, 2$，且该最优值点可通过求解式(4－41)和式(4－42)得到。

说明： 从管理角度来看，$\beta(p-C_p)$ 可理解为从持有单位库存获取的收益，而 $\theta(C_p+C_d)+C_h$ 可看作是持有单位库存需要付出的成本。因此，如果 $\beta(p-C_p)-\theta(C_p+C_d)-C_h<0$，说明持有单位库存带来的收益要小于需要付出的成本，那么此时允许缺货策略对系统将是有益的。

接下来讨论 T 和 λ 给定，p 为决策变量的情况。此时用 $AP_i(p \mid T, \lambda)$ 表示平均利润。由于函数的复杂性，很难从解析角度证明 $AP_i(p \mid T, \lambda)$ 是关于 p 的凹函数。但由 $p>C_p$ 和 $\beta(p-C_p)-\theta(C_p+C_d)-C_h<0$ 可得

$C_p < p < (1/\beta)[\theta(C_p + C_d) + C_h] + C_p$。因此，可以运用数值方法，如二分法，通过求解式(4－43)求得 $AP_i(p \mid T, \lambda)$ 的最优解。

4.3.3 算法

根据以上分析与结论在这一部分将给出一个数值算法，用以求解系统最优的联合定价和生产策略。

第 1 步： 令 $p_i = p_i^{(j)}$ 并从 $j = 1$ 开始，即令 $p_i = p_i^{(1)}$ 作为初始值，且 $C_p < p_i^{(1)} < (1/\beta)[\theta(C_p + C_d) + C_h] + C_p$；

第 2 步： 对于 $p_i = p_i^{(j)}$，运用 MATLAB 中的 FSOLVE 函数或牛顿法，求解由式(4－41)和式(4－42)构成的方程组，将结果标记为 $(T_i^{(j)}, \lambda_i^{(j)})$。

第 3 步： 令 $(T_i, \lambda_i) = (T_i^{(j)}, \lambda_i^{(j)})$，用二分法求解式(4－43)，将结果标记为 $p_i^{(j+1)}$。

第 4 步： 如果 $p_i^{(j)}$ 和 $p_i^{(j+1)}$ 相差足够小，比如 $|p^{(j+1)} - p^{(j)}| \leqslant 10^{-4}$，那么最优解为 $(T_i^*, \lambda_i^*, p_i^*) = (T_i^{(j)}, \lambda_i^{(j)}, p_i^{(j)})$；否则，令 $j = j+1$，返回第 2 步。

第 5 步： 将最优解 $(T_i^*, \lambda_i^*, p_i^*)$ 代入式(4－20)和式(4－21)，可得到一个生产周期内系统的最优生产量 Q_i^* 和最优平均利润 AP_i^*。

4.3.4 算例分析

这一部分将给出相关的数值算例以展示上述求解方法和相关结论的应用。

例 4－3　缺货量完全延迟订购(模型 1)

令 $\alpha(p) = 1.6 \times 10^8 p^{-3}$ 件，$\beta = 0.4$，$\theta = 0.3$，$K = 5\,000$ 件，$A = 250$ 元，$C_p = 40$ 元/件，$C_h = 5$ 元/件/天，$C_d = 1$ 元/件，$C_s = 3$ 元/件/月。

首先，求解 $\alpha(p) + (p - C_p)d\alpha/dp = 0$，得到 $p_1^{(1)} = 60$ 并作为初始代

入值，经过 4 次迭代，得到最优解：$p_1{}^* = 60.9219$，$T_1{}^* = 0.1472$，$\lambda_1{}^* = 0.4546$。进而可得 $\gamma_1{}^* = 0.0218$，$\psi_1{}^* = 0.3902$，$T_1{}^* + \lambda_1{}^* = 0.6018$，$L_1{}^* = 92.7571$，$S_1{}^* = 276.1451$，$Q_1{}^* = 430.5430$ 和 $AP_1{}^* = 13976.0$。迭代过程和计算结果如表 4 - 5 所示。

表 4 - 5　模型 1 最优解的迭代过程和计算结果

j	$p_1{}^{(j)}$	$T_1{}^{(j)}$	$\lambda_1{}^{(j)}$	$p_1{}^{(j+1)}$	$\lvert p_1{}^{(j+1)} - p_1{}^{(j)} \rvert$
1	60.000 0	0.139 7	0.448 1	60.889 7	0.889 7
2	60.889 7	0.146 9	0.454 4	60.920 8	0.031 1
3	60.920 8	0.147 2	0.454 6	60.921 9	0.011 0
4*	**60.921 9***	**0.147 2***	**0.454 6***	60.921 9	0

图 4 - 5 绘制了当 $p_1{}^* = 60.9219$ 时平均利润 AP_1 关于 T 和 λ 的一个三维图形。从图中可以清楚地观察到，存在唯一的全局最优解，这与定理 4 - 20的结论一致。由于条件 $C_p < p_1 < (1/\beta)[\theta(C_p + C_d) + C_h] + C_p$，在算例中可得到 $40 < p_1 < 83$。接下来，以不同的初值 $p_1{}^{(1)} = 41, 43, 45, \cdots, 81$ 运行数值算例。对于这 21 个给定的初值 $p_1{}^{(1)}$，运用定理 4 - 1 可

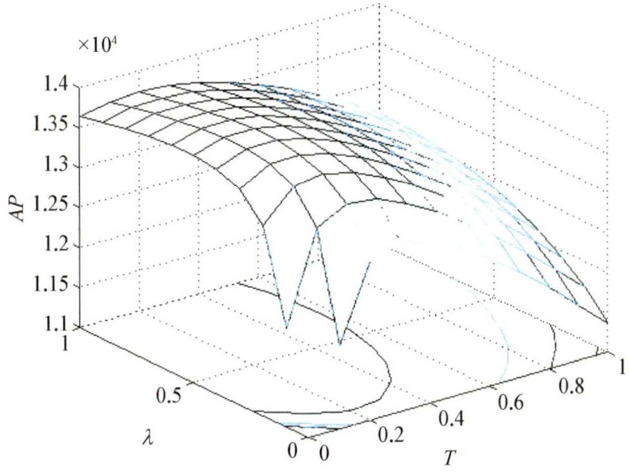

图 4 - 5　平均利润 $AP_1{}^{(1)}(T, \lambda | p = 60.9219)$

以得到与之相应的 $T_1^{(1)}$，$\lambda_1^{(1)}$ 和 $AP_1^{(1)}(T_1^{(1)}, \lambda_1^{(1)}, p_1^{(1)})$ 的值，相应结果显示在表 4-6 中。表 4-6 中还给出了与不同初值对应的问题的最优解 $(T_1^*, \lambda_1^*, p_1^*)$，$AP_1^*$ 和相应的迭代次数。显然，对与不同的初值存在相同的最优解。此外，在图 4-7 中绘制了与这 21 个值 $(p_1^{(1)}, AP_1^{(1)})$ 对应的图形。图形显示对于这 21 个值，$AP_1^{(1)}$ 是严格的凹函数。因此，可以确信运用以上算法得到的局部最优解是问题的全局最优解。

表 4-6　不同初值 $p_1^{(1)}$ 下的最优解

$p_1^{(1)}$	$T_1^{(1)}$	$\lambda_1^{(1)}$	$AP_1^{(1)}$	p_1^*	T_1^*	λ_1^*	AP_1^*	迭代次数
41	0.059 8	0.337 4	1 062.80	60.921 9	0.147 2	0.454 6	13 976.30	5
43	0.063 4	0.341 9	4 803.90	60.921 9	0.147 2	0.454 6	13 976.30	5
45	0.068 1	0.349 9	7 583.40	60.921 9	0.147 2	0.454 6	13 976.30	5
47	0.073 8	0.360 1	9 635.90	60.921 9	0.147 2	0.454 6	13 976.30	5
49	0.080 4	0.371 9	11 135.00	60.921 9	0.147 2	0.454 6	13 976.30	5
51	0.088 1	0.384 8	12 211.00	60.921 9	0.147 2	0.454 6	13 976.30	5
53	0.096 9	0.398 4	12 963.00	60.921 9	0.147 2	0.454 6	13 976.30	5
55	0.107 0	0.412 4	13 464.00	60.921 9	0.147 2	0.454 6	13 976.30	5
57	0.118 7	0.426 7	13 772.00	60.921 9	0.147 2	0.454 6	13 976.30	5
59	0.132 2	0.441 0	13 932.00	60.921 9	0.147 2	0.454 6	13 976.30	5
61	0.147 8	0.455 1	13 976.00	60.921 9	0.147 2	0.454 6	13 976.30	4
63	0.166 3	0.468 7	13 933.00	60.921 9	0.147 2	0.454 6	13 976.30	5
65	0.188 1	0.481 4	13 822.00	60.921 9	0.147 2	0.454 6	13 976.30	5
67	0.214 4	0.492 8	13 661.00	60.921 9	0.147 2	0.454 6	13 976.30	5
69	0.246 7	0.502 4	13 462.00	60.922 0	0.147 2	0.454 6	13 976.30	5
71	0.287 1	0.509 2	13 236.00	60.922 0	0.147 2	0.454 6	13 976.30	5
73	0.339 3	0.512 1	12 993.00	60.922 0	0.147 2	0.454 6	13 976.30	5
75	0.409 5	0.508 8	12 739.00	60.922 0	0.147 2	0.454 6	13 976.30	5
77	0.510 1	0.495 9	12 482.00	60.921 9	0.147 2	0.454 6	13 976.30	6
79	0.669 5	0.465 9	12 232.00	60.921 9	0.147 2	0.454 6	13 976.30	6
81	0.981 5	0.399 6	12 005.00	60.921 9	0.147 2	0.454 6	13 976.30	6

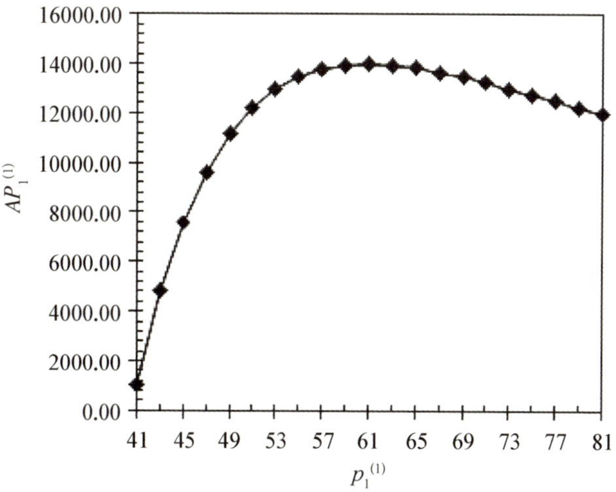

图 4-6　$AP_1^{(1)}$ 关于不同初值 $p_1^{(1)}$ 的图形

例 4-4　缺货量部分延迟订购(模型 2)

保持其他参数取值与例 1 一致，令 $C_o = 3.5$ 元 / 件，$K_0 = 0.9$，$K_1 = 20$。

首先，求解 $\alpha(p) + (p - C_p) d\alpha/dp = 0$，得到 $p_2^{(1)} = 60$，作为初始代入值，经过 11 次迭代(如表 4-7 所示)，得到最优解：$p_2^* = 65.431\,7$，$T_2^* = 0.684\,8$，$\lambda_2^* = 0.135\,3$。进一步可得 $\gamma_2^* = 0.097\,0$，$\psi_2^* = 0.130\,2$，$L_2^* = 415.318\,9$，$S_2^* = 22.735\,2$，$T_2^* + \lambda_2^* = 0.820\,1$，$Q_2^* = 510.190\,5$ 和 $AP_2^* = 11\,565.0$。

表 4-7　模型 2 最优解的迭代过程和计算结果

j	$p_2^{(j)}$	$T_2^{(j)}$	$\lambda_2^{(j)}$	$p_2^{(j+1)}$	$\lvert p_2^{(j+1)} - p_2^{(j)} \rvert$
1	60	0.517 9	0.121 0	64.107 5	4.107 5
2	64.107 5	0.637 1	0.130 8	65.043 1	0.935 6
3	65.043 1	0.670 2	0.133 9	65.312 2	0.269 1
4	65.312 2	0.680 2	0.134 8	65.394 4	0.082 2
5	65.394 4	0.683 4	0.135 1	65.420 1	0.025 7

续 表

j	$p_2^{(j)}$	$T_2^{(j)}$	$\lambda_2^{(j)}$	$p_2^{(j+1)}$	$\vert p_2^{(j+1)}-p_2^{(j)}\vert$
6	65.420 1	0.684 3	0.135 2	65.428 1	0.008
7	65.428 1	0.684 6	0.135 2	65.430 6	0.002 5
8	65.430 6	0.684 7	0.135 2	65.431 4	0.000 8
9	65.431 4	0.684 8	0.135 3	65.431 6	0.000 2
10	65.431 6	0.684 8	0.135 3	65.431 7	0.000 1
11*	**65.431 7***	**0.684 8***	**0.135 3***	65.431 7	0

例 4-5　对比分析

在例 4-2 部分延迟订购模型中令 $K_0=1$ 和 $K_1=10^{-8}$，此时部分延迟订购率 $B(\tau)\approx 1$，即近似于完全延迟订购的情况。经计算可得最优解为：$p_2{}^*=60$，$T_2{}^*=0.135\,2$，$\lambda_2{}^*=0.433\,1$，$\gamma_2{}^*=0.020\,8$，$\psi_2{}^*=0.368\,9$，$L_2{}^*=88.158\,3$，$S_2{}^*=273.290\,7$，$Q_2{}^*=425.066\,6$ 和 $AP_2{}^*=13\,995.0$。

表 4-8 对例 4-1—例 4-3 的最优解进行汇总。观察发现：

① 由例 4-1 和例 4-2 的计算结果可发现，在相应参数取值相同的情况下完全延迟订购系统的最优销售价格 p^*、持有库存时间 T^*、持有库存期间的生产时间 γ^*、最大库存水平 L^*、最优生产量 Q^* 小于部分延迟订购系统的相应解；而完全延迟订购系统的缺货期 λ^*、缺货期间的生产时间 ψ^*、最大缺货量 S^*、平均利润 AP^* 大于部分延迟订购系统的相应解。也就是说当系统由完全延迟订购转向部分延迟订购时系统的平均利润会下降，企业应提高最优销售价格，延长持有库存时间(增加持有库存量)，缩短缺货期(减少缺货量)。

② 由例 4-2 和例 4-3 的计算结果可发现，在部分延迟订购模型中当部分延迟订购率约为 1 时，即 $B(\tau)\approx 1$，其最优解与完全延迟订购模型的最优解相近，因此在一定程度上完全延迟订购模型(模型 1)是部分延迟订购模型(模型 2)的一个特例。

表 4－8　三个数值例子的对比分析

	例 4－1(完全延迟订购)	例 4－2(部分延迟订购)	例 4－3
p^*	60.921 9	65.431 7	60
T^*	0.147 2	0.684 8	0.135 2
λ^*	0.454 6	0.135 3	0.433 1
γ^*	0.021 8	0.097 0	0.020 8
ψ^*	0.390 2	0.130 2	0.368 9
L^*	92.757 1	415.318 9	88.158 3
S^*	276.145 1	22.735 2	273.290 7
Q^*	430.543 0	510.190 5	425.066 6
AP^*	13 976.0	11 565.0	13 995.0

接下来研究相关参数的灵敏度。保持其他参数的取值不变，每次仅改变指定参数的取值，表 4－9 和表 4－10 分别给出了系统缺货量完全延迟订购（模型 1）和部分延迟订购（模型 2）情况下的计算结果。

观察表 4－9 和表 4－10，对比两种模型下参数的灵敏度变化情况，可以发现：

(1) 随着 β 的增大，最优销售价格（p_1^*、p_2^*）、持有库存期间的生产时间（γ_1^*、γ_2^*）、最大库存水平（L_1^*、L_2^*）均增大，而最大缺货量（S_1^*、S_2^*）减小。当 β 增大时，单位库存带来的需求也将增加，此时维持较高的库存水平对系统是有利的，因此一方面需要通过延长期初生产持续时间来提高最大库存水平，另一方面还要降低最大缺货量。结果表明：当产品的需求受库存水平影响较大时，管理者应提高销售价格，增加最大库存水平并减少缺货量。

(2) 随着变质率 θ 的增大，最优销售价格（p_1^*、p_2^*）先增后减。对低变质率产品来说，随着产品变质率的增大，由变质带来的损失逐渐增加，相应的销售价格应提高；但对高变质率产品而言，随着变质率的增大，在一定范围内提高销售价格已不能弥补由变质带来的损失，这种情况下应采用降低

表 4-9　完全延迟订购情况下(模型 1)相关参数的灵敏度

	值	p_1^*	T_1^*	λ_1^*	γ_1^*	ψ_1^*	L_1^*	S_1^*	Q_1^*	AP_1^*
β	0.2	60.809 2	0.105 8	0.472 1	0.015 4	0.404 9	65.785 4	288.099 4	412.898 8	13 943.0
	0.3	60.848 2	0.122 9	0.464 7	0.018 0	0.398 7	76.898 5	283.128 1	420.115 7	13 957.0
	0.4	60.921 9	0.147 2	0.454 6	0.021 8	0.390 2	92.757 1	276.145 1	430.543 0	13 976.0
	0.5	61.076 9	0.185 1	0.439 7	0.027 7	0.377 9	117.758 3	265.410 6	447.302 0	14 005.0
θ	0.1	60.000 0	0.666 3	0.273 9	0.113 8	0.233 3	471.302 2	172.810 8	2 488.400 0	14 296.0
	0.12	63.171 7	0.939 4	0.243 5	0.147 9	0.212 6	621.496 2	134.933 7	3 241.300 0	14 302.0
	0.15	61.821 5	0.413 3	0.362 0	0.061 8	0.313 0	262.608 6	211.959 2	554.099 7	14 141.0
	0.25	60.997 8	0.184 4	0.439 4	0.027 4	0.377 4	116.521 4	266.091 3	446.624 7	14 005.0
	0.35	60.883 1	0.122 8	0.465 0	0.018 1	0.399 1	77.184 0	282.924 6	420.218 7	13 957.0
	0.45	60.847 9	0.092 4	0.478 5	0.013 6	0.410 5	57.879 8	291.537 6	407.655 5	13 932.0
C_p	30	45.324 0	0.119 3	0.329 1	0.042 2	0.216 0	136.303 0	371.216 0	776.368 3	25 220.0
	35	53.134 9	0.131 4	0.384 3	0.029 1	0.302 3	113.192 9	322.450 9	555.237 0	18 374.0
	45	68.706 6	0.164 3	0.534 5	0.017 1	0.481 7	76.519 0	237.651 3	349.068 7	10 982.0
	50	76.496 4	0.182 1	0.622 0	0.013 8	0.577 5	63.835 0	206.430 4	291.406 3	8 851.4

续　表

	值	p_1^*	T_1^*	λ_1^*	γ_1^*	ψ_1^*	L_1^*	S_1^*	Q_1^*	AP_1^*
C_h	3	60.994 1	0.182 7	0.440 0	0.027 2	0.377 9	115.823 5	266.484 7	446.362 1	14 004.0
	4	60.951 7	0.163 0	0.448 0	0.024 2	0.384 7	102.971 9	271.822 1	437.493 0	13 989.0
	6	60.900 3	0.134 3	0.460 1	0.019 8	0.394 9	84.424 9	279.724 7	424.939 4	13 966.0
	7	60.884 2	0.123 5	0.464 7	0.018 2	0.398 8	77.489 2	282.740 8	420.319 9	13 957.0
C_d	0.5	60.925 8	0.149 3	0.453 7	0.022 1	0.389 5	94.154 7	275.549 2	431.488 3	13 978.0
	0.75	60.923 9	0.148 3	0.454 1	0.021 9	0.389 9	93.450 6	275.849 1	431.011 7	13 977.0
	1.25	60.920 1	0.146 1	0.455 0	0.021 6	0.390 6	92.074 2	276.436 6	430.081 3	13 975.0
	1.5	60.918 3	0.145 1	0.455 5	0.021 5	0.391 0	91.401 5	276.724 0	429.626 9	13 975.0
C_s	1.5	60.627 0	0.110 1	0.682 8	0.016 3	0.584 8	69.594 9	419.852 2	571.982 2	14 180.0
	2.25	60.785 6	0.131 0	0.540 5	0.019 4	0.463 5	82.684 5	330.214 3	482.158 9	14 064.0
	3.75	61.042 4	0.160 4	0.395 4	0.023 7	0.339 8	100.896 8	239.004 7	396.526 1	13 906.0
	4.5	61.150 5	0.171 4	0.351 5	0.025 3	0.302 3	107.675 4	211.517 5	372.239 9	13 847.0

表 4-10　部分延迟订购情况下(模型 2)相关参数的灵敏度

	值	p_2^*	T_2^*	λ_2^*	γ_2^*	ψ_2^*	L_2^*	S_2^*	Q_2^*	AP_2^*	$\partial^2 TP_2/\partial\lambda_2{}^2$
β	0.2	62.260 9	0.396 3	0.099 8	0.057 3	0.094 4	244.922 4	24.115 1	313.633 7	11 611.0	−46 825
	0.3	63.285 2	0.488 4	0.111 3	0.070 2	0.105 9	300.123 8	23.820 5	377.487 0	11 604.0	−36 635
	0.4	65.431 7	0.684 8	0.135 3	0.097 0	0.130 2	415.318 9	22.735 2	510.190 5	11 565.0	−21 869
	0.5	69.440 6	1.517 3	0.241 0	0.254 8	0.236 5	1 042.600 0	20.453 1	1 296.500 0	11 378.0	−213
θ	0.1	57.616 4	2.012 4	0.475 5	0.509 7	0.467 3	1 873.400 0	35.062 6	2 589.500 0	10 890.0	−3
	0.15	63.074 4	2.079 9	0.415 2	0.438 6	0.409 1	1 699.900 0	27.155 1	2 223.300 0	11 448.0	−7
	0.25	67.414 3	1.082 8	0.199 8	0.156 0	0.195 0	664.141 6	22.025 4	804.027 9	11 471.0	−5 783
	0.35	64.693 5	0.515 6	0.102 6	0.072 4	0.097 8	310.662 7	21.846 1	386.273 7	11 649.0	−42 612
	0.45	63.826 5	0.330 2	0.059 0	0.046 0	0.055 0	197.827 2	17.829 4	249.993 5	11 908.0	−103 670
C_p	30	51.126 1	1.204 6	0.338 0	0.393 4	0.325 8	1 307.600 0	48.725 0	2 027.500 0	17 645.0	−755
	35	58.329 0	0.866 6	0.202 3	0.180 3	0.194 6	710.351 8	33.231 5	939.942 7	14 214.0	−7 792
	45	72.606 5	0.572 4	0.093 6	0.057 7	0.090 3	259.033 6	15.246 7	304.857 7	9 531.0	−38 583
	50	79.857 0	0.495 9	0.062 0	0.036 8	0.060 0	170.136 8	9.687 9	194.148 2	7 959.0	−57 527
C_h	3	68.834 1	1.185 0	0.205 2	0.170 5	0.200 7	724.877 8	20.788 3	875.376 2	11 415.0	−5 074
	4	66.329 2	0.828 5	0.157 1	0.118 1	0.152 2	504.613 6	22.456 7	615.311 1	11 525.0	−13 892
	6	64.854 0	0.589 4	0.119 7	0.083 1	0.114 6	356.410 1	22.669 5	440.854 3	11 599.0	−30 184
	7	64.426 9	0.518 6	0.107 4	0.072 9	0.102 4	312.899 4	22.412 8	389.564 9	11 633.0	−38 918

续　表

	值	p_2^*	T_2^*	λ_2^*	γ_2^*	ψ_2^*	L_2^*	S_2^*	Q_2^*	AP_2^*	$\partial^2 TP_2/\partial\lambda_2^2$
C_d	0.5	65.538 9	0.702 3	0.138 0	0.099 6	0.133 0	426.167 0	22.721 6	522.956 1	11 560.0	−20 655
	0.75	65.484 4	0.693 4	0.136 6	0.098 3	0.131 6	420.659 4	22.729 3	516.475 0	11 563.0	−21 261
	1.25	65.380 7	0.676 4	0.133 9	0.095 8	0.128 9	410.135 8	22.739 2	504.091 3	11 568.0	−22 479
	1.5	65.331 1	0.668 3	0.132 6	0.094 6	0.127 6	405.101 3	22.741 5	498.166 9	11 571.0	−23 091
C_s	1.5	65.416 4	0.682 5	0.134 6	0.096 7	0.129 6	413.955 1	22.729 2	508.583 7	11 574.0	−22 279
	2.25	65.424 1	0.683 7	0.134 9	0.096 8	0.129 9	414.640 4	22.732 2	509.391 0	11 570.0	−22 073
	3.75	65.439 2	0.685 9	0.135 6	0.097 2	0.130 5	415.991 6	22.738 1	510.983 4	11 561.0	−21 668
	4.5	65.446 6	0.687 0	0.135 8	0.097 3	0.130 8	416.658 8	22.740 9	511.769 7	11 557.0	−21 469
C_o	1.5	64.379 3	0.602 8	0.121 9	0.087 2	0.116 7	372.342 0	23.253 1	462.053 1	11 808.0	−26 977
	2.5	64.897 0	0.643 2	0.128 7	0.092 1	0.123 5	393.693 7	23.022 7	486.024 2	11 684.0	−24 285
	4.5	65.983 8	0.727 8	0.141 8	0.102 0	0.136 8	437.386 4	22.402 9	534.772 9	11 451.0	−19 675
	5.5	66.555 2	0.772 7	0.148 2	0.107 1	0.143 4	460.102 7	22.033 9	560.028 6	11 339.0	−17 660
K_1	10	64.622 6	0.625 5	0.158 5	0.090 1	0.149 6	385.014 2	39.784 7	495.068 9	11 730.0	−33 862
	15	65.124 3	0.662 8	0.144 3	0.094 5	0.137 9	404.294 1	29.057 6	504.846 7	11 623.0	−28 266
	25	65.630 1	0.698 3	0.128 7	0.098 5	0.124 6	421.925 1	18.581 5	512.954 0	11 533.0	−16 316
	30	65.764 1	0.707 1	0.123 8	0.099 4	0.120 3	426.041 5	15.660 1	514.279 6	11 513.0	−11 916

销售价格的策略以提高市场需求从而尽早将产品销售出去以避免产品变质。随着产品变质率的不断增大，持有库存期间的生产时间（γ_1^*、γ_2^*）和最大库存水平（L_1^*，L_2^*）最终均减小，这与实践经验相一致，当产品的变质率较大时企业将缩短生产时间从而减少库存持有量以降低由产品变质带来的损失。然而，随着产品变质率的增大，完全延迟订购系统的最大缺货量 S_1^* 最终呈增大趋势；而部分延迟订购系统的最大缺货量 S_2^* 却不断减少。

（3）随着单位生产成本 C_p 的增大，最优销售价格（p_1^*、p_2^*）增大，持有库存期间的生产时间（γ_1^*、γ_2^*）、最大库存水平（L_1^*、L_2^*）和最大缺货量（S_1^*、S_2^*）均减小。与实践经验一致，产品的生产成本越高，其最优销售价格也越高，从而导致需求下降，因此库存持有量也相应降低。即对于生产成本较高的产品来说，企业应当提高产品销售价格，同时减少库存持有量和缺货量。此外，需要特别注意的是，最优定价和生产策略以及最优平均利润对生产成本的变化非常敏感。

（4）随着单位库存持有成本 C_h 和变质处理成本 C_d 的增大，最优销售价格（p_1^*、p_2^*）、持有库存期间的生产时间（γ_1^*、γ_2^*）和最大库存水平（L_1^*、L_2^*）均减小，而最大缺货量（S_1^*、S_2^*）增大。当产品的库存持有成本和变质处理成本较大时，越多的库存将带来越大的成本，因此需要减少库存持有量，增大缺货量。同时采用降低销售价格的策略来增加需求量，使产品尽可能快地销售出去。也就是说，当持有产品的成本（包括变质成本和持有成本）较大时，管理者应采用减少库存量同时降低销售价格的策略。

（5）随着单位缺货成本 C_s、单位机会成本 C_o 和延迟订购阻力系数 K_1 的增大，最优销售价格（p_1^*、p_2^*）、持有库存期间的生产时间（γ_1^*、γ_2^*）、最大库存水平（L_1^*、L_2^*）均增大，而最大缺货量（S_1^*、S_2^*）减小。当缺货成本或机会成本较大时，零售商应提高销售价格，同时保持较高的库存持有量、尽量减少缺货量，从而将由缺货带来的损失降到最低。显然，延迟订购阻力系数 K_1 越大，系统的延迟订购率将越小，即愿意延迟的需求越少，因此与缺货成本和机会成本对系统的影响一致。

4.4　时变变质率产品的订购与定价联合决策问题

本节构建了一个需求依赖于价格和库存水平、时变变质率、部分延迟订购率与等待时间相关的易变质品的订购与定价联合决策模型。同时在目标函数中考虑了已变质产品的处理成本。目的是要得到最优的定价和补货策略使系统的平均利润最大化。在已知定价策略的条件下，给出了一个确定最优补货策略唯一存在的充分条件。同时，对于已知的补货策略也证明了最优定价策略的存在性。接着给出一个寻找最优解的有用算法。最后是一些数值算例和主要参数的灵敏度分析。

4.4.1　假设与符号说明

本节用到的假设和其他符号说明如下：

(1) 计划时域无限，补货率无穷大且提前期为 0。

(2) $I(t)$ 表示在 $t \in [0,\ t_1 + t_2]$ 时刻的库存水平，$t_1 (t_1 \geqslant 0)$ 表示在补货周期内库存水平为非负时的时间段长度（决策变量），$t_2 (t_2 \geqslant 0)$ 表示库存水平为负（或缺货）的时间段长度（决策变量），$T = t_1 + t_2$ 为总的补货周期的长度。I_0 表示初始库存水平即 $I_0 = I(0)$，S 表示最大缺货量，即 $S = -I(T)$。

(3) 变质率 $\theta(t)$ 是关于时间的任意非负有界可微函数，且 $0 \leqslant \theta(t) \leqslant 1$。

(4) 系统允许缺货且缺货量部分延迟订购，部分延迟订购率 $B(\tau)$ 是关

于等待时间 τ 的任意减函数（见文献[86]）。此外，$0 \leqslant B(\tau) \leqslant 1$，$\lim_{\tau \to 0} B(\tau) = 1$ 和 $\lim_{\tau \to \infty} B(\tau) = 0$。

(5) 当库存水平为正时，需求率与销售价格 p(决策变量)和即时库存水平 $I(t)$同时相关，表示为 $D = \alpha(p) + \beta I(t)$，$t \in [0, t_1]$，其中 $\alpha(p) \geqslant 0$ 和 $0 \leqslant \beta < 1$。当库存水平为负时，即仓库里或货架上没有库存，需求率仅与销售价格相关，表示为 $D = \alpha(p)$，$t \in [t_1, t_1 + t_2]$。此外，$\alpha(p)$ 是关于 p 的严格减函数即 $d\alpha(p)/dp < 0$，且 $\lim_{p \to \infty} \alpha(p) = 0$。

基于假设(4)和(5)，库存系统内产品的实际需求率可表示为

$$D(p, I(t)) = \begin{cases} \alpha(p) + \beta I(t), & t \in [0, t_1] \\ B(\tau)\alpha(p), & t \in (t_1, t_1 + t_2] \end{cases}。$$

4.4.2 模型构建与分析

由以上假设可知，在时间段 $[0, t_1]$ 内，在需求和变质的共同作用下，库存水平逐渐下降。在 t_1 时刻，库存水平下降到 0 即 $I(t_1) = 0$，且缺货开始发生。在时间段 $(t_1, T]$ 内，库存水平在需求的作用下继续下降。

在 $t \in [0, t_1]$ 时刻，$I(t)$ 满足：

$$\frac{\mathrm{d}I(t)}{\mathrm{d}t} = -D(p, I(t)) - \theta(t)I(t) = -\alpha(p) - (\beta + \theta(t))I(t) \tag{4-56}$$

已知边界条件 $I(t_1) = 0$，求解微分方程(4-56)得

$$I(t) = \alpha(p)\mathrm{e}^{-g(t)-\beta t}\int_t^{t_1} \mathrm{e}^{g(v)+\beta v}\mathrm{d}v \tag{4-57}$$

其中 $g(t) = \int_0^t \theta(v)dv$。因此，初始库存水平为

$$I_0 = I(0) = \alpha(p)\int_0^{t_1} \mathrm{e}^{g(t)+\beta t}\mathrm{d}t \tag{4-58}$$

由(4.4-2)式可得整个补货周期内持有的总库存量为

$$\int_0^{t_1} I(t)\mathrm{d}t = \int_0^{t_1} \alpha(p)\mathrm{e}^{-g(t)-\beta t}\int_t^{t_1} \mathrm{e}^{g(v)+\beta v}\mathrm{d}v\mathrm{d}t$$

在缺货期 $(t_1, t_1+t_2]$ 内,假设对延迟的需求采取“先到先服务”的原则。那么,可知顾客在 t 时刻的等待时间为 $\tau = t_1 + t_2 - t$。此外,因为库存水平为负,所以不存在物品的变质。因此,在 $t \in (t_1, t_1+t_2]$ 时刻,$I(t)$ 满足:

$$\frac{\mathrm{d}I(t)}{\mathrm{d}t} = -B(\tau)D(p, I(t)) = -B(t_1+t_2-t)\alpha(p) \qquad (4-59)$$

已知边界条件 $I(t_1)=0$,求解微分方程(4-59)得

$$I(t) = -\alpha(p)\int_{t_1}^{t} B(t_1+t_2-t)dt = -\alpha(p)\int_{t_1+t_2-t}^{t_2} B(\tau)\mathrm{d}\tau \qquad (4-60)$$

由于在 $(t_1, T]$ 区间内 $I(t)$ 为负,因此最大缺货量为

$$S = -I(t_1+t_2) = \alpha(p)\int_0^{t_2} B(\tau)\mathrm{d}\tau = \alpha(p)M_b(t_2) \qquad (4-61)$$

其中 $M_b(t_2) = \int_0^{t_2} B(\tau)\mathrm{d}\tau$。

又知 $B(\tau)$ 是关于 τ 的减函数,那么有

$$\frac{\mathrm{d}M_b(t_2)}{\mathrm{d}t_2} = B(t_2)$$

$$\frac{\mathrm{d}^2 M_b(t_2)}{\mathrm{d}t_2^2} = \frac{\mathrm{d}B(t_2)}{\mathrm{d}t_2} < 0$$

由式(4-60)可得,补货周期内的累积缺货量为

$$\begin{aligned}\int_{t_1}^{t_1+t_2} -I(t)\mathrm{d}t &= \alpha(p)\int_{t_1}^{t_1+t_2}\int_{t_1+t_2-t}^{t_2} B(\tau)\mathrm{d}\tau\mathrm{d}t \\ &= \alpha(p)\int_0^{t_2} B(\tau)\int_{t_1+t_2-\tau}^{t_1+t_2}\mathrm{d}t\mathrm{d}\tau = \alpha(p)\int_0^{t_2}\tau B(\tau)\mathrm{d}\tau\end{aligned}$$

由式(4-57)和式(4-58)可知，整个补货周期的订购量为

$$Q = I_0 + S = \alpha(p)\left[\int_0^{t_1} e^{g(t)+\beta t}dt + M_b(t_2)\right] \tag{4-62}$$

那么，一个周期内的利润构成要素有

(1) 固定订购成本 $FC = A$

(2) 购买成本

$$PC = C_p\left[\int_0^{t_1} D(p,\ I(t))dt + \int_0^{t_1}\theta(t)I(t)dt - I(t_1 + t_2)\right]$$

$$= \alpha(p)C_p\left[t_1 + \beta\int_0^{t_1} e^{-g(t)-\beta t}\int_t^{t_1} e^{g(v)+\beta v}dvdt + \int_0^{t_1}\theta(t)e^{-g(t)-\beta t}\int_t^{t_1} e^{g(v)+\beta v}dvdt + M_b(t_2)\right]$$

(3) 库存持有成本

$$HC = C_h\int_0^{t_1} I(t)dt = C_h\,\alpha(p)\int_0^{t_1} e^{-g(t)-\beta t}\int_t^{t_1} e^{g(v)+\beta v}dvdt$$

(4) 变质成本

$$DC = C_d\int_0^{t_1}\theta(t)I(t)dt = C_d\,\alpha(p)\int_0^{t_1}\theta(t)e^{-g(t)-\beta t}\int_t^{t_1} e^{g(v)+\beta v}dvdt$$

(5) 缺货成本

$$SC = C_s\int_{t_1}^{t_1+t_2} -I(t)dt = C_s\,\alpha(p)\int_0^{t_2}\tau B(\tau)d\tau$$

(6) 机会成本

$$OC = C_o\int_{t_1}^{t_1+t_2}\alpha(p)(1 - B(t_1 + t_2 - t))dt = C_o\,\alpha(p)(t_2 - M_b(t_2))$$

(7) 销售收入

$$\begin{aligned} SR &= p\left[\int_0^{t_1} D(p,\ I(t))dt - I(t_1 + t_2)\right] \\ &= p\alpha(p)\left[t_1 + \beta\int_0^{t_1} \mathrm{e}^{-g(t)-\beta t}\int_t^{t_1} \mathrm{e}^{g(v)+\beta v}\mathrm{d}v\mathrm{d}t + M_b(t_2)\right] \end{aligned}$$

因此，一个补货周期内的总利润为

$$\begin{aligned} TP(p,\ t_1,\ t_2) &= SR - (FC + PC + HC + DC + SC + OC) \\ &= \alpha(p)\Big[(p - C_p)(t_1 + M_b(t_2)) + \\ &\quad [\beta(p - C_p) - C_h]\int_0^{t_1} \mathrm{e}^{-g(t)-\beta t}\int_t^{t_1} \mathrm{e}^{g(v)+\beta v}\mathrm{d}v\mathrm{d}t - \\ &\quad (C_p + C_d)\int_0^{t_1} \theta(t)\mathrm{e}^{-g(t)-\beta t}\int_t^{t_1} \mathrm{e}^{g(v)+\beta v}\mathrm{d}v\mathrm{d}t - \\ &\quad C_s\int_0^{t_2} \tau B(\tau)\mathrm{d}\tau - C_o(t_2 - M_b(t_2))\Big] - A \end{aligned} \tag{4-63}$$

从而，单位时间的平均利润为

$$AP(p,\ t_1,\ t_2) = \frac{TP(p,\ t_1,\ t_2)}{t_1 + t_2} \tag{4-64}$$

目的是求解最优的 p，t_1 和 t_2，使 $AP(p,\ t_1,\ t_2)$ 最大化，其必要条件是同时求解式(4-65)—式(4-67)：

$$\frac{\partial AP(p,\ t_1,\ t_2)}{\partial t_1} = \frac{\dfrac{\partial TP}{\partial t_1}(t_1 + t_2) - TP}{(t_1 + t_2)^2} = 0 \tag{4-65}$$

$$\frac{\partial AP(p,\ t_1,\ t_2)}{\partial t_2} = \frac{\dfrac{\partial TP}{\partial t_2}(t_1 + t_2) - TP}{(t_1 + t_2)^2} = 0 \tag{4-66}$$

$$\frac{\partial AP(p,\ t_1,\ t_2)}{\partial p} = \frac{1}{t_1 + t_2}\frac{\partial TP}{\partial p} = 0 \tag{4-67}$$

其中

$$\frac{\partial TP}{\partial t_1}=\alpha(p)\Big\{p-C_p+[\beta(p-C_p)-C_h]\mathrm{e}^{g(t_1)+\beta t_1}\int_0^{t_1}\mathrm{e}^{-g(t)-\beta t}\,\mathrm{d}t-$$

$$(C_p+C_d)\mathrm{e}^{g(t_1)+\beta t_1}\int_0^{t_1}\theta(t)\mathrm{e}^{-g(t)-\beta t}\,\mathrm{d}t\Big\} \tag{4-68}$$

$$\frac{\partial TP}{\partial t_2}=\alpha(p)[(p-C_p-C_s t_2)B(t_2)-C_o(1-B(t_2))] \tag{4-69}$$

$$\frac{\partial TP}{\partial p}=\alpha'(p)\Big\{(p-C_p)(t_1+M_b(t_2))+$$

$$[\beta(p-C_p)-C_h]\int_0^{t_1}\mathrm{e}^{-g(t)-\beta t}\int_t^{t_1}\mathrm{e}^{g(v)+\beta v}\,\mathrm{d}v\,\mathrm{d}t-$$

$$(C_p+C_d)\int_0^{t_1}\theta(t)\mathrm{e}^{-g(t)-\beta t}\int_t^{t_1}\mathrm{e}^{g(v)+\beta v}\,\mathrm{d}v\,\mathrm{d}t-$$

$$C_s\int_0^{t_2}\tau B(\tau)\,\mathrm{d}\tau-C_o(t_2-M_b(t_2))\Big\}+$$

$$\alpha(p)\left[t_1+M_b(t_2)+\beta\int_0^{t_1}\mathrm{e}^{-g(t)-\beta t}\int_t^{t_1}\mathrm{e}^{g(v)+\beta v}\,\mathrm{d}v\,\mathrm{d}t\right] \tag{4-70}$$

说明 1：如果 $p<C_p+C_s t_2$ 成立，由式(4-69)可知有 $\frac{\partial TP}{\partial t_2}<0$，进而由式(4-66)有 $\frac{\partial AP}{\partial t_2}<0$，即 AP 是关于 t_2 的减函数。因此，当 $t_2=0$ 时，平均利润 AP 取得最大值。也就是说当 $p<C_p+C_s t_2$ 时，系统将不允许缺货。在接下来的论述中始终假设有 $p\geqslant C_p+C_s t_2$，其管理学意义为，物品的销售价格应该大于或等于其购买成本和最大缺货成本，否则允许缺货对商家来说是不合理的。

从数学上很难证明 $AP(p, t_1, t_2)$ 是关于 p，t_1 和 t_2 的联合凹函数。因此，理论上 $AP(p, t_1, t_2)$ 可能有多个局部最优解。然而，$AP(p, t_1, t_2)$ 有以下一些相关性质。

定理 4-2：对于任意给定的 p，如果 $\beta(p-C_p)-C_h\leqslant 0$，那么最优补货策略 (t_1^*, t_2^*) 可通过求解式(4-65)和式(4-66)唯一确定。

证明： 由式(4-68)和式(4-69)，有

$$\frac{\partial^2 TP}{\partial t_1^2}=\alpha(p)\Big\{[\beta(p-C_p)-C_h][(\dot{\theta}(t_1)+\beta)e^{g(t_1)+\beta t_1}\int_0^{t_1}e^{-g(t)-\beta t}dt+1]-(C_p+C_d)[(\theta(t_1)+\beta)e^{g(t_1)+\beta t_1}\int_0^{t_1}\theta(t)e^{-g(t)-\beta t}dt+\theta(t_1)]\Big\} \tag{4-71}$$

$$\frac{\partial^2 TP}{\partial t_2^2}=\alpha(p)\Big\{[p-(C_p+C_s t_2)+C_o]\frac{dB(t_2)}{dt_2}-C_s B(t_2)\Big\} \tag{4-72}$$

容易知道，当 $\beta(p-C_p)-C_h\leqslant 0$ 时，有 $\frac{\partial^2 TP}{\partial t_1^2}<0$。由 $B(\tau)$ 是减函数，可知 $\frac{dB(t_2)}{dt_2}<0$。此外，有假设 $p\geqslant C_p+C_s t_2$。因此，由式(4-72)可知 $\frac{\partial^2 TP}{\partial t_2^2}<0$。

由式(4-65)和式(4-66)，容易得到

$$\frac{\partial TP}{\partial t_1}-\frac{\partial TP}{\partial t_2}=0 \tag{4-73}$$

令

$$F(t_1,\ t_2)=\frac{\partial TP}{\partial t_1}-\frac{\partial TP}{\partial t_2} \tag{4-74}$$

求 $F(t_1,\ t_2)$ 关于 t_2 的一阶偏导，可得

$$\frac{\partial F(t_1,\ t_2)}{\partial t_2}=-\frac{\partial^2 TP}{\partial t_2^2}>0 \tag{4-75}$$

因此，$F(t_1,\ t_2)$ 关于 t_2 严格递增。

当 p 固定时，由假设 $p\geqslant C_p+C_s t_2$，有 $0\leqslant t_2\leqslant(p-C_p)/C_s$。进而，有

$$\lim_{t_2 \to 0^+} F(t_1, t_2) = \alpha(p)\Big\{[\beta(p - C_p) - C_h]e^{g(t_1)+\beta t_1}\int_0^{t_1} e^{-g(t)-\beta t}dt - (C_p + C_d)e^{g(t_1)+\beta t_1}\int_0^{t_1}\theta(t)e^{-g(t)-\beta t}dt\Big\} < 0 \quad (4-76)$$

显然,当 $\beta(p - C_p) - C_h \leqslant 0$ 时,式(4-76)成立。

由 $\frac{\partial^2 TP}{\partial t_1^2} < 0$ 可知 $\frac{\partial TP}{\partial t_1}$ 是关于 t_1 的减函数。此外,有 $\lim_{t_1 \to 0} \frac{\partial TP}{\partial t_1} = \alpha(p)(p - C_p) > 0$ 和 $\lim_{t_1 \to \infty} \frac{\partial TP}{\partial t_1} \to -\infty < 0$。因此,存在唯一的 $t_1 = \hat{t}_1$ 满足 $\frac{\partial TP}{\partial t_1} = 0$。那么,当 $t_1 < \hat{t}_1$ 时,有 $\frac{\partial TP}{\partial t_1} > 0$;当 $t_1 > \hat{t}_1$ 时,有 $\frac{\partial TP}{\partial t_1} < 0$。

可知当 $t_1 \leqslant \hat{t}_1$,有

$$\begin{aligned}\lim_{t_2 \to \frac{p-C_p}{C_s}} F(t_1, t_2) &= \frac{\partial TP}{\partial t_1} - \lim_{t_2 \to \frac{p-C_p}{C_s}} \frac{\partial TP}{\partial t_2} \\ &= \frac{\partial TP}{\partial t_1} + \alpha(p)C_o\Big[1 - B\Big(\frac{p - C_p}{C_s}\Big)\Big] > 0 \end{aligned} \quad (4-77)$$

因此,对任意给定的 $t_1 \in (0, \hat{t}_1]$,存在唯一的 $t_2 \in (0, (p - C_p)/C_s)$ 使得 $F(t_1, t_2) = 0$,即式(4-73)成立。式(4-73)可看作是 t_2 关于 t_1 的隐函数,令 $t_2 = f(t_1)$,并代入式(4-65),得

$$\frac{\partial TP}{\partial t_1}(t_1 + f(t_1)) - TP = 0 \quad (4-78)$$

令

$$G(t_1) = \frac{\partial TP}{\partial t_1}(t_1 + f(t_1)) - TP \quad (4-79)$$

求 $G(t_1)$ 关于 t_1 的一阶导数,得

$$\frac{dG(t_1)}{dt_1} = \frac{\partial^2 TP}{\partial t_1^2}(t_1 + f(t_1)) - \Big(\frac{\partial TP}{\partial t_1} - \frac{\partial TP}{\partial t_2}\Big)\frac{dt_2}{dt_1} \quad (4-80)$$

将式(4－73)代入式(4－80)，得

$$\frac{\mathrm{d}G(t_1)}{\mathrm{d}t_1}=\frac{\partial^2 TP}{\partial t_1^2}(t_1+f(t_1))<0 \tag{4-81}$$

即 $G(t_1)$ 关于 t_1 严格递减。此外，由式(4－73)可得到 $\lim_{t_1\to 0}t_2=0$，可知 $\lim_{t_1\to 0}G(t_1)=A>0$。另外有 $\lim_{t_1\to \hat{t}_1}G(t_1)=-TP<0$。由中值定理，可知存在唯一的 t_1^* 满足式(4－80)。将 t_1^* 代入式(4－73)，可得到 t_2^*。综上，存在唯一的 (t_1^*, t_2^*) 同时满足式(4－66)和式(4－67)。

接下来验证 (t_1^*, t_2^*) 是最优解的二阶充分条件。容易得到

$$\left.\frac{\partial^2 AP}{\partial t_1^2}\right|_{(t_1,t_2)=(t_1^*,t_2^*)}=\frac{1}{t_1+t_2}\left.\frac{\partial^2 TP}{\partial t_1^2}\right|_{(t_1,t_2)=(t_1^*,t_2^*)}<0$$

$$\left.\frac{\partial^2 AP}{\partial t_2^2}\right|_{(t_1,t_2)=(t_1^*,t_2^*)}=\frac{1}{t_1+t_2}\left.\frac{\partial^2 TP}{\partial t_2^2}\right|_{(t_1,t_2)=(t_1^*,t_2^*)}<0$$

$$\frac{\partial^2 AP}{\partial t_1\partial t_2}=\frac{\partial^2 AP}{\partial t_2\partial t_1}=0$$

令 $\boldsymbol{H}$ 为 $AP(p, t_1, t_2)$ 的海塞矩阵，可得

$$|\boldsymbol{H}|_{(t_1,t_2)=(t_1^*,t_2^*)}=\left.\frac{\partial^2 AP}{\partial t_1^2}\right|_{(t_1,t_2)=(t_1^*,t_2^*)}\left.\frac{\partial^2 AP}{\partial t_2^2}\right|_{(t_1,t_2)=(t_1^*,t_2^*)}-\frac{\partial^2 AP}{\partial t_1\partial t_2}\frac{\partial^2 AP}{\partial t_2\partial t_1}>0$$

即在点 (t_1^*, t_2^*) 处 H 负定。因此，(t_1^*, t_2^*) 是全局最大值点。证毕。

说明 2：(1) 从管理角度来看，$\beta(p-C_p)$ 表示从持有单位库存获取的收益，而 C_h 是单位库存的持有成本。因此，$\beta(p-C_p)-C_h\leqslant 0$ 意味着持有单位库存带来的收益要小于成本，那么此时允许缺货策略对系统将是有益的。也就是说 $\beta(p-C_p)-C_h\leqslant 0$ 是以上所构建模型成立的先决条件。

(2) 当 p 预先给定时，此时的目的是寻找最优补货策略。如 Abad[88] 所述，这类问题在一些情况下是适用的，比如销售者处于高竞争市场上，没

有自由随意更改市场规定的价格；或供销合同中已规定了商品的价格的情况。此外，这类问题对于销售和运营部门单独进行决策的企业来说也是普遍存在的。销售部门首先根据市场情况决定产品的销售价格；接着运营部门基于这一价格再做进一步的生产或订购决策。

定理 4-3： 令 $R(p)=p+\alpha(p)/\alpha'(p)$。对于任意给定的 t_1 和 t_2，如果 $R(p)$ 是关于 p 的严格增函数，那么最优销售价格 p^* 可由(4-31)式唯一决定；否则，p^* 可通过穷举搜索 $AP(p, t_1, t_2)$ 的方法得到。

证明： (1) 通过一定的代数变换，可知(4-31)式等价于：

$$p+\frac{\alpha(p)}{\alpha'(p)}=\varphi(t_1, t_2) \tag{4-82}$$

其中 $\varphi(t_1, t_2)=C_p+\dfrac{\left[C_h\int_0^{t_1}\mathrm{e}^{-g(t)-\beta t}\int_t^{t_1}\mathrm{e}^{g(v)+\beta v}\,\mathrm{d}v\mathrm{d}t+(C_p+C_d)\cdot\int_0^{t_1}\theta(t)\mathrm{e}^{-g(t)-\beta t}\int_t^{t_1}\mathrm{e}^{g(v)+\beta v}\,\mathrm{d}v\mathrm{d}t+C_s\int_0^{t_2}\tau B(\tau)\mathrm{d}\tau+C_o(t_2-M_b(t_2))\right]}{\left[t_1+M_b(t_2)+\beta\int_0^{t_1}\mathrm{e}^{-g(t)-\beta t}\int_t^{t_1}\mathrm{e}^{g(v)+\beta v}\,\mathrm{d}v\mathrm{d}t\right]}$。

由 $\alpha(p)\geqslant 0$，$\alpha'(p)<0$ 和 $\lim\limits_{p\to\infty}\alpha(p)=0$，不难验证 $\lim\limits_{p\to C_p}R(p)<C_p$ 和 $\lim\limits_{p\to\infty}R(p)=\infty$。此外，容易知道 $C_p<\varphi(t_1, t_2)<\infty$。如果 $R(p)$ 关于 p 严格递增(这一假设在文献[86, 88, 96]中都有用到)，那么由中值定理可知存在唯一的 p^* 满足式(4-81)或式(4-67)。

接下来验证 p^* 存在的二阶充分条件，即

$$\left.\frac{\partial^2 AP(p\mid t_1, t_2)}{\partial p^2}\right|_{p=p^*}<0 \tag{4-83}$$

首先，可以得到

$$\frac{\partial^2 AP}{\partial p^2}=\frac{1}{t_1+t_2}\Big\{\alpha''(p)\Big[(p-C_p)(t_1+M_b(t_2))+$$

$$[\beta(p-C_p)-C_h]\int_0^{t_1}\mathrm{e}^{-g(t)-\beta t}\int_t^{t_1}\mathrm{e}^{g(v)+\beta v}\mathrm{d}v\mathrm{d}t-$$

$$(C_p+C_d)\int_0^{t_1}\theta(t)\mathrm{e}^{-g(t)-\beta t}\int_t^{t_1}\mathrm{e}^{g(v)+\beta v}\mathrm{d}v\mathrm{d}t-$$

$$C_s\int_0^{t_2}\tau B(\tau)\mathrm{d}\tau-C_o(t_2-M_b(t_2))\Big]+$$

$$2\alpha'(p)[t_1+M_b(t_2)+\beta\int_0^{t_1}\mathrm{e}^{-g(t)-\beta t}\int_t^{t_1}\mathrm{e}^{g(v)+\beta v}\mathrm{d}v\mathrm{d}t]\Big\}$$

(4-84)

接着由式(4-67)可知当 $p=p^*$ 时,有

$$\Big[(p-C_p)(t_1+M_b(t_2))+[\beta(p-C_p)-C_h]\int_0^{t_1}\mathrm{e}^{-g(t)-\beta t}\int_t^{t_1}\mathrm{e}^{g(v)+\beta v}\mathrm{d}v\mathrm{d}t-$$

$$(C_p+C_d)\int_0^{t_1}\theta(t)\mathrm{e}^{-g(t)-\beta t}\int_t^{t_1}\mathrm{e}^{g(v)+\beta v}\mathrm{d}v\mathrm{d}t-$$

$$C_s\int_0^{t_2}\tau B(\tau)\mathrm{d}\tau-C_o(t_2-M_b(t_2))\Big]-$$

$$=\frac{\alpha(p)}{\alpha'(p)}\Big[t_1+M_b(t_2)+\beta\int_0^{t_1}\mathrm{e}^{-g(t)-\beta t}\int_t^{t_1}\mathrm{e}^{g(v)+\beta v}\mathrm{d}v\mathrm{d}t\Big] \quad (4-85)$$

将(4-85)式代入式(4-84),有

$$\left.\frac{\partial^2 AP}{\partial p^2}\right|_{p=p^*}=\frac{1}{t_1+t_2}\left(\frac{2(\alpha')^2-\alpha\alpha''}{\alpha'}\right)\Big[t_1+M_b(t_2)+$$

$$\beta\int_0^{t_1}\mathrm{e}^{-g(t)-\beta t}\int_t^{t_1}\mathrm{e}^{g(v)+\beta v}\mathrm{d}v\mathrm{d}t\Big] \quad (4-86)$$

因为 $R(p)$ 关于 p 严格递增,所以有 $(\alpha')^2-\alpha\alpha''>0$,从而 $2(\alpha')^2-\alpha\alpha''>0$。又由假设可知 t_1, $t_2\geqslant 0$, $\alpha'<0$。此外,容易知道 $\Big[t_1+M_b(t_2)+\beta\int_0^{t_1}\mathrm{e}^{-g(t)-\beta t}\int_t^{t_1}\mathrm{e}^{g(v)+\beta v}\mathrm{d}v\mathrm{d}t\Big]>0$。因此,由式(4-86)可知 $\left.\frac{\partial^2 AP(p\mid t_1,t_2)}{\partial p^2}\right|_{p=p^*}<0$,与式(4-83)一致。

(2) 显然,如果 $R(p)$ 关于 p 并不是严格递增,那么式(4-46)可能存在多个局部最优解,而最优解可通过穷举搜索 $AP(p, t_1, t_2)$ 的方法得到。证毕。

说明 3: 文献中常见的与价格相关的需求函数 $\alpha(p)=m-np$ 和 $\alpha(p)=mp^{-n}$ $(m, n>0)$ 均满足 $R(p)=p+\alpha(p)/\alpha'(p)$ 是关于 p 的严格增函数。因此,在数值算例中,当采用这两种形式的需求函数时,最优销售价格可通过求解式(4-31)唯一确定。然而,对于 Sana[93] 提出的需求函数,$\alpha(p)=m+n(p_{\max}-p)/(p-p_{\min})$,其中 $m, n>0$, $p_{\min}\leqslant p\leqslant p_{\max}$, $p_{\min}$ 和 $p_{\max}$ 分别为 p 的最小和最大取值,$R(p)$ 关于 p 并不是严格递增。此时,需求通过穷举搜索的方法来获得最优解。

推论 4-1: 如果 $R(p)=p+\alpha(p)/\alpha'(p)$ 关于 p 严格递增,那么联合决策模型下得到的最优销售价格 p^* 大于单独定价决策模型下求得的最优销售价格 p^0(这里 p^0 通过求解 $p+\alpha(p)/\alpha'(p)=C_p$ 得到)。

证明: 不考虑运营成本时系统的平均利润函数为

$$AP^0=\frac{1}{t_1+t_2}(p-C_p)\alpha(p)\left[t_1+\beta\int_0^{t_1}\mathrm{e}^{-g(t)-\beta t}\int_t^{t_1}\mathrm{e}^{g(v)+\beta v}\mathrm{d}v\mathrm{d}t+M_b(t_2)\right] \tag{4-87}$$

此时的最优销售价格 p^0 可由式(4-88)决定:

$$\frac{\partial AP^0}{\partial p}=\frac{1}{t_1+t_2}\left[t_1+\beta\int_0^{t_1}\mathrm{e}^{-g(t)-\beta t}\int_t^{t_1}\mathrm{e}^{g(v)+\beta v}\mathrm{d}v\mathrm{d}t+M_b(t_2)\right]\cdot \left[\alpha(p)+(p-C_p)\alpha'(p)\right]=0 \tag{4-88}$$

由于 $\left[t_1+\beta\int_0^{t_1}\mathrm{e}^{-g(t)-\beta t}\int_t^{t_1}\mathrm{e}^{g(v)+\beta v}\mathrm{d}v\mathrm{d}t+M_b(t_2)\right]>0$,式(4-52)等价于

$$p+\frac{\alpha(p)}{\alpha'(p)}=C_p \tag{4-89}$$

由式(4-82)可知,$\varphi(t_1, t_2)>C_p$。因此,如果 $R(p)=p+\alpha(p)/\alpha'(p)$ 关

于 p 严格递增，那么由式(4-46)或式(4-31)决定的最优销售价格 p^* 大于由式(4-53)决定的最优销售价格 p^0。这一结论可通过观察图 4-1 得到。证毕。

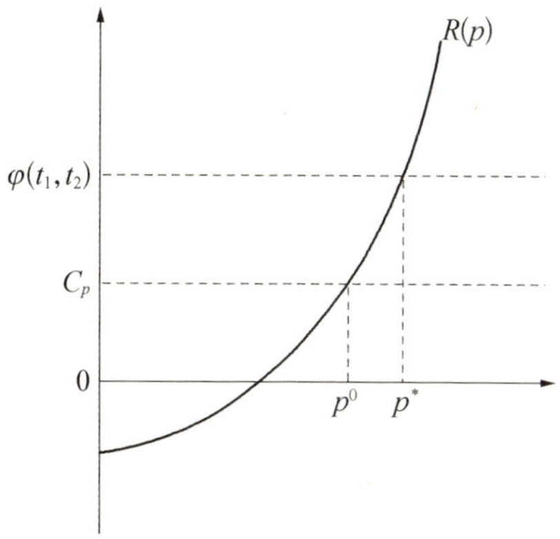

图 4-7　p^* 和 p^0 的关系图

说明 4： 推论 4-1 指出定价与订购联合决策下得到的最优销售价格高于单独进行定价决策时得到的最优销售价格。因此，对于一个企业来说，销售部门不考虑运作部门的成本而决策的销售价格将会偏低。如果运作部门采用这一价格来预测需求并决策订购/生产策略，那么得到的策略对整个系统来说也不是最优的。

4.4.3　算法

基于定理 4-1 和定理 4-2，下面将给出一个算法用于搜索模型的局部极大值点。

第 1 步： 从 $k=1$ 开始，给出一个合适的值 $p^{(k)} \in (0, \infty)$ 作为 p 的初值，即 $p=p^{(k)}$。

第 2 步： 对于给定的 $p=p^{(k)}$，求解式(4-29)和式(4-30)构成的方程组，并将结果标记为 $(t_1^{(k)}, t_2^{(k)})$。

第 3 步： 将 $(t_1, t_2)=(t_1^{(k)}, t_2^{(k)})$ 代入式(4-31)，求解并将结果标记为 $p=p^{(k+1)}$。

第 4 步： 计算并比较 $AP(p^{(k)}, t_1^{(k)}, t_2^{(k)})$ 和 $AP(p^{(k+1)}, t_1^{(k)}, t_2^{(k)})$。如果 $|AP(p^{(k)}, t_1^{(k)}, t_2^{(k)})-AP(p^{(k+1)}, t_1^{(k)}, t_2^{(k)})| \leqslant 10^{-6}$，那么最优解为 $(p^*, t_1^*, t_2^*)=(p^{(k+1)}, t_1^{(k)}, t_2^{(k)})$；否则，令 $k=k+1$，返回第 2 步。

第 5 步： 将 (T^*, λ^*, p^*) 代入式(4-62)和式(4-64)，可得到相应的

Q^* 和 AP^* 。

说明 5: 这一算法的优点在于即使模型中有三个决策变量,也仅仅需求一个变量的初值[88]。由于可能有多个局部最优解,因此需求使用多个初值多次运行算法以确定全局最优解。

4.4.4 算例分析

由于以上所构建模型是相关问题的一般化形式,因此下面将分别考虑两个具体的例子以展示所提出的模型和算法的具体数值应用。

在数值算例中,始终假设物品的变质服从两参数 Weibull 分布,即 $\theta(t)=abt^{b-1}$,其中 a 表示尺度参数(scale parameter),b 表示形状参数(shape parameter)。那么有 $g(t)=\int_0^t \theta(v)\mathrm{d}v=at^b$。

例 4-6 在这一例子中,假设部分延迟订购率为 $B(\tau)=\mathrm{e}^{-K\tau}(K>0)$,那么可得到 $M_b(t_2)=\frac{1}{K}(1-\mathrm{e}^{-Kt_2})$ 和 $\int_0^{t_2}\tau B(\tau)\mathrm{d}\tau=\frac{1}{K}\left[\frac{1}{K}(1-\mathrm{e}^{-Kt_2})-t_2\mathrm{e}^{-Kt_2}\right]$。代入式(4-64),得

$$
\begin{aligned}
AP(p,t_1,t_2)=\frac{1}{t_1+t_2}\Big\{&\alpha(p)\Big[(p-C_p)\Big[t_1+\frac{1}{K}(1-\mathrm{e}^{-Kt_2})\Big]+\\
&[\beta(p-C_p)-C_h]\int_0^{t_1}\mathrm{e}^{-g(t)-\beta t}\int_t^{t_1}\mathrm{e}^{g(v)+\beta v}\mathrm{d}v\mathrm{d}t-\\
&(C_p+C_d)\int_0^{t_1}\theta(t)\mathrm{e}^{-g(t)-\beta t}\int_t^{t_1}\mathrm{e}^{g(v)+\beta v}\mathrm{d}v\mathrm{d}t-\\
&C_s\frac{1}{K}\Big[\frac{1}{K}(1-\mathrm{e}^{-Kt_2})-t_2\mathrm{e}^{-Kt_2}\Big]-\\
&C_o\Big[t_2-\frac{1}{K}(1-\mathrm{e}^{-Kt_2})\Big]\Big]-A\Big\}
\end{aligned}
$$

当 $\beta=0$ 和 $C_d=0$ 时,简化为 Dye,Hsieh 和 Ouyang[90] 的模型。

令 $A=250$ 元/次，$C_p=8$ 元/件，$C_h=0.5$ 元/件/月，$C_s=2$ 元/件/月，$C_o=2$ 元/件，$C_d=0.5$ 元/件，$\alpha(p)=25-0.5p$，$\theta(t)=0.05\times1.5\times t^{1.5-1}=0.075\times t^{0.5}$，$B(\tau)=e^{-0.2\tau}$，$\beta=0.04$。以不同的初值 $p=[10, 20, 30, 40, 50]$ 执行以上算法，可得到最优解为 $p^*=30.8618$，$t_1^*=5.8479$，$t_2^*=0.8660$。从而有 $T^*=t_1^*+t_2^*=6.7139$，$Q^*=94.4503$ 和 $AP^*=166.9925$。

为了观察参数 β 和 C_d 对最优解的影响，这里考虑以下三种极端的情况：(1) $\beta=0$ 和 $C_d=0$；(2) $\beta=0.04$ 和 $C_d=0$；(3) $\beta=0$ 和 $C_d=0.5$，其最优解见表 4-11。表 4-12 展示了最优解对 β 和 C_d 的灵敏度变化。

表 4-11 基于例 1 的三种极端情况

C_d	β	p^*	t_1^*	t_2^*	T^*	Q^*	AP^*
0	0	30.3047	4.3944	1.3071	5.7015	63.8623	144.7670
0	0.04	30.8753	6.0300	0.8329	6.8629	98.6702	168.7585
0.5	0	30.3187	4.3275	1.3246	5.6521	62.9121	143.9311

表 4-12 基于例 1 的不同 C_d 和 β 取值下的最优解

C_d	β	p^*	t_1^*	t_2^*	T^*	Q^*	AP^*
0.5	0.02	30.5110	4.8979	1.1275	6.0254	73.2545	153.6008
0.5	0.03	30.6558	5.2985	1.0077	6.3062	81.5466	159.6677
0.5	0.05	31.1924	6.7108	0.6890	7.3998	118.8028	176.3134
0.5	0.06	31.9489	8.7107	0.4261	9.1368	201.2185	189.9607
0	0.01	30.3907	4.6640	1.2122	5.8762	68.6003	149.3974
0.25	0.01	30.3968	4.6237	1.2221	5.8458	67.9717	148.9076
0.5	0.01	30.4027	4.5844	1.2319	5.8163	67.3663	148.4274
0.75	0.01	30.4086	4.5462	1.2416	5.7878	66.7829	147.9565

续 表

C_d	β	p^*	t_1^*	t_2^*	T^*	Q^*	AP^*
1	0.01	30.414 3	4.509 1	1.251 1	5.760 2	66.220 0	147.494 5
0	0.04	30.875 3	6.030 0	0.832 9	6.862 9	98.670 2	168.758 5
0.25	0.04	30.868 1	5.936 4	0.849 7	6.786 1	96.477 6	167.860 3
0.5	0.04	30.861 8	5.847 9	0.866 0	6.713 9	94.450 3	166.992 5
0.75	0.04	30.856 2	5.764 1	0.881 9	6.646 0	92.568 1	166.152 8
1	0.04	30.851 3	5.684 5	0.897 3	6.581 8	90.814 8	165.339 4

例 4-7 在这一例子中,假设部分延迟订购率为 $B(\tau)=\dfrac{1}{1+K\tau}(K>0)$,那么可得到 $M_b(t_2)=\dfrac{1}{K}\ln(1+Kt_2)$ 和 $\int_0^{t_2}\tau B(\tau)\mathrm{d}\tau=\dfrac{1}{K^2}[Kt_2-\ln(1+Kt_2)]$。代入式(4-64),得

$$
\begin{aligned}
AP(p,t_1,t_2)=\frac{1}{t_1+t_2}\Big\{&\alpha(p)\Big[(p-C_p)\Big[t_1+\frac{1}{K}\ln(1+Kt_2)\Big]\\
&+[\beta(p-C_p)-C_h]\int_0^{t_1}\mathrm{e}^{-g(t)-\beta t}\int_t^{t_1}\mathrm{e}^{g(v)+\beta v}\mathrm{d}v\mathrm{d}t\\
&-(C_p+C_d)\int_0^{t_1}\theta(t)\mathrm{e}^{-g(t)-\beta t}\int_t^{t_1}\mathrm{e}^{g(v)+\beta v}\mathrm{d}v\mathrm{d}t\\
&-\Big(\frac{1}{K}C_s+C_o\Big)\Big[t_2-\frac{1}{K}\ln(1+Kt_2)\Big]\Big]-A\Big\}
\end{aligned}
$$

当 $\beta=0$ 和 $C_d=0$ 时,简化为 Dye[89]的模型。

令 $A=250$ 元/次,$C_p=40$ 元/件,$C_h=1.5$ 元/件/月,$C_s=5$ 元/件/月,$C_o=5$ 元/件,$C_d=0.5$ 元/件,$\alpha(p)=1.6\times10^8\times p^{-3.21}$,$\theta(t)=0.05\times2\times t^{2-1}=0.1t$,$B(\tau)=1/(1+0.5\tau)$,$\beta=0.04$。以不同的初值 $p=[40, 50, 60, 70, 80]$ 执行以上算法,可得到最优解为 $p^*=59.2862$,$t_1^*=$

0.711 5，$t_2^* = 0.096\,8$。那么有 $T^* = t_1^* + t_2^* = 0.808\,3$，$Q^* = 267.926\,3$，$AP^* = 5\,767.599\,1$。与例 1 相同，将讨论三种极端的情况，最优解见表 4－13。此外，表 4－14 展示了最优解对 β 和 C_d 的灵敏度变化。

表 4－13　基于例 2 的三种极端情况

C_d	β	p^*	t_1^*	t_2^*	T^*	Q^*	AP^*
0	0	59.124 5	0.638 3	0.111 0	0.749 3	246.714 8	5 695.898 4
0	0.04	59.286 4	0.713 9	0.096 6	0.810 5	268.686 9	5 768.832 7
0.5	0	59.125 0	0.636 6	0.111 2	0.747 8	246.178 5	5 694.944 7

表 4－14　基于例 2 的不同 C_d 和 β 取值下的最优解

C_d	β	p^*	t_1^*	t_2^*	T^*	Q^*	AP^*
0.5	0.02	59.198 3	0.671 7	0.104 3	0.776 0	256.329 0	5 729.794 3
0.5	0.03	59.240 2	0.691 0	0.100 6	0.791 6	261.928 5	5 748.301 1
0.5	0.04	59.286 2	0.711 5	0.096 8	0.808 3	267.926 3	5 767.599 1
0.5	0.05	59.336 7	0.733 3	0.092 8	0.826 1	274.365 4	5 787.747 6
0.5	0.06	59.392 2	0.756 7	0.088 7	0.845 4	281.295 2	5 808.812 5
0	0.01	59.159 6	0.655 5	0.107 6	0.763 1	251.673 2	5 713.039 3
0.25	0.01	59.159 8	0.654 6	0.107 7	0.762 3	251.380 7	5 712.531 3
0.5	0.01	59.160 0	0.653 6	0.107 8	0.761 4	251.090 0	5 712.025 0
0.75	0.01	59.160 2	0.652 7	0.107 9	0.760 6	250.801 1	5 711.520 3
1	0.01	59.160 4	0.651 8	0.108 0	0.759 8	250.514 0	5 711.017 2
0	0.04	59.286 4	0.713 9	0.096 6	0.810 5	268.686 9	5 768.832 7
0.25	0.04	59.286 3	0.712 7	0.096 7	0.809 4	268.305 3	5 768.214 7
0.5	0.04	59.286 2	0.711 5	0.096 8	0.808 3	267.926 3	5 767.599 1
0.75	0.04	59.286 0	0.710 2	0.096 9	0.807 1	267.550 1	5 766.985 8
1	0.04	59.285 9	0.709 0	0.097 0	0.806 0	267.176 5	5 766.374 8

观察表 4 - 11 和表 4 - 13,可以发现:与不考虑库存水平对需求的影响和物品的变质处理成本的情况($\beta=0$ 和 $C_d=0$)相比,当物品的需求受库存水平影响时($\beta\neq 0$ 和 $C_d=0$),最优销售价格上升、库存持有时间延长、缺货期缩短、最优订购量和利润均增加;当物品的变质处理成本存在时($\beta=0$ 和 $C_d\neq 0$),最优销售价格上升,库存持有时间缩短、缺货期延长、最优订购量和利润均降低。因此,如果零售商忽略库存水平对需求的影响或变质处理成本,那么所制定的销售价格将比较低。

此外,由表 4 - 12 和表 4 - 14 的计算结果可观察发现:

(1) 随着 β 的增大,最优销售价格 p^*、持有库存的时间 t_1^*、订购量 Q^* 和平均利润 AP^* 均增加,最优缺货期 t_2^* 缩短。这一结果表示当库存水平对需求的影响较大时,商家应延长持有库存的时间、缩短缺货期。

(2) 随着 C_d 的增加,最优持有库存时间 t_1^* 缩短,最优缺货期 t_2^* 延长,最优订货量 Q^* 和平均利润 AP^* 均降低。结果指出当单位变质处理成本增加时,商家将缩短持有库存的时间并延长缺货期以减少补货周期内物品的变质量。

(3) 观察发现最优销售价格随 C_d 的变化而变化,但变化趋势并不是单调的。当 β 较小时,随着 C_d 的增加,最优销售价格 p^* 上升;反之,当 β 较大时,随着 C_d 的增加,最优销售价格 p^* 下降。由式(4 - 57)可知任意时刻的库存水平为

$$I(t)=\alpha(p)\mathrm{e}^{-g(t)-\beta t}\int_t^{t_1}\mathrm{e}^{g(v)+\beta v}\mathrm{d}v。$$

对 β 求导可得

$$\frac{\mathrm{d}I(t)}{\mathrm{d}\beta}=\alpha(p)\mathrm{e}^{-g(t)-\beta t}\int_t^{t_1}(v-t)\mathrm{e}^{g(v)+\beta v}\mathrm{d}v>0(t\leqslant v\leqslant t_1),$$

即 $I(t)$ 是关于 β 的增函数。因此,当 β 较小时,每刻持有的库存量较少,从

而发生变质的库存量也较少。在这种情况下，当单位变质处理成本 C_d 增加时，商家可通过提高单位销售价格来平衡增加的成本。当 β 较大时，每刻持有的库存量和发生变质的库存量也较多。在这种情况下，当单位变质处理成本 C_d 增加时，商家需要通过降低销售价格来增加销量从而尽量减少物品的变质量。另一种解释为：当 β 较大时，由增加库存水平而带来的收益足以推翻增加的变质处理成本，从而导致价格下降。即随着 C_d 的增大，最优价格 p^* 下降。

说明 6： 库存水平对需求的影响程度 β 是大还是小的临界点是与成本相对而言的，需要具体问题具体对待。由于模型的复杂性，本节没能给出临界点的具体标准，从一定程度上来说这是研究的不足之处。

4.5　保鲜技术投入下非立即变质品的订购与定价联合决策问题

本节考虑了一个非立即变质品的订购、定价与保鲜技术投资联合决策问题，其中产品的需求依赖于销售价格，变质率随时间变化，系统不允许缺货。此外，产品的时变变质率和保鲜期可以通过保鲜技术的投资得到控制，并采用一般形式的资本投资回报率构建模型。目的是决定最优的补货、定价和保鲜技术投资策略（包括是否投资和投资多少）以最大化系统的平均利润。证明了对于给定的定价和保鲜技术投资策略，最优补货策略唯一存在。在此基础上给出了一个寻找模型最优解的多阶段迭代求解算法。最后通过数值算例展示了模型和算法的应用，进一步采用数值方法对模型的数学性质进行了探讨，并对参数的灵敏度进行了分析。

4.5.1　假设与符号说明

本节用到的假设和其他符号说明如下。

(1) 计划时域无限，提前期为 0。

(2) $I(t)$ 表示 $t \in [0, T]$ 时刻的库存水平，$T(T \geqslant 0)$ 表示补货周期的长度(决策变量)。

(3) 需求率 $D(p)$ 是关于销售价格 p(决策变量)的非负、连续、递减的凸函数，其中 $C_p < p \leqslant \bar{p}$ 且 $\bar{p}$ 是使需求为零的最大销售价格，并且有 $\lim_{p \to \bar{p}} D(p) = 0$。此外，$pD(p)$ 是关于 p 的严格凹函数，即边际收益关于价格递减，用数学符号可表示为 $D(p) \geqslant 0$，$D'(p) < 0$，$D''(p) > 0$ 和 $2D'(p) + pD''(p) < 0$。

(4) 库存产品为非立即变质品，在无保鲜技术投入下产品的初始保鲜期为 t_d^0；当单位时间投入的保鲜技术成本为 ξ(决策变量)时产品的保鲜期延长到 $t_d(\xi)(t_d(\xi) \geqslant t_d^0)$。$t_d(\xi)$ 是关于 ξ 的非负、连续、递增的凹函数，即 $t_d'(\xi) > 0$ 和 $t_d''(\xi) < 0$。此外，$t_d(0) = t_d^0$ 和 $\lim_{\xi \to \infty} t_d(\xi) = \bar{t}_d$，其中 $\bar{t}_d$ 表示产品保鲜期的上界，取决于产品的特性和现有的保鲜技术约束。

(5) 在 $[0, t_d(\xi)]$ 区间内产品不发生变质，随后产品以速率 $\theta(t)$ 发生变质，并且 $0 \leqslant \theta(t) < 1$。此外，$\theta(t)$ 是关于 t 的连续、递增的凸函数，即 $\theta'(t) \geqslant 0$ 和 $\theta''(t) \geqslant 0$。

(6) $m(\xi)(0 \leqslant m(\xi) \leqslant 1)$ 表示当单位时间投入的保鲜技术成本为 ξ(决策变量)时产品的变质率下降的比例，是关于 ξ 的连续递增的凹函数，并且 $m(0) = 0$ 和 $\lim_{\xi \to \infty} m(\xi) = \tau(0 < \tau < 1)$。$m'(\xi) > 0$ 和 $m''(\xi) < 0$ 暗示了资本的边际生产率递减。

(7) 系统不允许缺货。

4.5.2 模型构建与分析

考虑一个非立即变质品的协调补货、定价和保鲜投资联合决策问题。在补货周期开始时有 I_0 个产品到达库存。基于 T 和 $t_d(\xi)$ 的取值之间的关系存在两种可能的情况，即情况 1：$T \leqslant t_d(\xi)$ 和情况 2：$T \geqslant t_d(\xi)$，图 4-8 描绘了两种不同情况下在一个补货周期内库存水平的变化模式。接下来，将具体讨论每一种情况。模型中 $D(p)$ 和 D，$t_d(\xi)$ 和 t_d，以及 $m(\xi)$ 和 m 可互换使用；$AP_i(T, p, \xi)$ 和 Q_i 分别表示情况 $i(i=1, 2)$ 下系统的平均利润和周期订购量；T_i^*、p_i^* 和 ξ_i^* 分别表示其他两个变量给定情况下 $AP_i(T, p, \xi)$ 的最优解。T_i 表示对于给定的 ξ 和 p，$AP_i(T, p, \xi)$ 在 $T>0$ 上的最大值点 $(i=1, 2)$，即由一阶必要条件求解得到的极大值点。

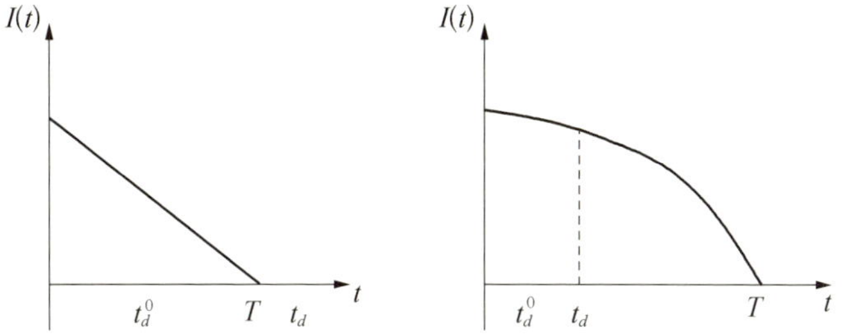

图 4-8　补货周期内库存水平的变化示意图

情况 1： $T\leqslant t_d(\xi)$

在这种情况下，补货周期小于等于保鲜技术投资下的产品保鲜期，意味着系统通过投资保鲜技术来延长产品保鲜期以使产品在补货周期内免于腐败发生。此时，除了增加了保鲜技术成本外，模型与传统 EOQ 模型相似，平均利润函数可表示为

$$AP_1(T, p, \xi)=(p-C_p)D-\frac{1}{2}C_h DT-\frac{A}{T}-\xi \tag{4-90}$$

订购量为

$$Q_1=DT \tag{4-91}$$

显然，当 $T\leqslant t_d(\xi)$ 即 $T\in(0, t_d(\xi)]$ 时，有 $\xi\geqslant t_d^{-1}(T)$ 即 $\xi\in[t_d^{-1}(T), \infty)$，其中 t_d^{-1} 表示原函数的反函数。

引理 4-3: 对于任意给定的 T 和 p,平均利润 $AP_1(T, p, \xi)$ 关于 $\xi \in [t_d^{-1}(T), \infty)$ 严格递减;最优保鲜技术投资成本为 $\xi_1^* = t_d^{-1}(T)$。

证明: 显然 $AP_1(T, p, \xi)$ 是关于 $\xi \in [t_d^{-1}(T), \infty)$ 的严格减函数。因此,最优保鲜技术成本为 $\xi_1^* = t_d^{-1}(T)$。证毕。

引理 4-4: 对任意给定的 ξ 和 p,平均利润 $AP_1(T, p, \xi)$ 是关于 T 的严格凹函数,且在定义域 $T \in (0, t_d(\xi)]$ 上的全局最大值点为

$$T_1^* = \begin{cases} T_1 = \sqrt{\dfrac{2A}{C_h D}}, & A \leqslant \dfrac{1}{2} C_h D t_d^2 \\ t_d, & A > \dfrac{1}{2} C_h D t_d^2 \end{cases}。$$

证明: 由式(4-90)可得

$$\frac{\partial AP_1(T, p, \xi)}{\partial T} = -\frac{1}{2} C_h D + \frac{A}{T^2} \tag{4-92}$$

$$\frac{\partial^2 AP_1(T, p, \xi)}{\partial T^2} = -\frac{2A}{T^3} < 0 \tag{4-93}$$

由式(4-93)可知 $AP_1(T, p, \xi)$ 是关于 T 的严格凹函数,且 $\partial AP_1(T, p, \xi)/\partial T$ 是关于 $T \in (0, t_d(\xi)]$ 的严格递减函数。此外,有

$$\lim_{T \to 0} \frac{\partial AP_1}{\partial T} \to +\infty > 0$$

$$\lim_{T \to t_d} \frac{\partial AP_1}{\partial T} = -\frac{1}{2} C_h D + \frac{A}{t_d^2}$$

(1) 当 $A \leqslant \frac{1}{2} C_h D t_d^2$ 时,有 $\lim\limits_{T \to t_d} \partial AP_1/\partial T \leqslant 0$,故存在唯一的点 $T = T_1 = \sqrt{\dfrac{2A}{C_h D}}$ 满足一阶条件 $\dfrac{\partial AP_1}{\partial T} = 0$,从而 $T_1^* = T_1$ 是 $AP_1(T, p, \xi_1)$ 的全局最优解。

(2) 当 $A > \frac{1}{2}C_h D t_d^2$ 时，有 $\lim_{T \to t_d} \partial AP_1/\partial T > 0$，可知 $\partial AP_1/\partial T > 0$，即 $AP_1(T, p, \xi_1)$ 是关于 $T \in (0, t_d]$ 的严格增函数。因此最大值点在边界处取得，即 $T_1{}^* = t_d$。证毕。

引理 4-5： 对于任意给定的 ξ 和 T，平均利润 $AP_1(T, p, \xi)$ 是关于 p 的严格凹函数且存在唯一全局最优解 $p_1{}^* \in (C_p, \bar{p})$ 满足 $\partial AP_1(T, p, \xi)/\partial p = 0$ 使得 $AP_1(T, p, \xi)$ 最大化。

证明： 求 $AP_1(T, p, \xi)$ 关于 p 的二阶偏导，有

$$\frac{\partial^2 AP_1(T, p, \xi)}{\partial p^2} = [2D' + (p - C_p)D''] - \frac{1}{2}C_h T D'' \tag{4-94}$$

由假设 $2D'(p) + pD''(p) < 0$ 可知 $\frac{\partial^2 AP_1(T, p, \xi)}{\partial p^2} < 0$，即 $AP_1(T, p, \xi)$ 是关于 p 的严格凹函数。因此，如果局部最大值点存在，那么它也是全局最大值点。最优解存在的一阶必要条件为

$$\frac{\partial AP_1(T, p, \xi)}{\partial p} = D(p) + \left(p - C_p - \frac{1}{2}C_h T\right)D'(p) = 0 \tag{4-95}$$

由 $\partial^2 AP_1(T, p, \xi)/\partial p^2 < 0$ 可知 $\partial AP_1(T, p, \xi)/\partial p$ 是关于 $p \in (C_p, \bar{p})$ 的严格减函数。此外，由假设 $D(p) \geqslant 0$，$D'(p) < 0$ 和 $\lim_{p \to \bar{p}} D(p) = 0$ 容易得到 $\lim_{p \to C_p} \partial AP_1(T, p, \xi)/\partial p = D(C_p) - C_h T D'(p)/2 > 0$ 和 $\lim_{p \to \bar{p}} \partial AP_1(T, p, \xi)/\partial p = \left(\bar{p} - C_p - \frac{1}{2}C_h T\right)D'(\bar{p}) < 0$。因此，存在唯一的 $p_1{}^* \in (C_p, \bar{p})$ 满足 $\partial AP_1(T, p, \xi)/\partial p = 0$。证毕。

情况 2： $T \geqslant t_d(\xi)$

在这种情况下，通过保鲜技术的投资产品保鲜期被延长但仍然小于等于补货周期（$t_d(\xi) \leqslant T$）。在时间段 $[0, t_d(\xi)]$ 内，库存水平在需求的作用下逐渐下降。在 $t = t_d(\xi)$ 时刻后，产品开始变质。当保鲜技术投入成本

为ξ时，变质率为$[1-m(\xi)]\theta(t-t_d(\xi))$。因此，在时间段$[t_d(\xi), T]$内，库存水平在需求和变质的共同作用下继续下降。在$t=T$时刻，库存水平下降到0。一个补货周期结束，下一个周期开始。

特别地，在情况2中，令$I_1(t)$和$I_2(t)$分别表示在时刻$t\in[0, t_d(\xi)]$和$t\in[t_d(\xi), T]$处的库存水平。如以上描述，库存水平$I_1(t)$和$I_2(t)$可由下列微分方程分别表示：

$$\frac{\mathrm{d}I_1(t)}{\mathrm{d}t}=-D(p),\ t\in[0,\ t_d(\xi)] \tag{4-96}$$

$$\frac{\mathrm{d}I_2(t)}{\mathrm{d}t}=-D(p)-(1-m)\theta(t-t_d)I(t),\ t\in[t_d(\xi),\ T] \tag{4-97}$$

已知边界条件$I_1(0)=I_0$和$I_2(T)=0$，求解式(4-96)和式(4-97)，得

$$I_1(t)=I_0-Dt \tag{4-98}$$

$$I_2(t)=De^{-(1-m)g(t)}\int_t^T \mathrm{e}^{(1-m)g(u)}\mathrm{d}u \tag{4-99}$$

其中$g(x)=\int_{t_d}^{x}\theta(r-t_d)dr$。

由$I(t)$在$t=t_d$处的连续性可知$I_1(t_d)=I_2(t_d)$，即

$$I_0-Dt_d=D\mathrm{e}^{-(1-m)g(t_d)}\int_{t_d}^T \mathrm{e}^{(1-m)g(t)}\mathrm{d}t \tag{4-100}$$

可得初始库存水平为

$$I_0=D\left(t_d+\int_{t_d}^T \mathrm{e}^{(1-m)g(t)}\mathrm{d}t\right) \tag{4-101}$$

将式(4-101)代入式(4-98)，得到

$$I_1(t) = D\left(t_d - t + \int_{t_d}^{T} e^{(1-m)g(t)} dt\right) \tag{4-102}$$

因此，一个补货周期内的库存水平可表示为：

$$I(t) = \begin{cases} I_1(t) = D\left(t_d - t + \int_{t_d}^{T} e^{(1-m)g(t)} dt\right), \ t \in [0, t_d(\xi)] \\ I_2(t) = De^{-(1-m)g(t)} \int_{t}^{T} e^{(1-m)g(u)} du, \ t \in [t_d(\xi), T] \end{cases},$$

在补货周期内系统的累积库存持有量为

$$\begin{aligned} \int_0^T I(t) dt &= \int_0^{t_d} I_1(t) dt + \int_{t_d}^{T} I_2(t) dt \\ &= D\left[\frac{1}{2}t_d^2 + t_d \int_{t_d}^{T} e^{(1-m)g(t)} dt + \int_{t_d}^{T}\int_{t}^{T} e^{(1-m)(g(u)-g(t))} du dt\right], \end{aligned}$$

其中 $t \leqslant u \leqslant T$。

补货周期内系统的订购量为

$$Q_2 = I_0 = D\left(t_d + \int_{t_d}^{T} e^{(1-m)g(t)} dt\right) \tag{4-103}$$

系统一个补货周期内的利润由下列要素组成：

(1) 固定订购成本 $FC = A$

(2) 购买成本 $PC = C_p Q_2 = C_p D\left(t_d + \int_{t_d}^{T} e^{(1-m)g(t)} dt\right)$

(3) 库存持有成本 $HC = C_h \int_0^T I(t) dt = C_h D\left[\frac{1}{2}t_d^2 + t_d \int_{t_d}^{T} e^{(1-m)g(t)} dt + \int_{t_d}^{T}\int_{t}^{T} e^{(1-m)(g(u)-g(t))} du dt\right]$

(4) 保鲜技术成本 $PTC = \xi T$

(5) 销售收入 $SR = pDT$

因此，在补货周期 $[0, T]$ 内情况 2 下的平均利润为

$$AP_2(T,\ p,\ \xi)=\frac{1}{T}(SR-FC-PC-HC-PTC)$$
$$=\frac{D}{T}\Big[pT-C_p t_d-\frac{1}{2}C_h t_d^2-(C_p+C_h t_d)\int_{t_d}^{T}\mathrm{e}^{(1-m)g(t)}\mathrm{d}t-$$
$$C_h\int_{t_d}^{T}\int_{t}^{T}\mathrm{e}^{(1-m)(g(u)-g(t))}\mathrm{d}u\mathrm{d}t\Big]-\frac{A}{T}-\xi \tag{4-104}$$

显然，当 $T\geqslant t_d(\xi)$ 即 $T\in[t_d(\xi),\ \infty)$ 时，有 $\xi\leqslant t_d^{-1}(T)$ 即 $\xi\in[0,\ t_d^{-1}(T)]$，其中 t_d^{-1} 表示原函数的反函数。

由式(4-104)可知最大化平均利润 $AP_2(T,\ p,\ \xi)$ 的一阶必要条件为

$$\frac{\partial AP_2}{\partial T}=\frac{1}{T^2}\Big\{D\Big[(C_p+C_h t_d)\Big[t_d(1-\mathrm{e}^{(1-m)g(T)})+$$
$$\int_{t_d}^{T}\mathrm{e}^{(1-m)g(t)}\mathrm{d}t-(T-t_d)\mathrm{e}^{(1-m)g(T)}\Big]+$$
$$C_h\Big[\int_{t_d}^{T}\int_{t}^{T}\mathrm{e}^{(1-m)(g(u)-g(t))}\mathrm{d}u\mathrm{d}t-T\mathrm{e}^{(1-m)g(T)}\int_{t_d}^{T}\mathrm{e}^{-(1-m)g(t)}\mathrm{d}t\Big]-$$
$$\frac{1}{2}C_h t_d^2\Big]+A\Big\}=0 \tag{4-105}$$

$$\frac{\partial AP_2}{\partial p}=\frac{D'}{T}\Big[pT-C_p t_d-\frac{1}{2}C_h t_d^2-(C_p+C_h t_d)\int_{t_d}^{T}\mathrm{e}^{(1-m)g(t)}\mathrm{d}t-$$
$$C_h\int_{t_d}^{T}\int_{t}^{T}\mathrm{e}^{(1-m)(g(u)-g(t))}\mathrm{d}u\mathrm{d}t\Big]+D=0 \tag{4-106}$$

$$\frac{\partial AP_2}{\partial \xi}=-\frac{D}{T}\Big\{(C_p+ht_d)\int_{t_d}^{T}\mathrm{e}^{(1-m)g(t)}\Big[-m'g(t)+(1-m)\frac{\mathrm{d}g(t)}{\mathrm{d}\xi}\Big]\mathrm{d}t+$$
$$C_h\int_{t_d}^{T}\int_{t}^{T}\mathrm{e}^{(1-m)(g(u)-g(t))}\Big[-m'(g(u)-g(t))+$$
$$(1-m)\Big(\frac{\mathrm{d}g(u)}{\mathrm{d}\xi}-\frac{\mathrm{d}g(t)}{\mathrm{d}\xi}\Big)\Big]\mathrm{d}u\mathrm{d}t\Big\}-1=0 \tag{4-107}$$

引理 4-6：对任意给定的 T 和 p，$AP_2(T, p, \xi)$ 是关于 $\xi \in [0, t_d^{-1}(T)]$ 的严格凹函数。令 ξ_2 为 $\partial AP_2/\partial\xi = 0$ 的解，那么最优解可表示为

$$\xi_2^* = \begin{cases} 0, & \xi_2 < 0 \\ \xi_2, & 0 \leqslant \xi_2 \leqslant t_d^{-1}(T), \\ t_d^{-1}(T), & \xi_2 > t_d^{-1}(T) \end{cases}$$

其中当 $\xi_2^* = 0$ 时表示不投资保鲜技术是系统的最优策略。

证明：由式(4-107)可得

$$\begin{aligned}\frac{\partial^2 AP_2}{\partial\xi^2} =& -\frac{D}{T}\Bigg[(C_p + C_h t_d)\int_{t_d}^{T} e^{(1-m)g(t)}\Bigg\{\Big[-m'g(t) + (1-m)\frac{dg(t)}{d\xi}\Big]^2 - \\ & m''g(t) - 2m'\frac{dg(t)}{d\xi} + (1-m)\frac{d^2g(t)}{d\xi^2}\Bigg\}dt + \\ & C_h\int_{t_d}^{T}\int_{t}^{T} e^{(1-m)(g(u)-g(t))}\Bigg\{\Big[-m'(g(u)-g(t)) + \\ & (1-m)\Big(\frac{dg(u)}{d\xi} - \frac{dg(t)}{d\xi}\Big)\Big]^2 - m''(g(u)-g(t)) - \\ & 2m'\Big(\frac{dg(u)}{d\xi} - \frac{dg(t)}{d\xi}\Big) + (1-m)\Big(\frac{d^2g(u)}{d\xi^2} - \frac{d^2g(t)}{d\xi^2}\Big)\Bigg\}du\,dt\Bigg] \\ & < 0 \end{aligned} \tag{4-108}$$

由 $g(x) = \int_{t_d}^{x}\theta(r - t_d)dr$，有

$$\frac{dg(x)}{d\xi} = -t'_d\int_{t_d}^{x}\theta'(r - t_d)dr < 0 \tag{4-109}$$

$$\frac{d^2g(x)}{d\xi^2} = -t''_d\int_{t_d}^{x}\theta'(r - t_d)dr + (t'_d)^2\int_{t_d}^{x}\theta''(r - t_d)dr > 0 \tag{4-110}$$

$$g(u) - g(t) = \int_{t}^{u}\theta(r - t_d)dr > 0 \tag{4-111}$$

$$\frac{\mathrm{d}g(u)}{\mathrm{d}\xi}-\frac{\mathrm{d}g(t)}{\mathrm{d}\xi}=-t'_d\int_t^u\theta'(r-t_d)\mathrm{d}r<0 \tag{4-112}$$

$$\frac{\mathrm{d}^2g(u)}{\mathrm{d}\xi^2}-\frac{\mathrm{d}^2g(t)}{\mathrm{d}\xi^2}=-t''_d\int_t^u\theta'(r-t_d)\mathrm{d}r+(t'_d)^2\int_t^u\theta''(r-t_d)\mathrm{d}r>0 \tag{4-113}$$

由 $t_d(\xi)<t\leqslant u\leqslant T$ 以及假设 $\theta(t)>0$，$\theta'(t)>0$，$\theta''(t)>0$，$t'_d(\xi)>0$ 和 $t''_d(\xi)<0$，容易验证式(4-109)—式(4-113)成立。又有 $m'(\xi)>0$ 和 $m''(\xi)<0$。进一步可知式(4-108)成立，即 $AP_2(T,p,\xi)$ 是关于 ξ 的严格凹函数。又知 $\xi\in[0,t_d^{-1}(T)]$，因此如果存在 $\xi_2\in[0,t_d^{-1}(T)]$ 满足 $\partial AP_2/\partial\xi=0$（式(4-107)），那么最优解为 $\xi_2^*=\xi_2$；如果 $\xi_2<0$，那么 $AP_2(T,p,\xi)$ 关于 $\xi\in[0,t_d^{-1}(T)]$ 严格递减，因此有 $\xi_2^*=0$；如果 $\xi_2\geqslant t_d^{-1}(T)$，那么 $AP_2(T,p,\xi)$ 关于 $\xi\in[0,t_d^{-1}(T)]$ 严格递增，因此有 $\xi_2^*=t_d^{-1}(T)$。证毕。

引理 4-7： 对于任意给定的 ξ 和 p，令 T_2 为 $\partial AP_2/\partial T=0$ 的解，那么平均利润 $AP_2(T,p,\xi)$ 在定义域 $T\in[t_d(\xi),\infty)$ 上的全局极大值点为

$$T_2^*=\begin{cases}t_d, & A<\dfrac{1}{2}C_hDt_d^2\\[2ex] T_2, & A\geqslant\dfrac{1}{2}C_hDt_d^2\end{cases}。$$

证明： 由 $T>0$ 可知式(4-105)等价于

$$D\left[(C_p+C_ht_d)\left[t_d(1-\mathrm{e}^{(1-m)g(T)})+\int_{t_d}^T\mathrm{e}^{(1-m)g(t)}\mathrm{d}t-(T-t_d)\mathrm{e}^{(1-m)g(T)}\right]+C_h\left[\int_{t_d}^T\int_t^T\mathrm{e}^{(1-m)(g(u)-g(t))}\mathrm{d}u\mathrm{d}t-T\mathrm{e}^{(1-m)g(T)}\int_{t_d}^T\mathrm{e}^{-(1-m)g(t)}\mathrm{d}t\right]-\frac{1}{2}C_ht_d^2\right]+A=0$$

令

$$G(T)=D\Big[(C_p+C_h t_d)\Big[t_d(1-\mathrm{e}^{(1-m)g(T)})+\int_{t_d}^{T}\mathrm{e}^{(1-m)g(t)}\mathrm{d}t-(T-t_d)\mathrm{e}^{(1-m)g(T)}\Big]+C_h\Big[\int_{t_d}^{T}\int_{t}^{T}\mathrm{e}^{(1-m)(g(u)-g(t))}\mathrm{d}u\mathrm{d}t-Te^{(1-m)g(T)}\int_{t_d}^{T}\mathrm{e}^{-(1-m)g(t)}\mathrm{d}t\Big]-\frac{1}{2}C_h t_d^2\Big]+A,$$

那么，有

$$\frac{\mathrm{d}G(T)}{\mathrm{d}T}=-DT\Big\{(1-m)\theta(T-t_d)\mathrm{e}^{(1-m)g(T)}\Big[(C_p+C_h t_d)+C_h\int_{t_d}^{T}\mathrm{e}^{-(1-m)g(t)}dt\Big]+C_h\Big\}<0。$$

因此，$G(T)$ 关于 $T\in[t_d,\infty)$ 严格递减。此外，

$$G(T=t_d)=-\frac{1}{2}C_h D(t_d)^2+A,$$

$$\lim_{T\to\infty}G(T)\to-\infty<0。$$

(1) 当 $A\leqslant\frac{1}{2}C_h D t_d^2$ 时，有 $G(t_d)\leqslant 0$，可知 $G(T)\leqslant 0$。从而，有 $\frac{\partial AP_2}{\partial T}<0$ 即 $AP_2(T, p, \xi)$ 关于 T 递减。因此最大值点在边界处取得，即 $T_2{}^*=t_d$。

(2) 当 $A>\frac{1}{2}C_h D t_d^2$ 时，有 $G(t_d)>0$。因此，存在唯一的 T_2 满足 $\partial AP_2/\partial T=0$。此外，在 $T=T_2$ 处有

$$\left.\frac{\partial^2 AP_2}{\partial T^2}\right|_{T=T_2}=-\frac{D}{T_2}\Big[(1-m)\theta(T_2-t_d)\mathrm{e}^{(1-m)g(T_2)}\cdot\Big(C_p+C_h t_d+C_h\int_{t_d}^{T_2}\mathrm{e}^{-(1-m)g(t)}\mathrm{d}t\Big)+C_h\Big]<0$$

故 $T_2^* = T_2$ 是 $AP_2(T, p, \xi)$ 的全局极大值点。证毕。

引理 4-8: 对于给定的 ξ 和 T,平均利润 $AP_2(T, p, \xi)$ 是关于 p 的严格凹函数,并且存在唯一的全局极大值点 $p_2^* \in (C_p, \bar{p})$ 满足 $\partial AP_2/\partial p = 0$。

证明: 求 $AP_2(T, p, \xi)$ 关于 p 的二阶偏导,得

$$\frac{\partial^2 AP_2}{\partial p^2} = (2D' + pD'') - \frac{D''}{T}\Big[C_p t_d + \frac{1}{2}C_h t_d^2 + (C_p + C_h t_d) \cdot \int_{t_d}^{T} e^{(1-m)g(t)} dt + C_h \int_{t_d}^{T}\int_{t}^{T} e^{(1-m)(g(u)-g(t))} du dt\Big] < 0 \tag{4-114}$$

由假设 $2D'(p) + pD''(p) < 0$,可知式(4-114)成立。$AP_2(T, p, \xi)$ 是关于 p 的严格凹函数,并且 $\partial AP_2/\partial p$ 是关于 p 的严格减函数。又有 $p \in (C_p, \bar{p})$,由 $T - t_d - \int_{t_d}^{T} e^{(1-m)g(t)} dt < 0$ 得 $\lim\limits_{p \to C_p} \frac{\partial AP_2}{\partial p} = \frac{D'}{T}\Big[C_p\Big(T - t_d - \int_{t_d}^{T} e^{(1-m)g(t)} dt\Big) - \frac{1}{2}C_h t_d^2 - C_h t_d \int_{t_d}^{T} e^{(1-m)g(t)} dt - C_h \int_{t_d}^{T}\int_{t}^{T} e^{(1-m)(g(u)-g(t))} du dt\Big] + D > 0$ 和 $\lim\limits_{p \to \bar{p}} \frac{\partial AP_2}{\partial p} < 0$。因此,存在唯一的 p_2^* 满足 $\frac{\partial AP_2}{\partial p} = 0$,且 p_2^* 是 $AP_2(T, p, \xi)$ 的全局极大值点。证毕。

综上,库存系统在单位时间内的平均利润可表示为

$$AP(T, p, \xi) = \begin{cases} AP_1(T, p, \xi), & T \leqslant t_d(\xi) \\ AP_2(T, p, \xi), & T \geqslant t_d(\xi) \end{cases} \tag{4-115}$$

一个补货周期内的订购量为

$$Q = \begin{cases} Q_1, & T \leqslant t_d(\xi) \\ Q_2, & T \geqslant t_d(\xi) \end{cases} \tag{4-116}$$

对于任意给定的 ξ 和 p，显然有 $AP_1(t_d)=AP_2(t_d)$。因此，$AP(T, p, \xi)$ 是关于 T 的连续函数。目标是寻找最优解（T^*，p^*，ξ^*）使平均利润函数 $AP(T, p, \xi)$ 最大化。由于模型的复杂性很难用数学方法证明 $AP(T, p, \xi)$ 是关于变量（T, p, ξ）的联合凹函数，因此理论上 $AP(T, p, \xi)$ 可能有多个局部极大值点。

为个简化符号，令 $\Delta=\frac{1}{2}C_h D t_d^2$。综合引理 4－4 和引理 4－7，可得到以下定理。图 4－9 为相应的图解。

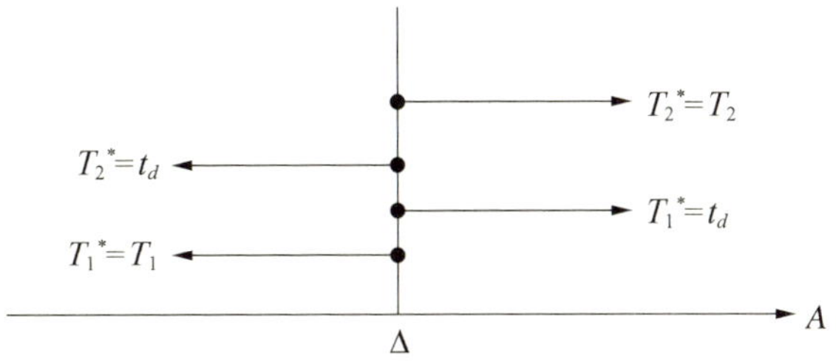

图 4－9　定理 4－4 的图解

定理 4－4： 对于任意给定的 ξ 和 p，令 T^* 为 $AP(T, p, \xi)$（式(4.5－26)）的最优解，则有

（1）如果 $A<\Delta$，那么 $T^*=T_1=\sqrt{\frac{2A}{C_h D}}$；

（2）如果 $A\geqslant\Delta$，那么 $T^*=T_2$。

证明： （1）当 $A<\Delta$ 时，有

$$\begin{aligned}AP(T^*)&=\max\{AP_1(T_1),\ AP_2(t_d)\}\\&=\max\{AP_1(T_1),\ AP_1(t_d)\}(\because AP_2(t_d)=AP_1(t_d))\\&=AP_1(T_1)(\because AP_1(T_1)\geqslant AP_1(t_d))\end{aligned}$$

因此，$T^*=T_1$。

(2) 当 $A \geqslant \Delta$ 时,有

$$
\begin{aligned}
AP(T^*) &= \max\{AP_1(t_d),\ AP_2(T_2)\} \\
&= \max\{AP_2(t_d),\ AP_2(T_2)\}(\because AP_1(t_d) = AP_2(t_d)) \\
&= AP_2(T_2)(\because AP_2(T_2) \geqslant AP_2(t_d))
\end{aligned}
$$

因此,$T^* = T_2$。证毕。

说明: 从定理 4-4 中可以发现 $\Delta = \dfrac{1}{2}C_h D t_d^2$ 相当于在保鲜期内的库存持有成本。当订购成本比较小时,即 $A < \Delta$,零售商将不进行保鲜技术的投资,并订购较少的产品以使在变质发生前能够售出所有库存。当订购成本比较大时,即 $A \geqslant \Delta$,零售商将投资保鲜技术,并且每次订购足够多的产品以延长库存周期、减少订购次数。

4.5.3 算法

基于以上对模型数学特性的分析,下面提出一个多阶段迭代求解算法以寻求模型的最优解。首先令 $i = 1$ 和 $j = 1$,将问题初始化,然后分步执行以下命令。

第 1 步: $\xi = \xi^{(i)} \geqslant 0$。

第 2 步: 初始化 $p = p^{(j)} > C_p$。

第 3 步: 计算 $\Delta(\xi^{(i)},\ p^{(j)})$。依据定理 4.5-1,执行以下命令。

(3-1) 如果 $A < \Delta(\xi^{(i)},\ p^{(j)})$,那么 $T^{(j)} = T_1 = \sqrt{2A/C_h D}$。代入 $\partial AP_1(T, p, \xi)/\partial p = 0$ 求解可得到 $p^{(j+1)} = p_1^*$。此外,$\xi^{(i+1)} = \xi_1^* = t_d^{-1}(T)$。

(3-2) 如果 $A \geqslant \Delta(\xi^{(i)},\ p^{(j)})$,求解 $\partial AP_2(T, p, \xi)/\partial T = 0$ 可得到 $T^{(j)} = T_2$,代入 $\partial AP_2(T, p, \xi)/\partial p = 0$ 求解可得 $p^{(j+1)} = p_2^*$。进一步将 $T^{(j)}$ 和 $p^{(j+1)}$ 代入 $\partial AP_2(T, p, \xi)/\partial \xi = 0$,由引理 4.5-4 可确定 $\xi^{(i+1)} = \xi_2^*$。

第 4 步: 如果 $p^{(j)}$ 和 $p^{(j+1)}$ 相差足够小,比如 $|p^{(j+1)} - p^{(j)}| \leqslant 10^{-4}$,那

么最优解为 $(T^*, p^*)=(T^{(j)}, p^{(j+1)})$，执行第5步。否则，令 $j=j+1$，返回第3步。

第5步： 如果 $\xi^{(i)}$ 和 $\xi^{(i+1)}$ 相差足够小，如 $|\xi^{(i+1)}-\xi^{(i)}|\leqslant 10^{-4}$，那么 $(T^*, p^*, \xi^*)=(T^{(j)}, p^{(j+1)}, \xi^{(i+1)})$，执行第6步。否则，令 $i=i+1$，返回第2步。

第6步： 分别通过式(4－115)和式(4－116)计算系统的最优利润 AP^* 和最优订购量 Q^*。

4.5.4　算例分析

这一部分主要通过数值算例的方式对模型展开进一步地分析和讨论。首先，给出了应用算法求解具体问题最优解的迭代过程和结果以展示模型和算法的应用性和有效性；接着，采用数值方法探讨模型的数学性质以验证和补充理论分析的不足之处；第三，通过对相关参数的灵敏度展开分析，提炼总结了出相应的管理建议。考虑如下库存系统，其中 $A=120, C_p=20, C_h=3, t_d^0=0.3$，$\theta(t)=0.2+0.1(t-t_d)$ 和 $D(p)=1\,000-10p$；使用保鲜技术使产品变质率下降的比例为 $m(\xi)=1-e^{-\gamma\xi}(\gamma\geqslant 0)$；投入保鲜技术后产品的保鲜期为 $t_d(\xi)=t_d^0+\lambda(1-e^{-\delta\xi})(\lambda, \delta\geqslant 0)$；$\gamma=0.01$，$\lambda=0.8$，$\delta=0.005$；从而可得 $t_d^{-1}(T)=(1/\delta)\ln[\lambda/(\lambda-T+t_d^0)]$，要求各参数的取值满足 $t_d^{-1}(T)\geqslant 0$。

1) 数值算例

令初始值为 $\xi^{(1)}=6$ 和 $p^{(1)}=30$，运用上述算法寻找问题的最优解，表4－15是迭代过程的一个详细展示。可见，每一步的迭代都使得目标函数值(系统平均利润)逐渐增加直到相邻两次的迭代结果中的决策变量之间没有显著差异，问题即达到最大值。计算结果显示最优解为：$T^*=0.380\,7$，$p^*=60.289\,6$，$\xi^*=5.984\,8$，$AP^*=15\,447.955\,3$，进而可得 $Q^*=151.292\,3$。

表 4-15　算例的迭代过程和计算结果

i	j	$\xi^{(i)}$	$p^{(j)}$	$T^{(j)}$	$p^{(j+1)}$	$\xi^{(i+1)}$	$\lvert p^{(j+1)}-p^{(j)}\rvert$	$\lvert \xi^{(i+1)}-\xi^{(i)}\rvert$	$AP^{(i)}$
1	1	6.000 0	30.000 0	0.329 8	60.247 1	0.000 0	30.247 1		
	2		60.247 1	0.380 6	60.289 5	5.969 6	0.042 4		
	3		60.289 5	0.380 7	60.289 6	5.991 1	0.000 1		
	4		60.289 6	0.380 7	60.289 6	5.991 1	0.000 0	0.008 9	15 447.954 41
2	1	5.991 1	30.000 0	0.329 8	60.247 0	0.000 0	30.247 0		
	2		60.247 0	0.380 6	60.289 5	5.965 9	0.042 4		
	3		60.289 5	0.380 7	60.289 6	5.987 4	0.000 1		
	4		60.289 6	0.380 7	60.289 6	5.987 4	0.000 0	0.003 7	15 447.954 92
3	1	5.987 4	30.000 0	0.329 8	60.247 0	0.000 0	30.247 0		
	2		60.247 0	0.380 6	60.289 5	5.964 4	0.042 4		
	3		60.289 5	0.380 7	60.289 6	5.985 8	0.000 1		
	4	5.985 9	60.289 6	0.380 7	60.289 6	5.985 9	0.000 0	0.001 5	15 447.955 13
4	1		30.000 0	0.329 8	60.247 0	0.000 0	30.247 0		
	2		60.247 0	0.380 6	60.289 5	5.963 7	0.042 4		
	3		60.289 5	0.380 7	60.289 6	5.985 2	0.000 1		
	4		60.289 6	0.380 7	60.289 6	5.985 3	0.000 0	0.000 6	15 447.955 22
5	1	5.985 3	30.000 0	0.329 8	60.247 0	0.000 0	30.247 0		
	2		60.247 0	0.380 6	60.289 5	5.963 5	0.042 4		
	3		60.289 5	0.380 7	60.289 6	5.984 9	0.000 1		
	4		60.289 6	0.380 7	60.289 6	5.985 0	0.000 0	0.000 3	15 447.955 25
6	1	5.985 0	30.000 0	0.329 8	60.247 0	0.000 0	30.247 0		
	2		60.247 0	0.380 6	60.289 5	5.963 4	0.042 4		
	3		60.289 5	0.380 7	60.289 6	5.984 8	0.000 1		
	4		60.289 6	0.380 7	60.289 6	5.984 9	0.000 0	0.000 1	15 447.955 27
7	1	5.984 9	30.000 0	0.329 8	60.247 0	0.000 0	30.247 0		
	2		60.247 0	0.380 6	60.289 5	5.963 3	0.042 4		
	3		60.289 5	0.380 7	60.289 6	5.984 8	0.000 1		
	4		60.289 6	0.380 7	60.289 6	5.984 8	0.000 0	0.000 0	15 447.955 27

2）模型性质的数值分析

定理 4.5－1 的数值验证：

依据定理 4.5－1，可知对于不同的订购成本 A，最优解也有所不同。在模型中，订购成本是决定最优补货策略 T^* 的主要影响因素。令 $p=60.2896$ 和 $\xi=5.9848$，图 4－10 和图 4－11 分别绘制了订购成本 $A=40$ 和 $A=120$ 情况下，平均利润 $AP(T,\ p,\ \xi)$（式(4－115)）关于 T 的图形。容易观察到当 $A=40$ 时，最优解 T^* 在 $AP_1(T,\ p,\ \xi)$ 的最大值点处得到；当 $A=120$ 时，最优解 T^* 在 $AP_2(T,\ p,\ \xi)$ 的最大值点处得到。另外，可知 $\Delta=\dfrac{1}{2}C_h D t_d^2=62.3693$，依据定理 4－4，当 $A=40$ 时，有 $A<\Delta$，从而可知 $T^*=T_1$，其中 T_1 是 $AP_1(T\mid p=60.2896,\ \xi=5.9848)$ 在 $T>0$ 上的最优解；当 $A=120$ 时，有 $A\geqslant\Delta$，故可得 $T^*=T_2$，其中 T_2 是 $AP_2(T\mid p=60.2896,\ \xi=5.9848)$ 在 $T>0$ 上的最优解。可见，数值结果与定理 4－4 的结论相互印证。

目标函数数学性质的数值分析：

给定 ξ 的取值，通过定理和算法可求得最优解 $T(\xi)$ 和 $p(\xi)$ 的值，进而

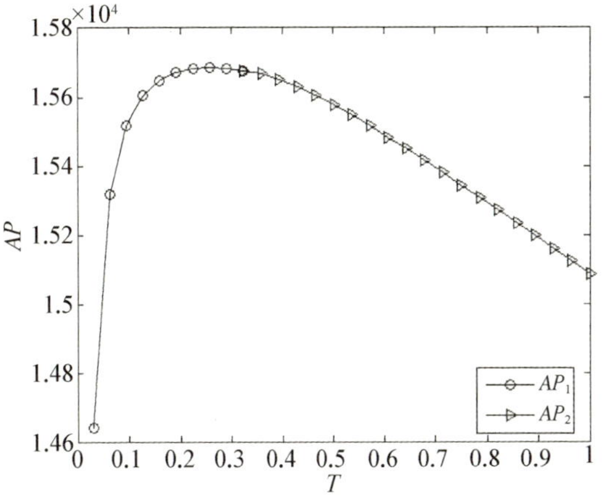

图 4－10　当 $A=40$ 时 $AP(T\mid p=60.2896,\ \xi=5.9848)$ 的图形

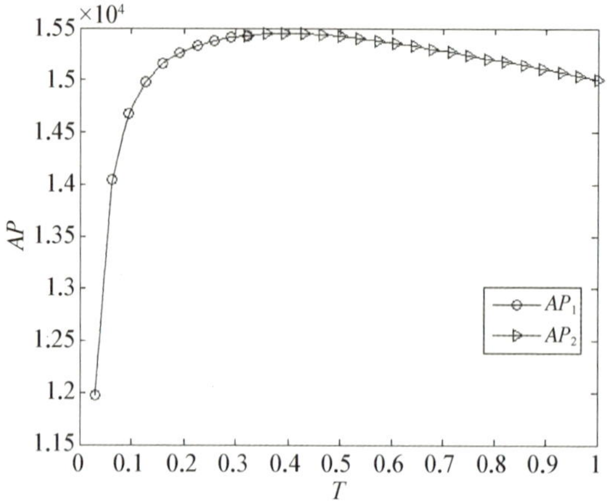

图 4-11　当 A = 120 时 $AP(T \mid p = 60.2896,\ \xi = 5.9848)$ 的图形

求得系统平均利润 $AP(T(\xi),\ p(\xi),\ \xi)$ 的值。表 4-16 是枚举不同的初值 ξ 运行算法后的计算结果。绘制 $AP(T(\xi),\ p(\xi),\ \xi)$ 关于初值 ξ 的图形(见图 4-12),可知 $AP(T(\xi),\ p(\xi),\ \xi)$ 是关于 ξ 的凹函数,因此寻找问题的全局最优解可转化为寻找局部最优解。进一步观察可发现通过枚举得到的极大值点与最终迭代结果的最优取值相近,因此在一定程度上可佐证算法迭代结果的有效性。此外,观察表 4-16 还可以发现迭代初值的选取只影响寻找最优解迭代次数,并不影响最优解的取值。由此可进一步确信上述通过算法寻找得到的最优解可作为问题的最优解。

表 4-16　不同初值 ξ 下求得的最优解

ξ	$T(\xi)$	$p(\xi)$	$AP(T(\xi), p(\xi), \xi)$	T^*	p^*	ξ^*	AP^*	迭代次数
0	0.367 1	60.283 3	15 447.251 2	0.380 7	60.289 6	5.984 7	15 447.955 3	13
1	0.369 4	60.284 3	15 447.523 5	0.380 7	60.289 6	5.984 8	15 447.955 3	13
2	0.371 7	60.285 3	15 447.730 7	0.380 7	60.289 6	5.984 8	15 447.955 3	13
3	0.374 0	60.286 3	15 447.875 2	0.380 7	60.289 6	5.984 8	15 447.955 3	13
4	0.376 2	60.287 4	15 447.959 1	0.380 7	60.289 6	5.984 8	15 447.955 3	12

续　表

ξ	$T(\xi)$	$p(\xi)$	$AP(T(\xi), p(\xi), \xi)$	T^*	p^*	ξ^*	AP^*	迭代次数
5	0.378 5	60.288 5	15 447.984 8	0.380 7	60.289 6	5.984 7	15 447.955 3	11
6	0.380 7	60.289 6	15 447.954 4	0.380 7	60.289 6	5.984 8	15 447.955 3	7
7	0.382 9	60.290 8	15 447.869 9	0.380 7	60.289 6	5.984 9	15 447.955 3	11
8	0.385 1	60.291 9	15 447.733 2	0.380 7	60.289 6	5.984 9	15 447.955 3	12
9	0.387 3	60.293 1	15 447.546 4	0.380 7	60.289 6	5.984 8	15 447.955 3	13
10	0.389 5	60.294 3	15 447.311 1	0.380 7	60.289 6	5.984 9	15 447.955 3	13

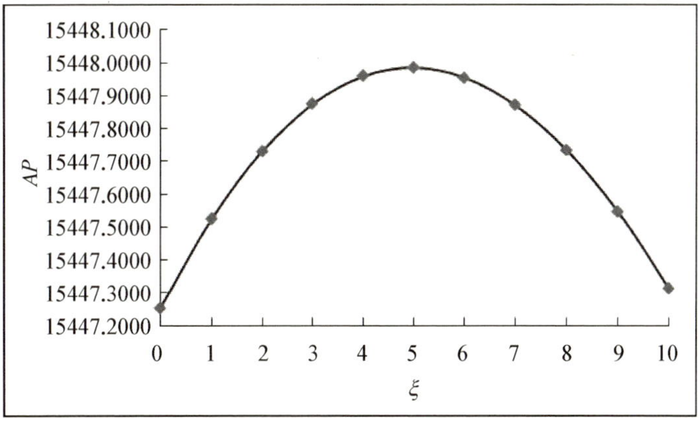

图 4－12　$AP(T(\xi), p(\xi), \xi)$ 关于 ξ 的图形

3）灵敏度分析

在这一小节，主要分析最优解对于参数值变化的灵敏度。保持其他参数的取值不变，每次仅改变一个参数的取值，计算结果见表 4－17。

表 4－17　主要参数的灵敏度分析

参数	变化（%）	取值	T^*	p^*	ξ^*	Q^*	AP^*
A	−50%	60	0.307 1	60.230 1	0.000 0	122.152 2	15 621.111 1
	−25%	90	0.338 7	60.256 0	0.000 0	134.678 9	15 530.111 4

续 表

参数	变化(%)	取值	T^*	p^*	ξ^*	Q^*	AP^*
A	25%	150	0.424 3	60.322 8	14.067 2	168.529 2	15 375.254 4
	50%	180	0.463 7	60.352 7	21.270 2	184.070 8	15 309.668 6
c	−50%	10	0.373 0	55.282 1	0.000 0	167.022 0	19 675.166 5
	−25%	15	0.373 7	57.784 2	2.211 7	157.930 2	17 498.395 3
	25%	25	0.388 5	62.795 7	9.109 9	144.626 1	13 523.562 2
	50%	30	0.397 0	65.302 6	11.920 2	137.842 8	11 724.919 7
h	−50%	1.5	0.474 4	60.187 2	22.812 8	189.113 0	15 574.817 3
	−25%	2.25	0.419 7	60.242 1	13.074 4	167.037 0	15 507.934 1
	25%	3.75	0.350 9	60.331 9	0.517 7	139.297 1	15 393.137 2
	50%	4.5	0.334 9	60.377 1	0.000 0	132.750 0	15 341.410 0
t_d^0	−50%	0.15	0.377 1	60.293 0	38.489 6	149.958 4	15 409.795 8
	−25%	0.225	0.378 7	60.290 7	21.964 9	150.523 5	15 429.416 3
	25%	0.375	0.406 2	60.304 0	0.000 0	161.285 3	15 462.312 4
	50%	0.45	—	—	—	—	—
δ	−50%	0.002 5	0.367 1	60.283 3	0.000 0	145.975 3	15 447.251 2
	−25%	0.003 75	0.368 8	60.284 1	0.935 1	146.640 5	15 447.236 2
	25%	0.006 25	0.389 3	60.294 1	8.112 9	154.655 4	15 449.222 7
	50%	0.007 5	0.395 9	60.297 8	8.975 7	157.235 5	15 450.510 9
λ	−50%	0.4	0.367 1	60.283 3	0.000 0	145.975 3	15 447.251 2
	−25%	0.6	0.368 7	60.284 0	0.908 6	146.621 5	15 447.236 6
	25%	1	0.389 7	60.294 3	8.222 4	154.810 0	15 449.250 9
	50%	1.2	0.396 7	60.298 3	9.143 2	157.560 9	15 450.582 7
γ	−50%	0.005	0.378 9	60.288 4	5.582 9	150.601 3	15 447.806 3
	−25%	0.007 5	0.379 8	60.289 0	5.791 8	150.948 5	15 447.880 0
	25%	0.012 5	0.381 5	60.290 2	6.163 9	151.633 2	15 448.032 0
	50%	0.015	0.382 4	60.290 8	6.330 6	151.971 5	15 448.109 8

观察表 4－17 可知：

(1) 随着订购成本 A 的增大，T^*、p^*、ξ^* 和 Q^* 均增大，而 AP^* 减小。当系统的订购成本较低时，零售商将减少订购量以将销售周期控制在产品的初始保鲜期内，此时系统不需要投资保鲜技术；当订购成本较大时，为了减少订购次数零售商将会增加订购量并延长订购周期，因此也增加了在库期间由变质引起的损失量，从而需要投入更多的保鲜成本以降低产品的变质率。

(2) 随着单位购买成本 C_p 的增大，T^*、p^* 和 ξ^* 增大，而 Q^* 和 AP^* 减小。结果显示，对于购买成本较低的产品，不投资保鲜技术将是系统的最优策略；而当产品的购买成本较大时，零售商需要增加保鲜投入并提高销售价格，由此导致商品的需求下降，故相应的最优订购量也将减少。

(3) 随着库存持有成本 C_h 的增大，p^* 增大，而 T^*、ξ^*、Q^* 和 AP^* 均减小。当库存持有成本较大时，零售商一方面要通过减少订购量来减少库存持有量，相应地可减少保鲜技术投资，特别是，当库存持有成本继续增大，如增加到 50%时，最优保鲜技术投资降为 0。

(4) 随着产品初始保鲜期 t_d^0 的增大，T^*、Q^* 和 AP^* 增大，ξ^* 减小。对于初始保鲜期较长的产品来说，零售商可订购较多的产品以延长补货周期，同时减少保鲜技术投资，当初始保鲜期增大到一定程度时，最优保鲜技术投资可减少为 0，即不投资保鲜技术是库存系统的最优策略。

(5) 随着参数 δ 和 λ 的增大，T^*、p^*、ξ^* 和 Q^* 均增大。当 δ 和 λ 越大时，单位保鲜成本投资对产品保鲜期的延长效果也越好，从而可增加产品订购而延长最优订购周期，同时提高产品销售价格。

(6) 随着参数 γ 的增大，T^*、p^*、ξ^*、Q^* 和 AP^* 均增大。γ 反映保鲜技术投资对产品变质的抑制效果，其取值越大表示保鲜技术投资越有效，因此当 γ 较大时，零售商为了能够更好地抑制变质可提高保鲜投资，同时增加产品订购量。

4.6 本章小结

本章主要研究了各种市场环境和库存条件下需求受销售价格影响的易变质品的库存与定价联合决策问题。

(1) 考虑了一个有限时域内易变质品的生产与定价联合决策问题,假设需求与时间和销售价格均线性相关,允许缺货且部分延迟订购,在此基础上构建模型并通过数值方法给出特定参数条件下模型的最优解。此外,在算例中,考虑了需求随时间增大和减小两种不同的需求模式,并分别对这两种模式下参数的灵敏度进行了分析和比较,研究发现:① 需求模式的不同对有限时域内的最优生产策略及系统收益有较大影响,生产商可据此在不同的市场环境下调整自己的策略。当市场需求随时间增大时(如处于成长期的产品),可采用“小批量多批次”的生产方式,根据市场需求的变化灵活地决定每次的生产量;当市场需求随时间减小时(如处于衰退期的产品),建议生产商安排较少的生产周期,同时增大每次的生产量,即“大批量小批次”,由此可以减少由机器启动带来的生产准备成本。② 对于不同性质的产品其定价策略在不同需求模式下也各有不同。与产品处于成长期或销售季节开始时相比较,如果某类产品的有限时域较短或变质率比较大,则在衰退期或销售季末应采用降价的策略来消除库存、减少损失;相反,如果产品的有限时域较长或变质率较小,则在衰退期或销售季末可通过适当提升产品价格来增加边际收益。

(2) 考虑了一个无限时域内易变质品的生产与定价联合决策问题。具体假设产品以固定的生产率进行生产,以固定的变质率发生变质,需求同时受产品销售价格和库存水平的影响,系统允许缺货。分别考虑了当缺货发生时缺货量完全延迟订购和部分延迟订购的情况。运用数学和算例相结合的方法给出了相关证明，得出当产品的销售价格给定时，当参数满足一定条件时，系统存在最优的生产策略使系统的平均利润达到最大。接着给出了一个求解系统最优生产和定价联合策略的数值算法。最后通过算例，展示了模型和算法的应用并对相关参数的灵敏度进行了分析，得到一些有用的关于定价与生产管理的结论：① 当产品的需求受库存水平影响较大时，管理者应提高销售价格，增加最大库存水平并减少缺货量。② 对低变质率产品来说，随着产品变质率的增大，相应的销售价格应提高；但对高变质率产品而言，随着变质率的增大，应采用降低销售价格的策略以提高市场需求从而尽早将产品销售出去以避免产品变质。当产品的变质率较大时企业将缩短生产时间从而减少库存持有量以降低由产品变质带来的损失。③ 对于生产成本较高的产品来说，企业应当提高产品销售价格，同时减少库存持有量和缺货量。此外，最优定价和生产策略以及最优平均利润对生产成本的变化非常敏感。④ 当持有产品的成本(包括变质成本和持有成本)较大时，管理者应采用减少库存量同时降低销售价格的策略。⑤ 当由缺货引起的成本较大时(包括缺货成本、机会成本)，零售商应一方面需要提高销售价格，另一方面要保持较高的库存持有量并减少缺货量。

(3) 考虑了一个一般情况下的易变质品订购与定价联合决策问题。产品的变质率是关于时间的一般形式的可微函数，需求同时依赖于销售价格和即时库存水平，系统允许缺货且缺货量部分延迟订购。部分延迟订购率是与顾客等待时间相关的一般形式的可微减函数。以最大化系统平均利润为目标函数，详细讨论了模型最优解的存在性和唯一性，证明对于给定的销售价格，当参数满足一定条件时，使平均利润最大化的最优补货策略唯一存在；同时，对于给定的补货策略，最优销售策略也存在。此外，证明了在联合定价与订购决策下得到的最优销售价格总是大于单独进行定价决策时得到的最优策略。最后通过算例给出模型的数值应用，重点分析了库存水平对需求的影响系数和单位变质产品的处理成本对系统最优策略的影响，得到以下结论：① 如果零售商忽略库存水平对需求的影响或变质处理成本，制定的销售价格将偏低。② 当库存水平对需求的影响较大时，零售商应延长持有库存的时间并缩短缺货期。③ 当单位变质处理成本增加时，商家将缩短持有库存的时间并延长缺货期。④ 对需求受库存水平影响较小的产品来说，随着变质处理成本的增大，最优销售价格上升；反之，对需求受库存水平影响较大的产品来说，随着变质处理成本的增大，最优销售价格下降。

（4）考虑了一个非立即变质品的库存补货、定价与保鲜技术投资联合决策问题，其中需求与销售价格相关，变质期内的产品的变质率与时间相关，系统不允许缺货，零售商通过投资保鲜技术以减少由变质引起的损失。在以往的库存模型中认为保鲜技术只对抑制产品的变质率有作用，而不影响产品的保鲜期。事实上，保鲜技术投资不仅能够减小产品的变质率，而且可以延长产品的保鲜期，从而延长产品的货架生命。因此，在本书的模型中保鲜技术投资一方面会抑制产品在变质期内的变质率，另一方面有助于延长产品的保鲜期。尤其值得注意的是模型中的各函数均采用一般化形式以扩展模型的应用，即需求率是关于价格的任意非负、连续、递减的凸函数，变质率是关于时间的非负、连续、递增的凸函数，保鲜资本投入对变质率和保鲜期的影响均为非负、连续、递增的凹函数。进一步证明并给出了一些有用的理论结果用以刻画最优解的性质并给出一个有用的算法用以寻找最优解。在数值算例中展示了寻找最优解的具体迭代过程，同时观察发现平均利润是关于保鲜技术投入成本的严格凹函数。最后通过数值算例给出主要参数的灵敏度分析，得到一些结论：① 考虑保鲜技术对保鲜期的影响对零售商来说是有利的。② 随着产品的订购成本的增大，需要投入的保鲜成本也越多。③ 对于购买成本较大的产品来说，零售商需要增加保鲜投入、提高销售价格同时减少订购量。④ 当库存持有成本较大时，零售商应提高销售价格，同时减少订购量和保鲜投入成本。

第5章

考虑参照依赖行为的易变质品库存与定价联合决策问题

5.1 引　言

本章主要讨论当参照依赖有限理性行为影响人们的决策时，易变质品的库存与定价联合决策问题。已有的库存与定价联合决策模型大多建立在零售商和消费者完全理性的假设基础上。然而，越来越多的实验研究表明，决策者是进行有限理性决策的，人们的决策总是会偏离完全理性假设的结果[13]。Schweitzer 和 Cachon[14]用实证的方法在不同的成本参数下验证经典报童问题，结果发现，决策者总是一致性偏离使利润最大化的订购量。学者们从行为经济学的角度解释了这一现象，认为零售商具有损失厌恶的行为特征。后来，一些学者将决策者的损失厌恶行为考虑在内，重新研究了零售商在不确定环境下的订购问题[120, 122, 154]。

期望效用理论在传统的经济理论分析中扮演着核心角色，然而，关于不确定性决策的实证研究却表明：当人们被要求做出实际的决策时，其结果总是违背期望效用理论的公理。著名的“阿莱悖论”就是一个关于期望效用理论中独立性公理的反例。因此，期望效用理论的解释能力存在一定的局限性。而前景理论在一定程度上克服了期望效用理论的局限性，能够更好地描述风险下的个人决策行为。刘咏梅，彭民和李立[155]将前景理论应用于经典的报童模型，构建了相关模型，并通过数值方法计算了相应的前景价值。Liu，Song 和 Wu[156]基于前景理论考虑了离散随机需求下的报童模型，并给出了相应的理论分析。然而这些研究考虑的都是不允许缺货的零售商订购问题。因此，5.2 节基于前景理论考虑零售商具有参照依赖有限理性行为的单周期定价与订购联合决策问题，允许缺货且考虑资金的时间价值。此外，也给出基于期望效用理论的最优决策以便于对比分析。

已有文献大多假设消费者是完全理性的，认为消费者的购买决策只依赖于商品的当前售价。然而，众多消费者购买行为方面的研究都表明顾客的购买行为不仅依赖于购买时的商品标价，还与参照价格相关[123]。参照价格对需求的影响称为“参照效应”。Popescu 和 Wu[124]将参照效应定义为：$R(r-p,\ r)=D(p,\ r)-D(p,\ p)$。$R(x,\ r)(x=r-p)$ 用来衡量消费者相对于参照价格感知的“获得”或“损失”对需求的影响。经验证据表明，当感知的“获得”或“损失”越大时，对需求的绝对影响也越大，这一现象被称为“参照依赖”。此外，观察显示，对于普通商品来说，过去高价格的购买经历将会增加相同标价商品的购买可能性。因此参照效应具有如下性质。

(1) 需求 $D(p,\ r)$ 是非负有界连续函数，关于价格 p 递减，关于参照价格 r 递增。参照效应 $R(x,\ r)$ 是关于 x 的增函数。

(2) 当 $x>0$ 时，$R(x,\ r)\geqslant 0$；当 $x<0$ 时，$R(x,\ r)\leqslant 0$；当 $x=0$ 时，$R(0,\ r)=0$。$R(r-p,\ r)$ 是关于 r 的增函数。

由于损失厌恶的存在，Popescu 和 Wu[124]为了衡量这一影响，引入损失厌恶指数(Index of Loss Aversion) $\rho(r)=\lambda^-(r)/\lambda^+(r)$，其中 $\lambda^-(r)$ 和 $\lambda^+(r)$ 分别表示 $R(x,\ r)$ 在 $x=0$ 处关于 x 的左偏导数和右偏导数，从而定义了以下三种不同的消费者偏好：当 $\rho(\cdot)>1$ 时，损失厌恶(Loss Averse, LA)；当 $\rho(\cdot)\equiv 1$ 时，损失中性(Loss Neutral, LN)；当 $\rho(\cdot)<1$ 时，损失偏

爱(Loss Seeking，LS)。

目前关于参照效应的相关模型研究主要集中在动态定价领域，详见第 2 章文献综述。在库存与定价联合决策问题上，考虑消费者的参照效应的研究很少，通过查阅文献仅发现一篇类似研究。Urban[131]构建了一个考虑消费者参照效应的单周期联合定价-订购模型，并提出了一个针对非对称参照效应模型的最优解求解方法。因此，目前对于多周期下易变质品的库存与定价联合决策问题，还没有相关文献考虑消费者的参照价格对需求的影响。5.3 节讨论了一个需求与其销售价格和消费者心目中的参照价格相关、变质率为常数的易变质品订购与定价联合决策问题，系统允许缺货且缺货量完全损失，分别讨论了消费者的参照效应为对称和非对称两种情形。

5.2　零售商具有参照依赖行为的订购与定价联合决策问题

本节基于前景理论构建了一个随机需求下单周期订购与定价联合决策模型。假设需求与价格相关，并且需求不确定性为相加形式；系统允许缺货，同时考虑资金的时间价值。此外，为了便于对比分析，同时也构建了基于期望效用理论的相关模型，并给出最优解析解。进一步通过数值方法求解得到两种理论下的最优定价与订购策略，并对相应的结果进行分析。

5.2.1　假设与符号说明

本节用到的假设和符号说明如下。

(1) 考虑一个单周期库存系统，补货率无穷大且提前期为 0。

(2) c 表示单位产品的购买成本，p($p\geq c$)表示单位产品的销售价格(决策变量)。

(3) 产品在销售周期内的需求量 D 依赖于销售价格 p 的随机变量，并满足相加形式，表示为 $D(p, \varepsilon)=E[D(p, \varepsilon)]+\varepsilon \geqslant 0$。其中 $E[D(p, \varepsilon)]=\alpha_0-\alpha_1 p$，$(\alpha_0, \alpha_1>0)$；$\varepsilon$ 是均值为 0 的随机扰动量，其概率分布函数为 $F(\cdot)$，概率密度函数为 $f(\cdot)$。

(4) $x(x \geqslant 0)$ 表示期初补货前的库存水平，$y(y \geqslant x)$ 表示补货后的库存水平(决策变量)，订购量为 $Q=y-x$。

(5) 若销售期末产品过剩，即 $D(p, \varepsilon) \leqslant y$，则单位过剩产品会产生一个持有成本 $h(h \geqslant 0)$，并会以残值 $s(s<c)$ 出售；若销售期内发生缺货，即 $D(p, \varepsilon)>y$，则假设未满足的需求全部延迟并在期末一次性全部补货，而单位缺货成本为 b。

(6) $\beta(0<\beta \leqslant 1)$ 表示资金一个周期的贴现率。为了确保不订购而仅仅通过累积延迟的需求量而获利的情况不是最优策略，假设 $b>(1-\beta)c$；另外，为了保证延迟订购策略对零售商有利，假设 $p>b+\beta c$，即单位延迟需求的收益大于成本。

(7) 令 $z=y-E[D(p, \varepsilon)]$，称之为“安全库存水平”。p_1^*、z_1^*、S_1^*、y_1^* 和 Q_1^* 分别表示基于期望效用理论而得到的最优定价、最优安全库存水平、最优库存到达水平、最优补货策略和最优订购量；相应地，p_2^*、z_2^*、S_2^*、y_2^* 和 Q_2^* 分别表示基于前景理论得到的相应最优参量。

5.2.2 模型构建与分析

根据以上假设与符号表示，可知零售商的利润 $\pi(p, y)$ 可表示为

$$\pi(p, y)=\begin{cases} pD(p, \varepsilon)-(h-\beta s)(y-D(p, \varepsilon))-c(y-x), \\ \qquad D(p, \varepsilon) \leqslant y \\ pD(p, \varepsilon)-(b+\beta c)(D(p, \varepsilon)-y)-c(y-x), \\ \qquad D(p, \varepsilon)>y \end{cases} \tag{5-1}$$

由 $z = y - E[D(p, \varepsilon)]$，有 $y = z + E[D(p, \varepsilon)]$，代入式(5 - 1)，整理得

$$\pi(p, z) = \begin{cases} (p-c)E[D(p, \varepsilon)] - (c+h-\beta s)z + cx + (p+h-\beta s)\varepsilon, \\ \qquad \varepsilon \leqslant z \\ (p-c)E[D(p, \varepsilon)] + [b-(1-\beta)c]z + cx + (p-b-\beta c)\varepsilon, \\ \qquad \varepsilon > z \end{cases} \tag{5-2}$$

5.2.2.1　基于期望效用理论的模型

用 u 代表实际实现的需求扰动 ε，根据期望效用理论，由式(5 - 2)可得，零售商的期望利润为

$$\begin{aligned} E[\pi(p, z)] = & \int_{-\infty}^{z} [p(E[D(p, \varepsilon)] + u) - (h - \beta s)(z-u) - \\ & c(E[D(p, \varepsilon)] + z - x)]f(u)\mathrm{d}u + \\ & \int_{z}^{+\infty} [p(E[D(p, \varepsilon)] + u) - (b + \beta c)(u - z) - \\ & c(E[D(p, \varepsilon)] + z - x)]f(u)\mathrm{d}u \end{aligned} \tag{5-3}$$

化简得

$$\begin{aligned} E[\pi(p, z)] = & pE[D(p, \varepsilon)] - c(E[D(p, \varepsilon)] + z - x) - \\ & (h - \beta s)\int_{-\infty}^{z}(z-u)f(u)\mathrm{d}u - \\ & (b + \beta c)\int_{z}^{+\infty}(u-z)f(u)\mathrm{d}u \end{aligned} \tag{5-4}$$

分别求 $E[\pi(p, z)]$关于 p 和 z 的一阶偏导数并令其值等于 0，得

$$\frac{\partial E[\pi(p, z)]}{\partial p} = \alpha_0 - 2\alpha_1 p + \alpha_1 c = 0 \tag{5-5}$$

$$\frac{\partial E[\pi(p, z)]}{\partial z} = -c - [h + b + \beta(c - s)]F(z) + (b + \beta c) = 0 \tag{5-6}$$

求解式(5－5)和式(5－6)得

$$p_1^* = \frac{\alpha_0 + \alpha_1 c}{2\alpha_1} \tag{5-7}$$

$$z_1^* = F^{-1}\left(\frac{b-(1-\beta)c}{h+b+\beta(c-s)}\right) \tag{5-8}$$

进一步,验证二阶充分条件有

$$\frac{\partial^2 E[\pi(p, z)]}{\partial p^2} = -2\alpha_1 < 0$$

$$\frac{\partial^2 E[\pi(p, z)]}{\partial z^2} = -[h+b+\beta(c-s)]f(z) < 0$$

$$\frac{\partial^2 E[\pi(p, z)]}{\partial p \partial z} = \frac{\partial^2 E[\pi(p, z)]}{\partial z \partial p} = 0$$

令 $E[\pi(p, z)]$ 的海塞矩阵为 $\boldsymbol{H}$,则有 $|\boldsymbol{H}| > 0$。H 为负定,即 $E[\pi(p, z)]$ 是关于 p 和 z 的凹函数,因此,(p_1^*, z_1^*) 是使期望利润 $E[\pi(p, z)]$ 取得最大值的最优解,即 p_1^* 为最优定价。

综上,最优库存到达水平,即期初补货后应达到的最优库存水平为

$$S_1^* = z_1^* + E[D(p_1^*, \varepsilon)] = F^{-1}\left(\frac{b-(1-\beta)c}{h+b+\beta(c-s)}\right) + \frac{\alpha_0 - \alpha_1 c}{2} \tag{5-9}$$

显然,当 $x \leqslant S_1^*$ 时,有 $y_1^* = S_1^*$;当 $x > S_1^*$ 时,有 $y_1^* = x$。从而,最优补货策略为

$$y_1^* = \begin{cases} S_1^*, & x < S_1^* \\ x, & x \geqslant S_1^* \end{cases} \tag{5-10}$$

那么,最优订购量为

$$Q_1^* = \begin{cases} S_1^* - x, & x < S_1^* \\ 0, & x \geqslant S_1^* \end{cases} \tag{5-11}$$

5.2.2.2　基于前景理论的模型

前景理论假设风险决策过程分为“编辑”和“评价”两个阶段。在编辑阶段，个人以“框架”和“参照点”等为标准来采集和处理信息；在评价阶段，依赖价值函数和主观概率的权重函数对信息予以判断。在该理论中，“偏好”通过相对参照点的偏离而定义，而不是相对结果的最终状态，正的偏离被标记为“获得”，而负的偏离被标记为“损失”。定义一个前景(a_1, q_1, …, a_n, q_n)，即结果 a_i 以概率 q_i 出现，其中 $q_1+\cdots+q_n=1$，那么根据前景理论，该前景价值表示为

$$V(a_1, q_1, \cdots, a_n, q_n)=\sum_{i=1}^{n} w(q_i) v(a_i-a_0) \tag{5-12}$$

其中，a_0 表示参照点，$v(a_i-a_0)$ 表示价值函数，$w(q_i)$ 表示权重函数。

Tversky 和 Kahneman[118] 通过实证研究得出了决策权重函数的形式，“获得”和“损失”的权重函数 w^+ 和 w^- 分别为

$$w^+=\frac{P^\gamma}{[P^\gamma+(1-P)^\gamma]^{1/\gamma}} \tag{5-13}$$

$$w^-=\frac{P^\delta}{[P^\delta+(1-P)^\delta]^{1/\delta}} \tag{5-14}$$

假设零售商对利润的最低期望为 $\pi_0 \geqslant 0$，实际利润为 π。当 $\pi \geqslant \pi_0$ 时，其感知“获得”；相反，当 $\pi < \pi_0$ 时，则感知“损失”。根据前景理论的基本假设，决策者有厌恶损失的倾向，参照文献[14, 118, 120, 156]采用如下形式的损失规避效用函数：

$$v(\pi-\pi_0)=\begin{cases}\pi-\pi_0, & \pi \geqslant \pi_0 \\ \lambda(\pi-\pi_0), & \pi < \pi_0\end{cases} \tag{5-15}$$

其中 $\lambda \geqslant 1$ 称为零售商的损失厌恶系数，表示其损失厌恶的程度。当 $\lambda = 1$ 时，零售商是损失中性的；当 $\lambda > 1$ 时，零售商则具有损失厌恶的行为特征，

并且 λ 的值越大，表示零售商损失规避的程度越高。

令 $\pi=\pi_0$，由式(5-2)可知，当 $\varepsilon=z_a(p, z)$ 或 $\varepsilon=z_b(p, z)$ 时，零售商的利润达到其最低期望 π_0，此时感知收益为 0；当 $\varepsilon>z_a(p, z)$ 或 $\varepsilon>z_b(p, z)$ 时，零售商感知"获得"；当 $\varepsilon<z_a(p, z)$ 或 $\varepsilon<z_b(p, z)$ 时，零售商感知"损失"。其中

$$z_a(p, z)=\frac{\pi_0-cx-(p-c)E[D(p, \varepsilon)]+(c+h-\beta s)z}{(p+h-\beta s)},$$

$$z_b(p, z)=\frac{\pi_0-cx-(p-c)E[D(p, \varepsilon)]-[b-(1-\beta)c]z}{(p-b-\beta c)}。$$

情况 1：如果 $z\geqslant\dfrac{\pi_0-cx}{p-c}-E[D(p, \varepsilon)]$，那么满足 $z\geqslant z_a$ 和 $z\geqslant z_b$。

(1) 当 $z_a\leqslant\varepsilon\leqslant z$ 时，零售商感知"获得"，其概率为 $P_1=F(z)-F(z_a)$，价值函数为

$$\begin{aligned}v_1(p, z)&=\int_{z_a}^{z}(\pi(p, z)-\pi_0)f(u)\mathrm{d}u\\&=[(p-c)E[D(p, \varepsilon)]-(c+h-\beta s)z+cx-\pi_0]P_1+\\&\quad(p+h-\beta s)\int_{z_a}^{z}uf(u)\mathrm{d}u\end{aligned}$$

(2) 当 $\varepsilon\geqslant z$ 时，零售商感知"获得"，其概率为 $P_2=1-F(z)$，价值函数为

$$\begin{aligned}v_2(p, z)&=\int_{z}^{\infty}(\pi(p, z)-\pi_0)f(u)\mathrm{d}u\\&=[(p-c)E[D(p, \varepsilon)]+[b-(1-\beta)c]z+cx-\pi_0]P_2+\\&\quad(p-b-\beta c)\int_{z}^{\infty}uf(u)\mathrm{d}u\end{aligned}$$

(3) 当 $\varepsilon<z_a$ 时，零售商感知"损失"，其概率为 $P_3=F(z_a)$，价值函数为

$$
\begin{aligned}
v_3(p,\ z) &= \int_{-\infty}^{z_a} \lambda(\pi(p,\ z)-\pi_0)f(u)\mathrm{d}u \\
&= \lambda\Big\{\big[(p-c)E[D(p,\ \varepsilon)]-(c+h-\beta s)z+cx-\pi_0\big]P_3+ \\
&\quad (p+h-\beta s)\int_{-\infty}^{z_a} uf(u)\mathrm{d}u\Big\}
\end{aligned}
$$

因此，由式(5-11)—式(5-13)可得，情况 1 下零售商的前景价值函数为

$$
\begin{aligned}
V_1(p,\ z) &= w^+(P_1)v_1(p,\ z)+w^+(P_2)v_2(p,\ z)+w^-(P_3)v_3(p,\ z) \\
&= \frac{P_1{}^{\gamma}}{[P_1{}^{\gamma}+(1-P_1)^{\gamma}]^{1/\gamma}}\Big\{\big[(p-c)E[D(p,\ \varepsilon)]- \\
&\quad (c+h-\beta s)z+cx-\pi_0\big]P_1+(p+h-\beta s)\int_{z_a}^{z} uf(u)\mathrm{d}u\Big\}+ \\
&\quad \frac{P_2{}^{\gamma}}{[P_2{}^{\gamma}+(1-P_2)^{\gamma}]^{1/\gamma}}\Big\{\big[(p-c)E[D(p,\ \varepsilon)]+ \\
&\quad [b-(1-\beta)c]z+cx-\pi_0\big]P_2+(p-b-\beta c)\int_{z}^{\infty} uf(u)\mathrm{d}u\Big\}+ \\
&\quad \frac{P_3{}^{\delta}}{[P_3{}^{\delta}+(1-P_3)^{\delta}]^{1/\delta}}\lambda\Big\{\big[(p-c)E[D(p,\ \varepsilon)]- \\
&\quad (c+h-\beta s)z+cx-\pi_0\big]P_3+(p+h-\beta s)\int_{-\infty}^{z_a} uf(u)\mathrm{d}u\Big\}
\end{aligned}
\tag{5-16}
$$

情况 2：如果 $z<\dfrac{\pi_0-cx}{p-c}-E[D(p,\ \varepsilon)]$，那么满足 $z<z_a$ 和 $z<z_b$。

(1) 当 $\varepsilon \geqslant z_b$ 时，零售商感知“获得”，其概率为 $P_4=1-F(z_b)$，价值函数为

$$
\begin{aligned}
v_4(p,\ z) &= \int_{z_b}^{\infty} (\pi(p,\ z)-\pi_0)f(u)\mathrm{d}u \\
&= \big[(p-c)E[D(p,\ \varepsilon)]+[b-(1-\beta)c]z+cx-\pi_0\big]P_4+ \\
&\quad (p-b-\beta c)\int_{z_b}^{\infty} uf(u)\mathrm{d}u
\end{aligned}
$$

(2) 当 $\varepsilon \leqslant z$ 时,零售商感知"损失",其概率为 $P_5 = F(z)$,价值函数为

$$
\begin{aligned}
v_5(p, z) &= \int_{-\infty}^{z} \lambda(\pi(p, z) - \pi_0) f(u)\mathrm{d}u \\
&= \lambda\Big\{[(p-c)E[D(p, \varepsilon)] - (c+h-\beta s)z + cx - \pi_0]P_5 + \\
&\quad (p+h-\beta s)\int_{-\infty}^{z} uf(u)\mathrm{d}u\Big\}
\end{aligned}
$$

(3) 当 $z < \varepsilon < z_b$ 时,零售商感知"损失",其概率为 $P_6 = F(z_b) - F(z)$,价值函数为

$$
\begin{aligned}
v_6(p, z) &= \int_{z}^{z_b} \lambda(\pi(p, z) - \pi_0) f(u)\mathrm{d}u \\
&= \lambda\Big\{[(p-c)E[D(p, \varepsilon)] + [b-(1-\beta)c]z + cx - \pi_0]P_6 + \\
&\quad (p-b-\beta c)\int_{z}^{z_b} uf(u)\mathrm{d}u\Big\}
\end{aligned}
$$

因此,可得情况 2 下零售商的前景价值函数为

$$
\begin{aligned}
V_2(p, z) &= w^+(P_4)v_4(p, z) + w^-(P_5)v_5(p, z) + w^-(P_6)v_6(p, z) \\
&= \frac{P_4^{\ \gamma}}{[P_4^{\ \gamma} + (1-P_4)^{\gamma}]^{1/\gamma}}\Big\{[(p-c)E[D(p, \varepsilon)] + [b-(1-\beta)c]z + \\
&\quad cx - \pi_0]P_4 + (p-b-\beta c)\int_{z_b}^{\infty} uf(u)\mathrm{d}u\Big\} + \\
&\quad \frac{P_5^{\ \delta}}{[P_5^{\ \delta} + (1-P_5)^{\delta}]^{1/\delta}}\lambda\Big\{[(p-c)E[D(p, \varepsilon)] - \\
&\quad (c+h-\beta s)z + cx - \pi_0]P_5 + (p+h-\beta s)\int_{-\infty}^{z} uf(u)\mathrm{d}u\Big\} + \\
&\quad \frac{P_6^{\ \delta}}{[P_6^{\ \delta} + (1-P_6)^{\delta}]^{1/\delta}}\lambda\Big\{[(p-c)E[D(p, \varepsilon)] + \\
&\quad [b-(1-\beta)c]z + cx - \pi_0]P_6 + (p-b-\beta c)\int_{z}^{z_b} uf(u)\mathrm{d}u\Big\}
\end{aligned}
\tag{5-17}
$$

综上,零售商的前景价值函数可表示为

$$V(p, z)=\begin{cases}V_1(p, z), & z \geqslant \dfrac{\pi_0-cx}{p-c}-E[D(p, \varepsilon)] \\ V_2(p, z), & z<\dfrac{\pi_0-cx}{p-c}-E[D(p, \varepsilon)]\end{cases} \tag{5-18}$$

目的是求出最优解(p_2^* , z_2^*)使目标函数 $V(p, z)$取得最大值。该问题属于有约束的最优化问题,参数赋值后可通过 MATLAB 软件中提供的 FMINCON 函数求解得到最优的数值解(p_2^* , z_2^*),其中 p_2^* 即为最优定价。因此可得到最优库存到达水平为

$$S_2^*=z_2^*+E[D(p_2^*, \varepsilon)]=z_2^*+\alpha_0-\alpha_1 p_2^* \tag{5-19}$$

从而可得到最优补货策略为

$$y_2^*=\begin{cases}S_2^*, & x<S_2^* \\ x, & x \geqslant S_2^*\end{cases} \tag{5-20}$$

那么,最优订购量为

$$Q_2^*=\begin{cases}S_2^*-x, & x<S_2^* \\ 0, & x \geqslant S_2^*\end{cases} \tag{5-21}$$

5.2.3　算例分析

在这一部分,将利用 MATLAB 中的 FMINCON 函数,通过数值方法,求解分别基于期望效用理论和前景理论构建的模型各自的最优定价和订购策略,并分析两者之间的关系。针对情况 1 和情况 2 下参数需要满足的条件不同,分别给出以下两组不同的数值算例。

例 5 - 1　假设需求的随机扰动量 ε 在区间(−50, 50)上服从均匀分

布，即 $\varepsilon \sim U(-50,\ 50)$，并且令 $\alpha_0 = 300$ 件，$\alpha_1 = 5$ 件 / 元，$c = 15$ 元，$h = 4$ 元，$s = 10$ 元，$b = 3$ 元，$\beta = 0.95$，$\pi_0 = 500$ 元，$x = 20$ 件。此外，对模型中 λ、γ 和 δ 的取值，采用 Tversky 和 Kahneman[118] 通过实验得出的数值，即 $\lambda = 2.25$，$\gamma = 0.61$，$\delta = 0.69$。

根据 $\varepsilon \sim U(-50,\ 50)$，可知

$$f(u) = \begin{cases} 1/100, & -50 < u < 50 \\ 0, & \text{其他} \end{cases} \tag{5-22}$$

$$F(u) = \begin{cases} 0, & u < -50 \\ \dfrac{u+50}{100}, & -50 \leqslant u < 50 \\ 1, & u \geqslant 50 \end{cases} \tag{5-23}$$

将以上参数取值以及式(5-22)—式(5-23)代入模型，由式(5-7)和式(5-8)，容易得到 $(p_1^*,\ z_1^*) = (37.5,\ -30.8511)$，代入式(5-9)可得 $S_1^* = 81.6489 > 20$，那么，由式(5-11)可以得到最优订购量为 $Q_1^* = 61.6489$，由式(5-4)可得最优期望利润为 $E[\pi(p_1^*,\ z_1^*)] = 2955.1000$。

进一步，通过 FMINCON 函数可求得 $(p_2^*,\ z_2^*) = (45.8930,\ -4.2754)$，代入式(5-19)得 $S_2^* = 66.2594 > 20$，进而由式(5-21)得最优订购量为 $Q_2^* = 46.2594$。此外，容易计算得到，例 5-1 中参数及变量取值满足 $z \geqslant \dfrac{\pi_0 - cx}{p - c} - E[D(p,\ \varepsilon)]$，即属于情况 1，因此零售商的前景价值函数为 $V_1(p,\ z)$，从而，由式(5-16)可得最优前景价值为 $V(p_2^*,\ z_2^*) = 799.2112$。

例 5-2 保持其他参数取值与例 5-1 中的相同，令 $\alpha_0 = 150$ 件，$\pi_0 = 200$ 元，$x = 5$ 件。将各参数取值代入式(5-7)和式(5-8)，可得到 $(p_1^*,\ z_1^*) = (22.5,\ -30.8511)$，从而由式(5-9)可得 $S_1^* = 6.6489 > 5$，那么，由

式(5-11)可得最优订购量为$Q_1^* = 1.6489$，由式(5-4)得最优期望利润为$E[\pi(p_1^*, z_1^*)] = 480.1413$。

同样在给定参数取值的情况下，利用 FMINCON 函数可求得$(p_2^*, z_2^*) = (22.0930, -33.5734)$，由式(5-19)可得$S_2^* = 5.9618 > 5$，由式(5-21)可得最优订购量为$Q_2^* = 0.9618$。进而将参数及变量取值代入验证条件，发现例5-2中参数及变量取值满足$z < \frac{\pi_0 - cx}{p - c} - E[D(p, \varepsilon)]$，即属于情况2，因此，零售商的前景价值函数为$V_2(p, z)$，从而由式(5-17)可得最优前景价值为$V(p_2^*, z_2^*) = 32.5518$。

表5-1和表5-2分别给出了以例5-1和例5-2中的参数取值为基础的持有成本取值变化对最优策略的影响。

表5-1 情况1下持有成本 *h* 对最优策略的影响

h	p_1^*	Q_1^*	$E[\pi(p_1^*, z_1^*)]$	p_2^*	Q_2^*	$V(p_2^*, z_2^*)$
5.0000	37.50	60.1471	2953.5000	45.6569	46.0707	813.8913
6.0000	37.50	58.8636	2952.0000	45.4481	45.6283	829.6575
7.0000	37.50	57.7542	2950.8000	45.2694	44.9304	846.5814
8.0000	37.50	56.7857	2949.7000	44.1872	57.0856	817.9152
9.0000	37.50	55.9328	2948.7000	43.9766	56.5094	831.9752
10.0000	37.50	55.1761	2947.9000	43.7200	56.6776	844.0361

表5-2 情况2下持有成本 *h* 对最优策略的影响

h	p_1^*	Q_1^*	$E[\pi(p_1^*, z_1^*)]$	p_2^*	Q_2^*	$V(p_2^*, z_2^*)$
1.0000	22.50	8.2143	487.5273	22.0664	3.4643	35.0149
2.0000	22.50	5.5769	484.5603	22.0797	2.4545	34.0948
3.0000	22.50	3.4302	482.1453	22.0879	1.6415	33.2818

续 表

h	$p_1{}^*$	$Q_1{}^*$	$E[\pi(p_1{}^*, z_1{}^*)]$	$p_2{}^*$	$Q_2{}^*$	$V(p_2{}^*, z_2{}^*)$
4.000 0	22.50	1.648 9	480.141 3	22.093 0	0.961 8	32.551 8
5.000 0	22.50	0.147 1	478.451 7	22.095 9	0.379 0	31.888 7
6.000 0	22.50	0	477.007 8	22.097 5	0	31.280 9
7.000 0	22.50	0	475.759 8	22.097 9	0	30.719 9

观察表 5－1 和表 5－2 发现，随着持有成本 h 的逐渐增加，基于期望效用理论而得到的最优定价 $p_1{}^*$ 保持不变，最优订购量 $Q_1{}^*$ 和期望利润 $E[\pi(p_1{}^*, z_1{}^*)]$ 逐渐减小。显然，通过式(5－4)、式(5－7)和式(5－11)，容易观察得出相同的结论。

另外，对于情况 1(如表 5－1 所示)，随着持有成本 h 的逐渐增加，基于前景理论而得到的最优定价 $p_2{}^*$ 逐渐减小，但总有 $p_2{}^* > p_1{}^*$，即基于前景理论得到的最优定价大于基于期望效用理论得到的最优定价，也就是说当库存水平较高时，损失厌恶的零售商的最优定价偏高于完全理性人的最优定价。对于情况 2(如表 5－2 所示)，随着持有成本 h 的逐渐增加，基于前景理论而得到的最优定 $p_2{}^*$ 价逐渐增大，而最优订购量 $Q_2{}^*$ 和前景价值 $V(p_2{}^*, z_2{}^*)$ 逐渐减小，而且总有 $p_2{}^* < p_1{}^*$，即基于前景理论得到的最优定价小于基于期望效用理论得到的最优定价，亦即当库存水平较低时，损失厌恶的零售商的最优定价偏低于完全理性人的最优定价。

此外，当持有成本 h 较小时(如表 5－1 中 $h \leqslant 7$ 和表 5－2 中 $h \leqslant 4$)，有 $Q_2{}^* < Q_1{}^*$，即基于前景理论得到的最优订购量小于基于期望效用理论得到的最优订购量；而当持有成本 h 较大时(如表 5－1 中 $h \geqslant 8$ 和表 5－2 中 $h \geqslant 5$)，有 $Q_2{}^* \geqslant Q_1{}^*$，即基于前景理论得到的最优订购量大于基于期望效用理论得到的最优订购量。

5.3　消费者具有参照依赖行为的订购与定价联合决策问题

本节在考虑消费者参照效应的基础上，构建了一个易变质品的订购与定价联合决策模型。假设产品的需求与销售价格和参照价格同时相关，变质率为常数，不允许缺货，分别讨论了消费者的参照效应为对称和非对称两种情形，证明了两种情况下系统最优解的存在性。此外，针对非对称参照效应模型，提出一个求解算法。最后，通过数值方法分析了消费者行为参数对系统最优解的影响。

5.3.1　假设与符号说明

本节用到的假设和其他符号说明如下。

(1) 计划时域无限，补货率无穷大且提前期为 0。

(2) $I(t)$ 表示 $t \in [0, T]$ 时刻的库存水平，$T(T \geqslant 0)$ 表示补货周期的长度(决策变量)。

(3) 产品的变质率 $\theta(0 \leqslant \theta \leqslant 1)$ 为常数。

(4) 缺货期内需求完全损失，即不允许缺货。

(5) 产品的参照价格 r 为常数。消费者关于某种产品参照价格的形成受多种因素的影响，比如同类产品的价格、广告宣传、个人收入、产品质量/效用、品牌认可、购物经历，等等。通常参照价格会随着时间或经历的变化而变化，但对于新产品引入市场，或零售商决定启用新的定价策略两种情况，初始参照价格可作为一个外生参数[75]。因此，该假设具有一定的实际意义。

(6) 由于消费者在进行购买决策时不仅会考虑产品的实际销售价格

p，而且会将产品在其心目中的参照价格 r 与实际销售价格 p 进行比较来判断得失，进而做出是否购买的决策。因此，产品的需求不仅与产品的价格 p 有关，而且受其参照价格 r 的影响，是关于 p 的减函数、关于 r 的增函数。假设参照效应为线性，那么消费者的需求函数为

$$D(p, r) = d_0(p) + \gamma_1 \max\{r - p, 0\} + \gamma_2 \min\{r - p, 0\} \tag{5-24}$$

其中，基本需求 $d_0(p)$ 是非负、有界、连续、可微、关于 p 的减函数，$p \in P = [C_p, \bar{p}]$ 且 $d_0(\bar{p}) = 0$；$\gamma_1 \max\{r - p, 0\} + \gamma_2 \min\{r - p, 0\}$ 表示参照效应，γ_1、$\gamma_2 \geqslant 0$ 分别为获得和损失参照效应系数。如图 5-1 所示，当 $\gamma_1 = \gamma_2$ 时，消费者的参照效应为对称的，此时消费者是损失中性的；当 $\gamma_1 \neq \gamma_2$ 时，消费者的参照效应为非对称的，具体而言，当 $\gamma_1 < \gamma_2$ 时，消费者是损失厌恶的；当 $\gamma_1 > \gamma_2$ 时，消费者是损失偏爱的。

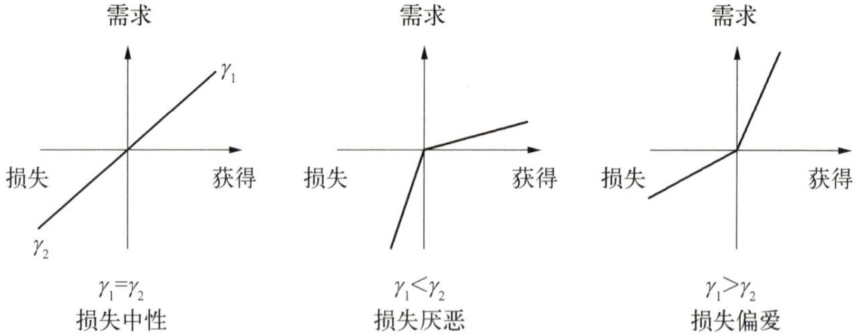

图 5-1　线性参照效应下三种不同类型消费者面对损失和获得时对需求的反应

为了简化模型，具体考虑基本需求 $d_0(p)$ 为线性函数的情形，假设 $d_0(p) = \alpha - \beta p (\alpha > 0, \beta > 0)$，从而由 $d_0(\bar{p}) = 0$ 可求得 $\bar{p} = \alpha / \beta$。此时，需求函数可表示为

$$D(p, r) = \begin{cases} \alpha - \beta p + \gamma_1 (r - p), & p < r \\ \alpha - \beta p + \gamma_2 (r - p), & p > r \end{cases} \tag{5-25}$$

5.3.2 模型构建与分析

一个补货周期内库存水平的变化趋势如图 5-2 所示。在 $t=0$ 时，系统通过补货达到最高库存水平 I_0，即 $I_0=I(0)$。随着时间的推移，在需求和变质的共同作用下，库存水平逐渐下降直到 $t=T$ 此时库存水平降为 0，即 $I(T)=0$，至此一个补货周期结束，下一个补货周期开始。由上可知，系统的订购量 $Q=I(0)$。

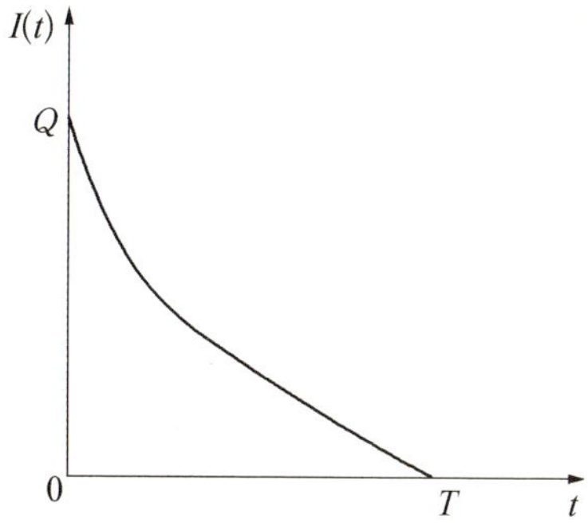

图 5-2　库存水平在补货周期内的变化趋势图

可知，库存水平 $I(t)$ 关于时间的变化情况可用下列微分方程来表示：

$$\frac{\mathrm{d}I(t)}{\mathrm{d}t}=-D(p,\ r)-\theta I(t) \tag{5-26}$$

由边界条件 $I(T)=0$，求解式(5-26)，可得

$$I(t)=\frac{D(p,\ r)}{\theta}(\mathrm{e}^{\theta(T-t)}-1) \tag{5-27}$$

从而，一个补货周期的订购量为

$$Q=I(0)=\frac{D(p,\ r)}{\theta}(\mathrm{e}^{\theta T}-1) \tag{5-28}$$

累积持有库存量为

$$\int_0^T I(t)dt=\frac{D(p,\ r)(\mathrm{e}^{\theta T}-1-\theta T)}{\theta^2} \tag{5-29}$$

那么，一个周期内的利润构成要素有

(1) 固定订购成本 $FC=A$；

(2) 购买成本 $PC = C_p\left[\int_0^T D(p, r)\mathrm{d}t + \int_0^T \theta I(t)\mathrm{d}t\right] = C_p D(p, r)T + C_p\theta\int_0^T I(t)\mathrm{d}t$;

(3) 库存持有成本 $HC = C_h\int_0^T I(t)\mathrm{d}t$;

(4) 变质成本 $DC = C_d\int_0^T \theta I(t)\mathrm{d}t$;

(5) 收益 $SR = p\int_0^T D(p, r)\mathrm{d}t = pD(p, r)T$。

因此,一个补货周期内的总利润为

$$\begin{aligned} TP(T, p) &= SR - FOC - PC - HC - DC \\ &= D(p, r)\left[(p - C_p)T - [(C_p + C_d)\theta + C_h]\cdot \frac{(\mathrm{e}^{\theta T} - 1 - \theta T)}{\theta^2}\right] - A \end{aligned} \tag{5-30}$$

从而,单位时间的平均利润为

$$AP(T, p) = \frac{TP(T, p)}{T} \tag{5-31}$$

接下来分别讨论参照效应为对称和非对称两种情况下系统的最优策略及其特征。

情况 1:对称参照效应 ($\gamma_1 = \gamma_2$)

当消费者的参照效应对称时,即消费者为损失中性时,有 $\gamma_1 = \gamma_2$,这里令 $\gamma = \gamma_1 = \gamma_2$,此时需求函数连续、可微,可表示为

$$D(p, r) = \alpha - \beta p + \gamma(r - p) \tag{5-32}$$

进一步化简合并有

$$D(p, r) = (\alpha + \gamma r) - (\beta + \gamma)p \tag{5-33}$$

令 $A_0 = \alpha + \gamma r$，$A_1 = \beta + \gamma$，那么有

$$D(p, r) = A_0 - A_1 p (A_0 > 0, A_1 > 0) \tag{5-34}$$

将式(5－34)代入式(5－30)，得

$$TP(T, p) = (A_0 - A_1 p)\left[(p - C_p)T - [(C_p + C_d)\theta + C_h] \cdot \frac{(e^{\theta T} - 1 - \theta T)}{\theta^2}\right] - A \tag{5-35}$$

综上，当消费者为损失中性时，问题可表述为

(P－1)

$$\max_{T, p} AP(T, p) = \frac{TP(T, p)}{T}$$

$$s.t.\begin{cases} T > 0 \\ C_p \leqslant p \leqslant \bar{p} \end{cases}$$

目标是要确定最优的订货周期 T 和销售价格 p 使平均利润最大化。显然问题(P－1)属于分式规划问题，见附录 A。

对于一个库存系统来说，如果一个补货周期的总利润为负值，即 $TP(T, p) < 0$，那么从经济管理角度来说该系统就不可能运作。因此，在不失一般性的情况下，为了确保库存系统能够营利或至少持平，假设 $S = \{T \geqslant 0, p \geqslant 0: -TP(T, p) \leqslant 0\}$ 非空。

引理 5－1： $AP(T, p)$ 是关于 T 的严格伪凹函数，关于 p 的严格凹函数。

证明： 根据式(5－35)分别求 $TP(T, p)$ 关于 T 和 p 的一阶和二阶偏导数，得

$$\frac{\partial TP(T, p)}{\partial T} = (A_0 - A_1 p)\left[(p - C_p) - [(C_p + C_d)\theta + C_h]\frac{(e^{\theta T} - 1)}{\theta}\right] \tag{5-36}$$

$$\frac{\partial^2 TP(T,\ p)}{\partial T^2} = -(A_0 - A_1 p)[(C_p + C_d)\theta + C_h]e^{\theta T} < 0 \tag{5-37}$$

$$\frac{\partial TP(T,\ p)}{\partial p} = -A_1\left[(p - C_p)T - [(C_p + C_d)\theta + C_h]\frac{(e^{\theta T} - 1 - \theta T)}{\theta^2}\right] + (A_0 - A_1 p)T \tag{5-38}$$

$$\frac{\partial^2 TP(T,\ p)}{\partial p^2} = -2A_1 T < 0 \tag{5-39}$$

(1) 由式(5－37)可知 $TP(T,\ p)$ 是关于 T 的严格凹函数,那么 $-TP(T,\ p)$ 是关于 T 的严格凸函数。又 $AP(T,\ p) = TP(T,\ p)/T$,显然分母 T 是关于 T 的凸函数。由定义 A－1 和性质 A－1 容易得知,$AP(T,\ p)$ 是关于 T 的严格伪凹函数。

(2) 由 $AP(T,\ p) = TP(T,\ p)/T$ 和式(5－39),容易得到

$$\frac{\partial^2 AP(T,\ p)}{\partial p^2} = \frac{1}{T}\frac{\partial^2 TP(T,\ p)}{\partial p^2} < 0 \tag{5-40}$$

即 $AP(T,\ p)$ 是关于 p 的严格凹函数。证毕。

由于 $AP(T,\ p)$并不是关于 T 和 p 的联合凹函数,因此不能按照传统的方法——通过联立偏导数等于 0 的方程组——来求解问题(P－1)的最优解。本节采用文献[76]和[81]提到的方法:由引理 5－1 可知,对于给定的 T,$AP(T,\ p)$是关于 p 的严格凹函数;对于给定的 p,$AP(T,\ p)$是关于 T 的严格伪凹函数,从而其局部最优值点也是全局最优值点。因此先固定 T,求解最优解 $p^*(T)$,代入 $AP(T,\ p)$,此时 $AP(T,\ p^*(T))$是关于 T 的一元函数,进而求解最优解 T^*。

引理 5－2: 对于给定的补货周期 T,最优销售价格为

$$p^*(T) = \frac{1}{2}\left(\frac{\alpha + \gamma r}{\beta + \gamma} + C_p\right) + \frac{1}{2}[(C_p + C_d)\theta + C_h]\frac{(e^{\theta T} - 1 - \theta T)}{\theta^2 T} \tag{5-41}$$

证明： 由引理 5－1 知 $AP(T, p)$ 是关于 p 的严格凹函数，那么对于给定的 T，最优价格由 $\partial AP(T, p)/\partial p = 0$ 唯一决定，即

$$\frac{\partial AP(T, p)}{\partial p} = \frac{1}{T}\left\{(A_0 - A_1 p)T - A_1\left[(p - C_p)T - \frac{[(C_p + C_d)\theta + C_h]}{\theta}\left(\frac{e^{\theta T} - 1}{\theta} - T\right)\right]\right\} = 0 \qquad (5-42)$$

求解式(5－42)，容易得到

$$p^*(T) = \frac{1}{2}\left(\frac{A_0}{A_1} + C_p\right) + \frac{1}{2}[(C_p + C_d)\theta + C_h]\frac{(e^{\theta T} - 1 - \theta T)}{\theta^2 T},$$

将 $A_0 = \alpha + \gamma r$，$A_1 = \beta + \gamma$ 代入即可得式(5－41)。证毕。

由引理 5－2 可知，当 C_p，C_d，$C_h = 0$ 时，式(5－41)变为

$$p^0 = \frac{1}{2}\left(\frac{\alpha + \gamma r}{\beta + \gamma} + C_p\right)$$

表示不考虑库存成本时的最优定价。此外，由 $e^{\theta T} - 1 - \theta T > 0$ 可知 $p^0 < p^*$，即针对损失中性消费者，不考虑库存成本情况下得到的最优定价要低于考虑的情况。因此不考虑库存成本得到的定价策略并不是使企业利润最大化的策略，如果按照该策略进行定价，企业的利润将遭受损失。

定理 5－1： 当消费者的参照效应对称时，

(1) 系统的最优销售价格 $p^*(T)$ 由式(5－41)确定；

(2) 最优订购周期 $T^* \in (0, \bar{T}]$ 可由 $dAP[T, p(T)]/dT = 0$ 唯一确定，其中 $\bar{T} = \frac{1}{\theta}\ln\left\{\left[\theta\left(\frac{A_0}{A_1} - C_p\right)/[(C_p + C_d)\theta + C_h]\right] + 1\right\}$；

(3) 最优订购量为

$$Q^* = \frac{(A_0 - A_1 p^*)}{\theta}(e^{\theta T^*} - 1)。 \qquad (5-43)$$

证明： 由引理 5-2 可知给定 T 时的最优售价为 $p^*(T)$ 由式(5-41)确定，将 $p^*(T)$ 代入式(5-35)，得

$$TP(T, p^*(T)) = (A_0 - A_1 p^*(T))\Big[(p^*(T) - C_p)T - \left[(C_p + C_d)\theta + C_h\right]\frac{(e^{\theta T} - 1 - \theta T)}{\theta^2}\Big] - A \quad (5-44)$$

对 $TP(T, p^*(T))$ 求关于 T 的二阶导数，得

$$\begin{aligned}\frac{d^2 TP(T, p^*(T))}{dT^2} &= -A_1\frac{d^2 p^*}{dT^2}\left[(p^* - C_p)T - [(C_p + C_d)\theta + C_h]\frac{(e^{\theta T} - 1 - \theta T)}{\theta^2}\right] - \\ &\quad 2A_1\frac{dp^*}{dT}\left[\frac{dp^*}{dT}T + (p^* - C_p) - [(C_p + C_d)\theta + C_h]\frac{(e^{\theta T} - 1)}{\theta}\right] + \\ &\quad (A_0 - A_1 p^*)\left[\frac{d^2 p^*}{dT^2}T + 2\frac{dp^*}{dT} - [(C_p + C_d)\theta + C_h]e^{\theta T}\right]\end{aligned} \quad (5-45)$$

令

$$M_1 = \left[(p^* - C_p)T - [(C_p + C_d)\theta + C_h]\frac{(e^{\theta T} - 1 - \theta T)}{\theta^2}\right]$$

$$M_2 = \left[\frac{dp^*}{dT}T + (p^* - C_p) - [(C_p + C_d)\theta + C_h]\frac{(e^{\theta T} - 1)}{\theta}\right]$$

$$M_3 = \left[\frac{d^2 p^*}{dT^2}T + 2\frac{dp^*}{dT} - [(C_p + C_d)\theta + C_h]e^{\theta T}\right]$$

由 $TP(T, p) \geqslant 0$ 和式(5-35)可知

$$\left[(p - C_p)T - [(C_p + C_d)\theta + C_h]\frac{(e^{\theta T} - 1 - \theta T)}{\theta^2}\right] > 0,$$

即 $M_1 > 0$。

由式(5-41)可求得

$$\frac{\mathrm{d}p^*}{\mathrm{d}T} = \frac{1}{2}[(C_p + C_d)\theta + C_h]\frac{[\mathrm{e}^{\theta T}(\theta T - 1) + 1]}{\theta^2 T^2} > 0$$

$$\frac{\mathrm{d}^2 p^*}{\mathrm{d}T^2} = \frac{1}{2}[(C_p + C_d)\theta + C_h]\frac{\{\mathrm{e}^{\theta T}[(\theta T - 1)^2 - 1] + 2(\mathrm{e}^{\theta T} - 1)\}}{\theta^2 T^3}$$

令 $\varphi_4(T) = \mathrm{e}^{\theta T}[(\theta T - 1)^2 - 1] + 2(\mathrm{e}^{\theta T} - 1)$，那么有 $\frac{\mathrm{d}\varphi_4(T)}{\mathrm{d}T} = \theta^3 T^2 \mathrm{e}^{\theta T} > 0$，即 $\varphi_4(T)$ 是关于 T 的增函数。由 $\lim\limits_{T \to 0^+}\varphi_4(T) = 0$，有 $\varphi_4(T) = \mathrm{e}^{\theta T}[(\theta T - 1)^2 - 1] + 2(e^{\theta T} - 1) > 0$。因此有 $\frac{\mathrm{d}^2 p^*}{\mathrm{d}T^2} > 0$。分别将 $\frac{\mathrm{d}p^*}{\mathrm{d}T}$ 和 $\frac{\mathrm{d}^2 p^*}{\mathrm{d}T^2}$ 代入 M_2 和 M_3，得到

$$M_2 = \frac{1}{2}\left[\left(\frac{A_0}{A_1} - C_p\right) - [(C_p + C_d)\theta + C_h]\frac{(\mathrm{e}^{\theta T} - 1)}{\theta}\right]$$

$$M_3 = -\frac{1}{2}[(C_p + C_d)\theta + C_h]\mathrm{e}^{\theta T} < 0$$

显然，当 $T \leqslant \frac{1}{\theta}\ln\left\{\left[\theta\left(\frac{A_0}{A_1} - C_p\right)/[(C_p + C_d)\theta + C_h]\right] + 1\right\}$ 时，有 $M_2 \geqslant 0$。

令 $\bar{T} = \frac{1}{\theta}\ln\left\{\left[\theta\left(\frac{A_0}{A_1} - C_p\right)/[(C_p + C_d)\theta + C_h]\right] + 1\right\}$，又已知 $T > 0$，那么当 $0 < T \leqslant \bar{T}$ 时，有 $M_1 > 0$，$M_2 \geqslant 0$ 和 $M_3 < 0$，代入式(5-45)容易得到 $\frac{\mathrm{d}^2 TP(T, p^*(T))}{\mathrm{d}T^2} < 0$，即 $TP(T, p^*(T))$ 是关于 T 的严格凹函数。进而，由定义 A-1 和性质 A-1 可知 $AP(T, p^*(T)) = TP(T, p^*(T))/T$ 是关于 T 的严格伪凹函数。此时，问题可表示为

(P-2)

$$\max_{T,\ p} AP(T,\ p^*(T)) = \frac{TP(T,\ p^*(T))}{T}$$

$$s.t. \quad 0 < T \leqslant \bar{T}$$

等价于

$$\min_{T,\ p} -AP(T,\ p^*(T)) = -\frac{TP(T,\ p^*(T))}{T}$$

$$s.t. \quad \begin{cases} T > 0 \\ \bar{T} - T \geqslant 0 \end{cases}$$

由性质 A－2 可知，K－T 条件为问题(P－2)极值存在的充分必要条件，且 K－T 点为(P－2)的全局最大值点。对两个约束分别引入拉格朗日乘子 λ_1 和 λ_2，则问题(P－2)的 K－T 条件如下：

$$\begin{cases} -dAP(T,\ p^*(T))/dT - \lambda_1 + \lambda_2 = 0 \\ \lambda_1 T = 0 \\ \lambda_2(\bar{T} - T) = 0 \\ \lambda_1 \geqslant 0,\ \lambda_2 \geqslant 0 \end{cases} \tag{5-46}$$

由 $T > 0$，容易得出 $\lambda_1 = 0$。为解方程组(5.3－23)，进一步考虑以下两种情况：

(1) 当 $\lambda_1 = 0,\ \lambda_2 \neq 0$ 时，解得

$$T = \bar{T},\ \lambda_2 = \left.\frac{\mathrm{d}AP(T,\ p^*(T))}{\mathrm{d}T}\right|_{T=\bar{T}}$$

即

$$\begin{aligned} \lambda_2 &= \left.\frac{\mathrm{d}AP(T,\ p^*(T))}{\mathrm{d}T}\right|_{T=\bar{T}} \\ &= \frac{1}{\bar{T}^2}\left[\frac{\mathrm{d}TP(T,\ p^*(T))}{\mathrm{d}T} \times T - TP(T,\ p^*(T))\right]\Bigg|_{T=\bar{T}} \end{aligned} \tag{5-47}$$

其中

$$\frac{\mathrm{d}TP(T,\ p^*(T))}{\mathrm{d}T}$$

$$=(A_0-A_1p^*)\left[\frac{\mathrm{d}p^*}{\mathrm{d}T}T+(p^*-C_p)-[(C_p+C_d)\theta+C_h]\frac{(\mathrm{e}^{\theta T}-1)}{\theta}\right]-$$

$$A_1\frac{\mathrm{d}p^*}{\mathrm{d}T}\left[(p^*-C_p)T-[(C_p+C_d)\theta+C_h]\frac{(\mathrm{e}^{\theta T}-1-\theta T)}{\theta^2}\right]$$

$$=(A_0-A_1p^*)M_2-A_1\frac{\mathrm{d}p^*}{\mathrm{d}T}M_1$$

由前面证明可知，$M_1>0$；另外，当 $T=\bar{T}$ 时，$M_2=0$。因此，有

$$\left.\frac{\mathrm{d}TP(T,\ p^*(T))}{\mathrm{d}T}\right|_{T=\bar{T}}=-A_1\frac{\mathrm{d}p^*}{\mathrm{d}T}M_1<0 \tag{5-48}$$

又已知 $TP(\bar{T},\ p^*(\bar{T}))\geqslant 0$，代入式(5－47)可知 $\lambda_2<0$，不是 K－T 点。

(2) 当 $\lambda_1=0$，$\lambda_2=0$ 时，求解 $\frac{\mathrm{d}AP(T,\ p^*(T))}{\mathrm{d}T}=0$ 所得点即为 K－T 点，记为 T^*。

由 $AP(T,\ p^*(T))=TP(T,\ p^*(T))/T$，求导得

$$\frac{\mathrm{d}AP(T,\ p^*(T))}{\mathrm{d}T}=\frac{1}{T^2}\left[\frac{\mathrm{d}TP(T,\ p^*(T))}{\mathrm{d}T}T-TP(T,\ p^*(T))\right]$$

令

$$F(T)=\frac{\mathrm{d}TP(T,\ p^*(T))}{\mathrm{d}T}T-TP(T,\ p^*(T))$$

由于 $1/T^2>0$，因此 $AP(T,\ p^*(T))$ 的变化情况可由 $F(T)$ 来决定：当 $F(T)>0$ 时，$AP(T,\ p^*(T))$ 为关于 T 的增函数；当 $F(T)<0$ 时，$AP(T,\ p^*(T))$ 为关于 T 的减函数；求解 $F(T)=0$ 得到解，即为 $AP(T,\ p^*(T))$ 的局部最优解。

$$\frac{\mathrm{d}F(T)}{\mathrm{d}T}=\frac{\mathrm{d}^2 TP(T,\ p^*(T))}{\mathrm{d}T^2}T \tag{5-49}$$

由式(5-45)的相关证明可知,当 $0<T\leqslant\bar{T}$ 时,$\frac{\mathrm{d}^2 TP(T,\ p^*(T))}{\mathrm{d}T^2}<0$,从而有 $\frac{\mathrm{d}F(T)}{\mathrm{d}T}<0$,即 $F(T)$ 是关于 T 的减函数。此外,有

$$\lim_{T\to 0^+}F(T)=A>0 \tag{5-50}$$

$$F(T=\bar{T})=\left[\frac{\mathrm{d}TP(T,\ p^*(T))}{\mathrm{d}T}\times T-TP(T,\ p^*(T))\right]\bigg|_{T=\bar{T}}<0 \tag{5-51}$$

由(5-48)有 $\frac{\mathrm{d}TP(T,\ p^*(T))}{\mathrm{d}T\,|_{T=\bar{T}}}<0$,又已知 $TP(\bar{T},\ p^*(\bar{T}))\geqslant 0$,因此有 $F(T=\bar{T})<0$。由式(5-49)—式(5-51)可知,存在唯一的 $T^*\in(0,\ \bar{T}]$,并满足 $\frac{\mathrm{d}AP(T,\ p^*(T))}{\mathrm{d}T}=0$。

将 p^*、T^* 和式(5-34)代入式(5-28),可得到系统最优的订购量为

$$Q^*=\frac{(A_0-A_1 p^*)}{\theta}(\mathrm{e}^{\theta T^*}-1)$$

与式(5-43)一致。证毕。

情况 2: 非对称参照效应 ($\gamma_1\neq\gamma_2$)

非对称参照效应是指消费者对“获得”和“损失”的感知不对称的情况,可分为损失厌恶 ($\gamma_1<\gamma_2$) 和损失偏爱 ($\gamma_1>\gamma_2$) 两种情况。

当参照效应是非对称时,需求函数是分段、不可导的[见式(5-25)],从而导致系统的平均利润函数也分段、不可导。因此,当 T 给定时,不同于对称参照效应的情况,非对称参照效应情况下的平均利润函数 $AP(T,\ p)$ 并不是关于销售价格 p 的凹函数,如图 5-3 所示,存在四种可能的情况。此外,如 Urban[131] 所述,对于非对称参照效应的情况,当 $\gamma=\gamma_1$ 时,需要满足

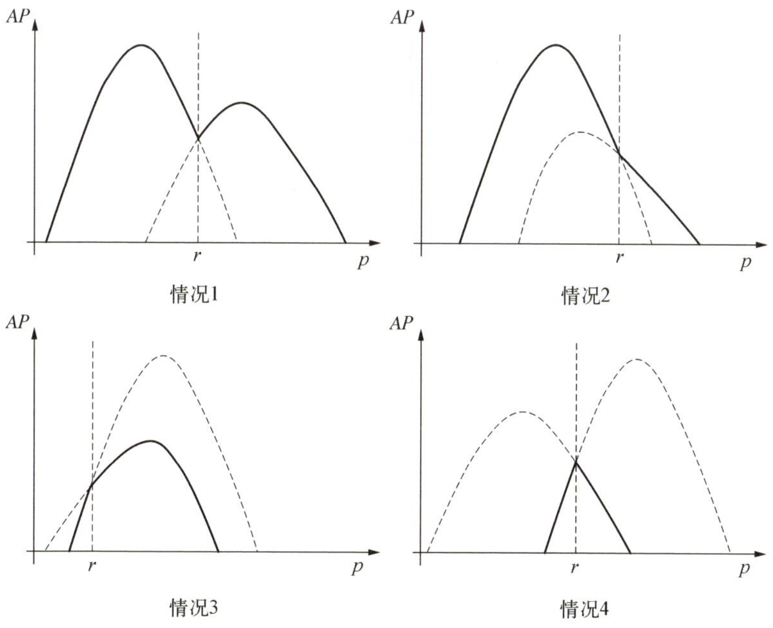

图 5-3　非对称参照效应下可能存在的四种情况

条件 $p<r$，然而求得的最优解可能满足 $p>r$；当 $\gamma=\gamma_2$ 时，需要满足 $p>r$，然而求得的最优解可能满足 $p<r$。因此，对于以上两种情况下求得的最优解是不可行的。综上，用于解决对称参照效应的方法将不再适用于非对称的情况。

下面给出非对称参照效应下订购与定价联合决策问题的一个求解方法：记 $\gamma=\gamma_1$ 时的平均利润函数为 $AP_1(T,\ p)$，$\gamma=\gamma_2$ 时为 $AP_2(T,\ p)$。显然 $AP_1(T,\ p)$ 和 $AP_2(T,\ p)$ 均为关于 p 的严格凹函数。按照对称参照效应的求解方法(定理 5-1)，记 $\gamma=\gamma_1$ 时得到的最优补货周期为 T_1^*，最优销售价格为 p_1^*，即最优解为(T_1^*，p_1^*)；与之类似，记 $\gamma=\gamma_2$ 时求得的最优解为(T_2^*，p_2^*)。为了确定非对称参照效应情况下的最优解，需要考虑四种可能的情况。如图 5-3 所示，当补货周期 T 给定时，$AP_1(T,\ p)$ 和 $AP_2(T,\ p)$ 在 $p=r$ 处相交，并且交点的两侧均为关于 p 的严格凹函数。

经分析可知，最优销售价格 p^* 的取值可能有三种：$p_1{}^*$、$p_2{}^*$ 和 r。当最优销售价格 $p^*=p_1{}^*$ 时，同时也确定了最优补货周期 $T^*=T_1{}^*$；类似地，当 $p^*=p_2{}^*$ 时，有 $T^*=T_2{}^*$。然而当 $p^*=r$ 时，消费者的参照价格效应为 0，此时的需求为基本需求，即 $D(p)=\alpha-\beta r$，记该情况下的最优补货周期 $T^*=T_3{}^*$，$T_3{}^*$ 的求解方法如下：

将 $p=r$ 代入式(5-35)，得

$$TP(T,\ r)$$
$$=(\alpha-\beta r)\left[(r-C_p)T-[(C_p+C_d)\theta+C_h]\frac{(\mathrm{e}^{\theta T}-1-\theta T)}{\theta^2}\right]-A$$

从而，有

$$AP(T,\ r)=\frac{TP(T,\ r)}{T}$$
$$=\frac{1}{T}\left\{(\alpha-\beta r)\left[(r-C_p)T-[(C_p+C_d)\theta+C_h]\cdot\frac{(\mathrm{e}^{\theta T}-1-\theta T)}{\theta^2}\right]-K\right\}$$

由引理 5-1 可知，$AP(T,\ r)$ 是关于 T 的严格伪凹函数，因此 T_3^* 可通过求解 $\frac{\mathrm{d}AP(T,\ r)}{\mathrm{d}T}=0$ 得到，即

$$\frac{\mathrm{d}AP(T,\ r)}{\mathrm{d}T}$$
$$=\frac{1}{T^2}\left((\alpha-\beta r)[(C_p+C_d)\theta+C_h]\frac{[\mathrm{e}^{\theta T}(1-\theta T)-1]}{\theta^2}+A\right)=0$$

等价于

$$(\alpha-\beta r)[(C_p+C_d)\theta+C_h]\frac{[\mathrm{e}^{\theta T}(\theta T-1)+1]}{\theta^2}-A=0 \qquad (5-52)$$

综上，下面给出非对称参照效应情况下系统的最优库存与定价联合策略。

定理5-2：当消费者的参照价格效应非对称时，系统的最优订购与定价策略的确定标准如表5-3所示，其中 T_3^* 由式(5-52)唯一确定。

表5-3　缺货期内需求完全损失系统中非对称参照价格效应下的最优解

	$(T_1^*, p_1^*) \mid \gamma_1(p<r)$	$(T_2^*, p_2^*) \mid \gamma_2(p>r)$	最优解 (T^*, p^*)
情况1	$p_1^*<r$ 可行	$p_2^*>r$ 可行	$\arg\max\{AP(T_1^*, p_1^*), AP(T_2^*, p_2^*)\}$
情况2	$p_1^*<r$ 可行	$p_2^*<r$ 不可行	(T_1^*, p_1^*)
情况3	$p_1^*>r$ 不可行	$p_2^*>r$ 可行	(T_2^*, p_2^*)
情况4	$p_1^*>r$ 不可行	$p_2^*<r$ 不可行	(T_3^*, r)

5.3.3　算例分析

这一部分主要通过数值方法分析消费者的参照效应对系统最优策略的影响，分别讨论了消费者为损失中性、损失厌恶和损失偏爱情况下的最优解及其随行为参数变化的变化情况。此外，对比分析了针对三种不同类型消费者，系统最优解之间的相互关系。

考虑一个库存系统，其中各参数取值分别为：订购成本 $A=100$ 元/次，购买成本 $C_p=20$ 元/件，变质处理成本 $C_d=0.5$ 元/件，库存持有成本 $C_h=1$ 元/件/月，变质率 $\theta=0.02$，需求系数 $\alpha=300$ 件，$\beta=2$。此外，在定价领域内关于损失厌恶的大量经验证据表明损失厌恶指数 ρ 的取值范围为 $1.7\sim2.5$[157]，因此在算例中取 $\rho=\gamma_2/\gamma_1=[1.7, 2, 2.5]$ 进行比较。

例5-3：损失中性消费者

图5-4描绘了最优解随着参照价格和参照效应系数增加的变化情况。当 $\gamma=0$ 时，表示无参照效应，在这种情况下需求仅依赖于销售价格，与参照价格无关，此时得到的最优解为 $p^*=85.3693$，$T^*=1.0403$，$Q^*=$

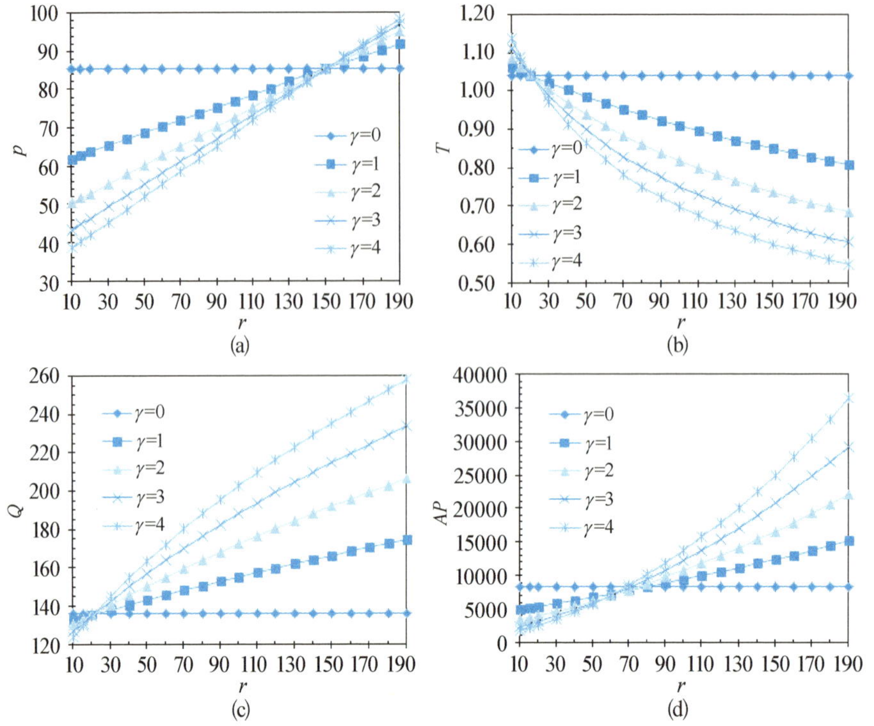

图 5-4　针对损失中性消费者最优解随 r 和 γ 的变化情况

135.878 6，$AP^*=8\,258.10$，即零售商在不考虑需求的参照效应情况下采取的最优策略。

观察图 5-4 可发现：

(1) 当 γ 一定时，随着 r 增大，p^*、Q^*、AP^* 增大，T^* 减小。这意味着零售商的最优定价和订购量应随着参照价格的增大而增大，即消费者的参照价格越高对零售商越有利，因此，建议零售商可通过一些营销策略来提高消费者对商品的参照价格。

(2) 当 r 很大时，随着 γ 增大，p^* 增大；否则，随着 γ 增加，p^* 减小。也就是说，零售商在不考虑参照效应下的定价策略在 r 较小时会偏高，在 r 很大时又会偏低。此临界参照价格约为最大销售价格 $\bar{p}=\alpha/\beta=150$。也就是说，当消费者的参照价格低于最大销售价格时，零售商的最优销售价格应随着参照效应系数的增大而降低，但始终大于商品的购买成本；反之，当参照价格高于最大销售价格时，最优销售价格应随着参照效应系数的增大而提高，但始终小于最大销售价格。

(3) 当 r 很小时，随着 γ 增大，T^* 增大、Q^* 减小；否则，随着 γ 增大，T^* 减小、Q^* 增大。此临界参照价格约为商品的购买价格 $C_p = 20$。也就是说，当消费者的参照价格低于商品的购买价格时，随着参照效应系数的增大，零售商的最优补货周期应增加，而最优订购量应下降；反之，当参照价格高于购买价格时，变化正好相反。

(4) 当 r 较小时，AP^* 随 γ 的增加而减小；当 r 增加到一定程度时，AP^* 随 γ 的增加而增大，并且增大的速度随着 r 的增加会越来越快。也就是说参照效应系数越大，参照价格对利润的影响也越大。因此，当面对一群参照依赖行为较强的消费者时，采用一定的营销策略来提高消费者的参照价格对零售商来说是有利的；而对于参照依赖行为较弱的消费群体来说，如果提高消费者的参照价格需要的营销成本较高时，则需要进行权衡。

(5) 最优解 p^*、T^*、Q^* 和 AP^* 对 γ 的敏感度随着 γ 增加呈递减趋势。即消费者是否具有参照效应对最优策略的影响很大，但随着参照效应系数的增大，其变化对最优策略的影响将越来越小。

例 5-4：三种类型消费者最优解对比

图 5-5 给出了消费者为损失中性（$\gamma_1 = \gamma_2 = 1$ 和 $\gamma_1 = \gamma_2 = 2$），损失厌恶（$\gamma_1 = 1, \gamma_2 = 2$），以及损失偏爱（$\gamma_1 = 2, \gamma_2 = 1$）情况下的最优解及其关系变化图。

观察发现：

(1) 无论消费者为哪种类型（损失中性、厌恶、偏爱），最优定价都遵循相同的规律，即当 r 较小时，有 $p^* > r$；当 r 较大时，有 $p^* < r$。

(2) 损失偏爱情况下的最优解必定为两种损失中性情况下的最优解之

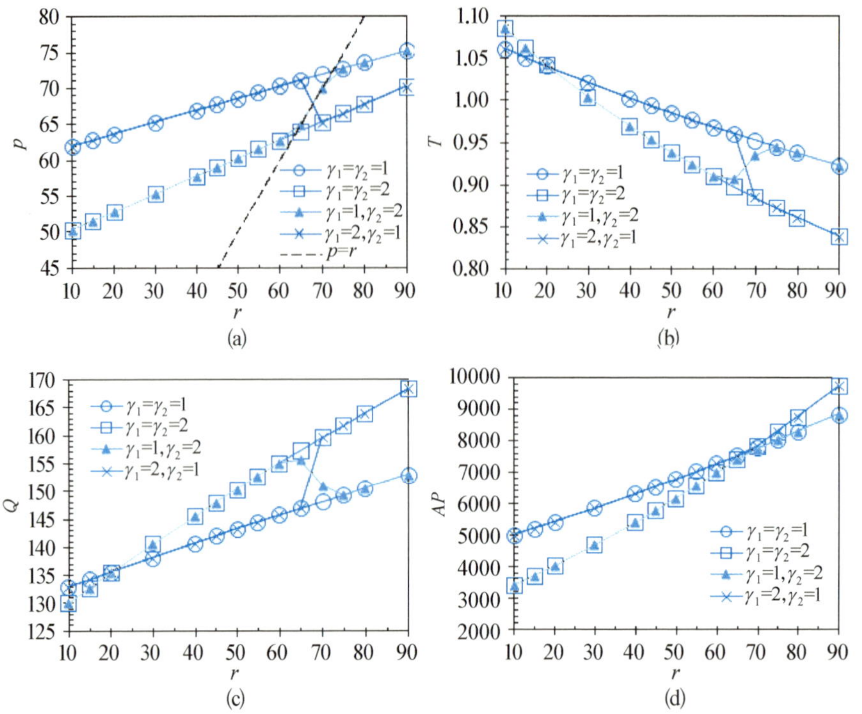

图 5-5　三种类型消费者最优解对比分析

一。损失厌恶情况下的最优解在两种损失中性情况的最优解之间存在一个过渡解，即 $p=r$ 的情况。

（3）损失厌恶情况下的最优解是从参照效应系数较大的损失中性情况向参照效应系数较小的情况转移；而损失偏爱情况正好相反。

（4）损失偏爱情况下的平均利润为两种损失中性情况下的平均利润取大；而损失厌恶情况除 $p=r$ 外均取小，此外在 $p^*=r$ 时的最优利润小于二者取小。

例 5-5：损失厌恶消费者

图 5-6 描绘了相同获得参照效应系数 γ_1、不同损失厌恶指数 $(\rho=\gamma_2/\gamma_1)$ 下，最优解随参照价格的变化情况。

观察发现：对损失厌恶型消费者 $(\gamma_2>\gamma_1)$，当参照效应系数 γ_1 和 γ_2 给

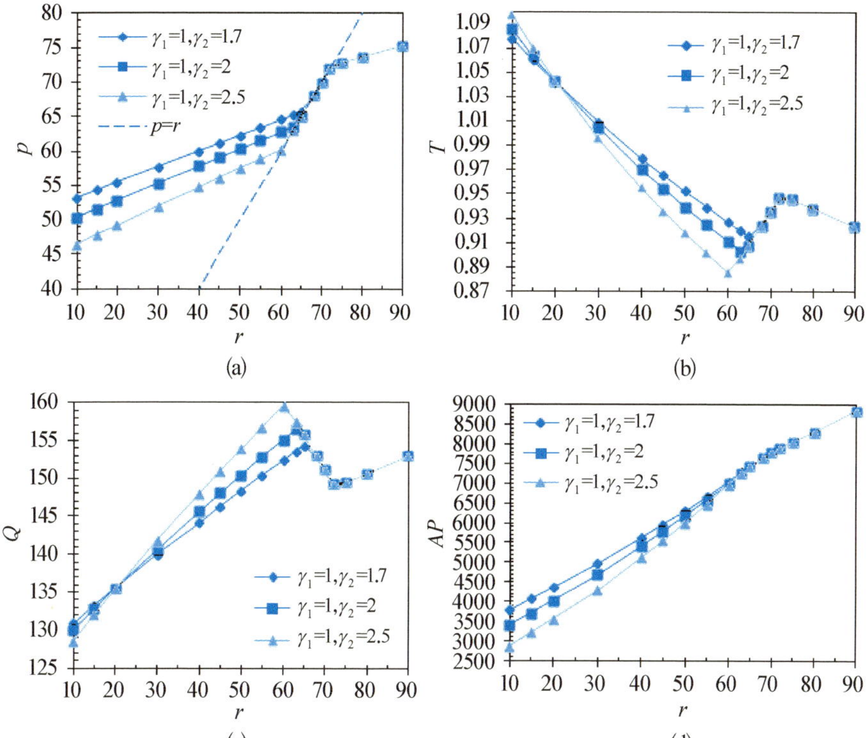

图 5-6　针对损失厌恶消费者最优解随 r 和 $\rho(=\gamma_2/\gamma_1)$ 的变化情况

定时：① 随着 r 增大，p^* 增大。与图 5-5 的分析一致，在图 5-6 中容易发现，当 r 在一定范围内时，有 $p^*=r$。记 $r_{\min}=\min\{r: p^*=r\}$ 和 $r_{\max}=\max\{r: p^*=r\}$，那么当 $r_{\min}\leqslant r\leqslant r_{\max}$ 时，有 $p^*=r$，称之为过渡期；当 $r<r_{\min}$ 时，有 $p^*>r$；当 $r>r_{\max}$ 时，有 $p^*<r$。② 随着 r 增大，T^* 先减后增再减、Q^* 先增后减再增。具体地，当 $r<r_{\min}$ 或 $r>r_{\max}$ 时，随着 r 增大，T^* 减小、Q^* 增大；当 $r_{\min}\leqslant r\leqslant r_{\max}$ 时，随着 r 增大，T^* 增大、Q^* 减小。该现象可通过对图 5-4 和图 5-5 的相关分析给出解释。③ 随着 r 增大，AP^* 增大且增幅逐渐减小。即对损失厌恶型消费者，当消费者原来的参照价格较低时，提高参照价格对零售商来说的意义更大。

以 $r=p^*$ 为界，当 $r<p^*$ 时，最优解为 $\gamma=\max\{\gamma_1, \gamma_2\}=\gamma_2$ 时的损失中性情况下的最优解，由于 $\gamma_1=1$ 保持不变，那么随着损失厌恶指数的增大，最优解的变化与损失中性情况下随参照效应系数 $\gamma=\gamma_2$ 增大的变化情况一致；而当 $r>p^*$ 时，p^* 为 $\gamma=\min\{\gamma_1, \gamma_2\}=\gamma_1$ 时的损失中性情况下的最优解，由于各组数据中 γ_1 的取值相同，因此，各损失厌恶指数情况下的最优解将相同，表现为损失厌恶指数对最优解的影响消失。

图 5－7 绘制了相同损失厌恶指数、不同参照效应系数下最优解随参照价格增大的变化情况。① 随着参照效应系数的增大，p^* 减小，$r_{\min}$ 和 $r_{\max}$ 也减小。② 当 $r<C_p$ 时，随着参照效应系数的增大，T^* 增大、Q^* 减小；否则 T^* 减小，Q^* 增大。③ 当 $r<r_{\min}$ 时，随着参照效应系数的增大，AP^* 减小，

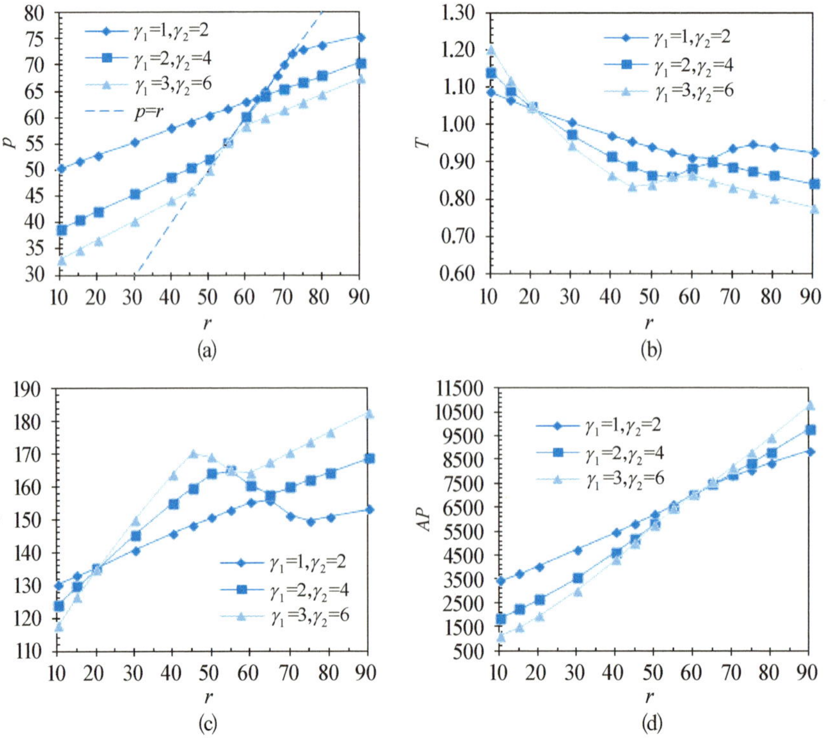

图 5－7　针对损失厌恶消费者，$\rho(=\gamma_2/\gamma_1)$ 一定时最优解随 r 和 γ 的变化情况

且差异随着 r 的增大而减小，最终趋于零；当 $r > r_{\max}$ 时，随着参照效应系数的增大，AP^* 增大，且差异随着 r 的增大而增大。

例 5-6：损失偏爱消费者

图 5-8 描绘了相同损失参照效应系数 γ_2、不同损失厌恶指数（$\rho = \gamma_2/\gamma_1$）下，最优解随参照价格的变化情况。由于对消费者是损失偏爱的情况（$\gamma_2 < \gamma_1$），最优解是从参照效应系数较小的损失中性情况向参照效应系数较大的情况转移，即由 $\gamma = \gamma_2$ 向 $\gamma = \gamma_1$ 转移。由于算例中各组数据均有 $\gamma_2 = 1$，而 γ_1 不同。因此，与损失厌恶情况正好相反，当 $r < p^*$ 时，各损失厌恶指数情况下的最优解将相同；当 $r > p^*$ 时，随着损失厌恶指数的变化，最优解的变化与损失中性情况下随参照效应系数 $\gamma = \gamma_1$ 的变化情况一

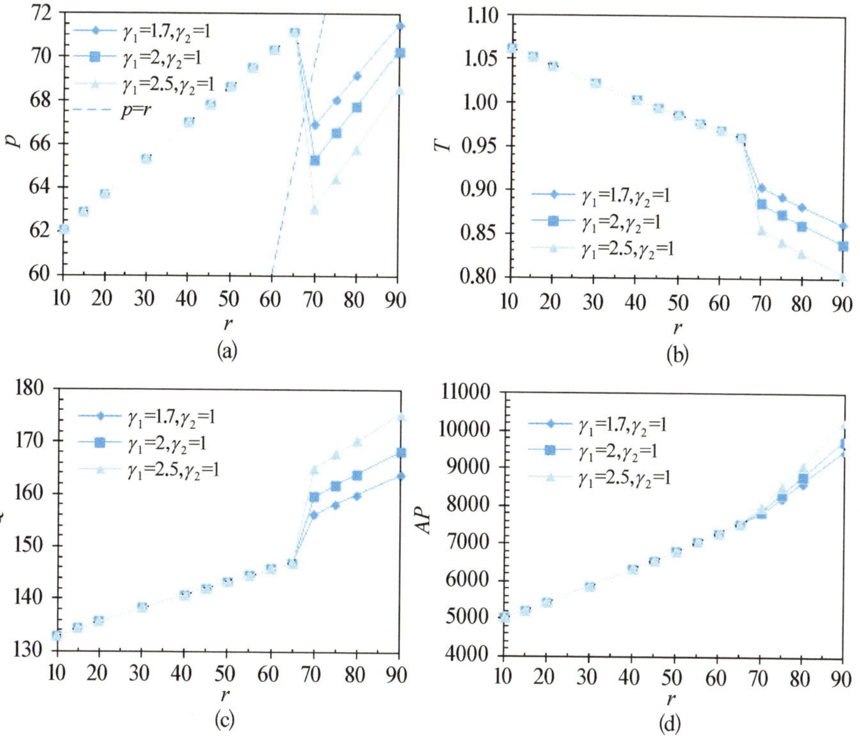

图 5-8　针对损失偏爱型消费者最优解随 r 和 $\rho(=\gamma_2/\gamma_1)$ 的变化情况

致。另外，与损失厌恶的情况不同，损失偏爱的情况在 $r = p^*$ 处直接断开，不存在平稳的过渡期。

图 5-9 描绘了相同损失厌恶指数、不同参照效应系数下最优解随参照价格的变化情况。可以发现，最优解随着参照效应系数变化的趋势与损失厌恶型消费者的变化情况相同。

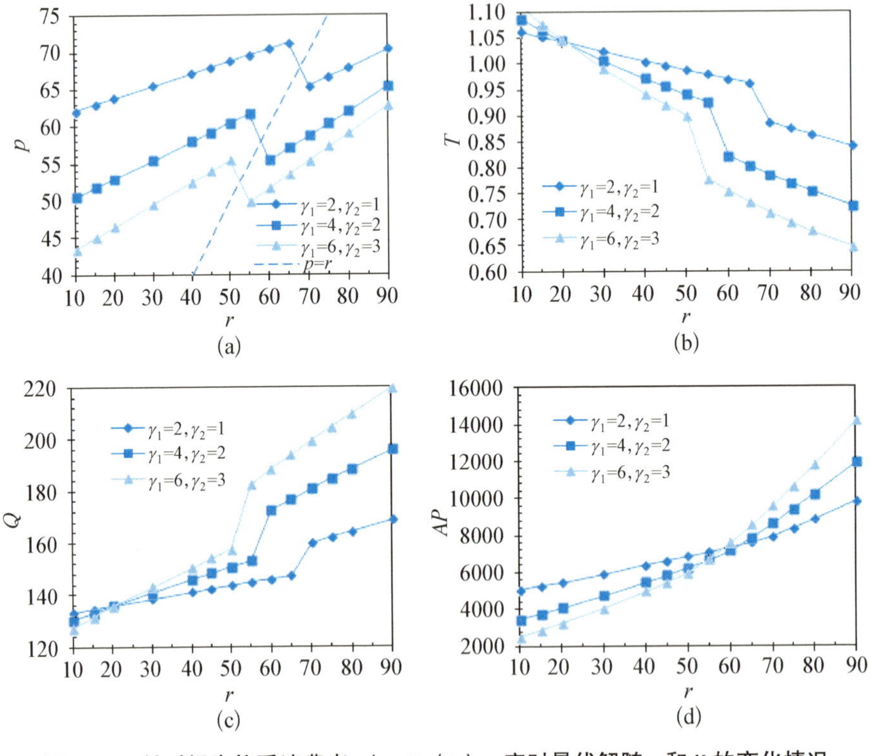

图 5-9 针对损失偏爱消费者 $\rho(=\gamma_2/\gamma_1)$ 一定时最优解随 r 和 γ 的变化情况

5.4 本章小结

本章主要研究考虑参照依赖有限理性行为下的易变质品库存与定价

联合决策问题。分别讨论了零售商具有参照依赖行为时的单周期库存与定价联合决策问题和消费者具有参照依赖行为的多周期库存与定价联合决策问题。

(1) 考虑了一个随机需求下允许缺货的单周期订购与定价联合决策问题。需求与价格相关，并且需求不确定性为相加形式，同时考虑资金的时间价值。首先构建了传统的基于期望效用理论的模型，并求得最优解析解；接着构建了基于前景理论的相应模型。最后通过数值算例对两种理论下模型的各自的最优决策进行比较分析。分析发现：① 当库存水平较高时，损失厌恶零售商的最优定价偏高于完全理性人的最优定价；而当库存水平较低时，损失厌恶零售商的最优定价又偏低于完全理性人的最优定价。② 当持有成本较小时，损失厌恶零售商的最优订购量小于完全理性人的最优订购量；而当持有成本较大时，损失厌恶零售商的最优订购量大于完全理性人的最优订购量。

(2) 讨论了一个考虑消费者参照效应的易变质品订购与定价联合决策问题。需求不仅与商品的销售价格相关，还受消费者心目中的参照价格的影响，具体考虑了一个线性参照效应的需求模型。假设商品的变质率为常数，缺货期内需求完全损失或不允许缺货。在此基础上构建相应模型，分别讨论了消费者的参照效应为对称和非对称两种情形，证明并求解两种情况下系统的最优定价与订购策略。针对对称参照效应的情况，可以发现，无论有无参照效应，联合定价-订购模型得到的最优价格要高于单独决策定价模型得到的最优价格。针对非对称参照效应的情况，鉴于目标函数的不连续性，讨论并给出一个新的求解方法。最后，通过数值方法分析了消费者行为参数，包括参照效应系数、损失厌恶指数和参照价格，对系统最优策略的影响。分析得出以下主要结论：① 不论消费者为哪种类型(损失中性、厌恶、偏爱)，当商品的参照价格较低时，最优价格高于参照价格；当参照价格较高时，最优价格低于参照价格；平均利润都随着参照价格的增大而增加。② 损失偏爱情况下的最优解必定为两种损失中性情况下的最优解之一；损失厌恶情况下的最优解在两种损失中性情况的最优解之间存在一个过渡解，即 $p^* = r$ 的情况。③ 损失厌恶情况下的最优解是从参照效应系数较大的损失中性情况向参照效应系数较小的情况转移的；而损失偏爱情况正好相反。④ 损失偏爱情况下的平均利润为两种损失中性情况下的平均利润取大；而损失厌恶情况除 $p^* = r$ 时均为取小，此外在 $p^* = r$ 时的最优利润小于二者取小。

第6章

总结及展望

6.1 总　　结

实践中易变质品是库存物品的一个重要组成部分，随着经济的发展和科技的进步，越来越多的产品表现出“变质”的特性，使得易变质品的队伍越来越庞大。因此，易变质品的库存问题引起了实践人员和理论研究人员的共同关注，是库存领域的一个重要研究问题。本书主要针对易变质品开展了一系列的库存控制与定价策略研究，首先讨论了对易变质品进行库存控制的问题；接着讨论了库存与定价联合决策问题；最后研究了考虑参照依赖有限理性行为的库存与定价联合决策问题。主要研究工作如下。

(1) 针对易变质品的库存控制问题，分别讨论了三个不同的库存系统。

首先，考虑了一个产品的需求依赖库存水平、变质率为常数的库存系统，分别讨论了缺货时系统允许延迟订购和不允许延迟订购两种情况下。对允许延迟订购的情况，假设部分延迟订购率同时依赖已延迟订购的需求量和等待时间，又分别讨论了持有库存有利和不利两种情况。对不允许延迟订购的情况，假设期末剩余的库存能以一定残值被处理掉。通过数值算例分析得出：随着延迟订购阻力系数的增大，缺货时的延迟订购率将减小，此时持有库存的时间将延长，而缺货期将缩短。当销售价格较低时，最优策略对延迟订购阻力系数的变化更加敏感。当产品的变质率增大时，持有库存的时间将缩短，而缺货期将延长。

其次，构建了一个需求依赖即时库存水平，变质服从Weibull分布，缺货量部分延迟订购且延迟订购率是等待时间的负指数函数的易变质品库存模型。通过数值算例分析得出：当延迟订购阻力变大时，最优策略下的平均利润降低但服务水平有所提高，且服务水平的变化较为敏感。平均利润对购买成本的变化非常敏感，单位购买成本的很小变化，将导致平均利润很大的反向变化。服务水平和平均利润对库存持有成本的变化都比较敏感且均呈负相关，所以降低库存持有成本能在提高利润的同时提升服务水平。对于缺货成本和机会成本的变化，服务水平比平均利润更为敏感，所以当一种商品的缺货成本或机会成本很大时，对商家来说，服务水平比平均利润更重要。

再次，考虑了一个需求依赖即时库存水平、持有成本和变质期内的变质率均随时间发生变化、允许缺货且缺货量部分延迟订购的非立即变质品库存补货系统，具体假设：在保鲜期和变质期内库存水平对需求率的影响系数不同；进入变质期后，产品的变质服从Weibull分布；持有成本是关于时间的一般形式的连续增函数；缺货发生时部分延迟订购率是关于顾客等待时间的负指数函数。通过数值算例分析得出：最优补货周期、订购量和平均利润随着促进需求增加的相关参数取值的增大而增大，随着促使成本增加的相关参数取值的增大而减小。增大即时库存水平对需求率的影响系数比延长保鲜期对最优库存策略和平均利润的影响程度更大。增加变质期内的需求比增加保鲜期内的需求更有助于增加系统的平均利润。随着变质率的增加，最优补货策略和平均利润对单位变质处理成本取值变化的敏感度越来越高。

(2) 针对易变质品的库存与定价联合决策问题考虑了四个不同库存

系统。

首先，考虑了一个有限时域内易变质品的生产与定价联合决策问题，假设需求与时间和销售价格均线性相关，允许缺货且部分延迟订购，通过数值算例分析得出：需求模式的不同对有限时域内的最优生产策略及系统收益有较大影响。生产商可据此在不同的市场环境下调整自己的策略，当市场需求随时间增大时(如处于成长期的产品)，可采用小批量多批次的生产方式，根据市场需求的变化灵活地决定每次的生产量；当市场需求随时间减小时(如处于衰退期的产品)，建议生产商安排较少的生产周期，同时增大每次的生产量，即大批量小批次，由此可以减少由机器启动带来的生产准备成本。此外，对于不同性质的产品其定价策略在不同需求模式下也各有不同。与产品处于成长期或销售季节开始时相比较，如果某类产品的有限时域较短或变质率比较大，则在衰退期或销售季末应采用降价的策略来消除库存、减少损失；相反，如果产品的有限时域较长或变质率不大，则在衰退期或销售季末可通过适当提升产品价格来增加边际收益。

其次，考虑了一个无限时域内易变质品的生产与定价联合决策问题。具体假设产品以固定的生产率进行生产，以固定的变质率发生变质，需求同时受产品销售价格和库存水平的影响，系统允许缺货。分别考虑了当缺货发生时缺货量完全延迟订购和部分延迟订购的情况。通过数值算例分析得出：当产品的需求受库存水平影响较大时，管理者应提高销售价格，增加最大库存水平并减少缺货量。对低变质率产品来说，随着产品变质率的增大，相应的销售价格应提高；但对高变质率产品而言，随着变质率的增大，应采用降低销售价格的策略以提高市场需求从而尽早将产品销售出去以避免产品变质。当产品的变质率较大时，企业将缩短生产时间从而减少库存持有量以降低由产品变质带来的损失。对于生产成本较高的产品来说，企业应当提高产品销售价格，同时减少库存持有量和缺货量。此外，最优定价和生产策略以及最优平均利润对生产成本的变化非常敏感。当持有产品的成本(包括变质成本和持有成本)较大时,管理者应采用减少库存量同时降低销售价格的策略。当由缺货引起的成本较大时(包括缺货成本、机会成本),零售商一方面需要提高销售价格,另一方面要保持较高的库存持有量并减少缺货量。

再次,考虑了一个一般情况下易变质品的订购与定价联合决策问题。假设物品的变质率是关于时间的任意形式的函数,需求同时依赖销售价格和即时库存水平,系统允许缺货且在缺货量部分延迟订购。部分延迟订购率是与顾客等待时间相关的任意减函数,证明了在联合定价与订购决策下得到的最优销售价格总是大于单独进行定价决策时得到的最优策略。通过数值算例分析得出:如果零售商忽略库存水平对需求的影响或变质处理成本,制定的销售价格将偏低。当库存水平对需求的影响较大时,零售商应延长持有库存的时间并缩短缺货期。当单位变质处理成本增加时,商家将缩短持有库存的时间并延长缺货期。对需求受库存水平影响较小的产品来说,随着变质处理成本的增大,最优销售价格上升;反之,对需求受库存水平影响较大的产品来说,随着变质处理成本的增大,最优销售价格下降。

最后,考虑了一个允许进行保鲜技术投资以减少由变质引起的损失的非立即变质品库存系统,其中保鲜技术投入不仅能够减小物品的变质率,而且可以延长物品的保鲜期。研究该系统的最优补货、定价与保鲜技术投入策略,通过数值算例分析得出:考虑保鲜技术对保鲜期的影响对零售商来说是有利的。随着产品的订购成本的增大,需要投入的保鲜成本也越大。对于购买成本较大的产品来说,零售商需要增加保鲜投入、提高销售价格同时减少订购量。当库存持有成本较大时,零售商应提高销售价格,同时减少订购量和保鲜投入成本。

(3) 针对考虑参照依赖行为的易变质品库存与定价联合决策问题,分别考虑了零售商和消费者具有参照依赖行为的情况。

首先，考虑零售商具有参照依赖行为的情形。具体讨论了一个随机需求下允许缺货的单周期订购与定价联合决策问题。需求与价格相关，并且需求不确定性为相加形式，同时考虑资金的时间价值，分别构建了基于期望效用理论的模型和基于前景理论的模型。通过数值算例对两种理论下模型各自的最优决策进行比较，研究发现：当库存水平较高时，损失厌恶零售商的最优定价偏高于完全理性人的最优定价；而当库存水平较低时，损失厌恶零售商的最优定价又偏低于完全理性人的最优定价。当持有成本较小时，损失厌恶零售商的最优订购量小于完全理性人的最优订购量；而当持有成本较大时，损失厌恶零售商的最优订购量大于完全理性人的最优订购量。

接着，考虑消费者具有参照依赖行为的情形。具体讨论了一个考虑消费者参照效应的易变质品订购与定价联合决策问题。需求不仅与商品的销售价格相关，还受消费者心目中的参照价格的影响，具体考虑了一个线性参照效应的需求模型。假设商品的变质率为常数，缺货期内需求完全损失或不允许缺货，分别讨论了消费者的参照效应为对称和非对称两种情形。针对对称参照效应的情况，发现无论有无参照效应，联合定价-订购模型得到的最优价格要高于单独决策定价模型得到的最优价格。最后，通过数值方法分析得出：无论消费者为哪种类型（损失中性、厌恶、偏爱），当商品的参照价格较低时，最优价格高于参照价格；当参照价格较高时，最优价格低于参照价格；平均利润都随着参照价格的增大而增加。损失偏爱情况下的最优解必定为两种损失中性情况下的最优解之一。损失厌恶情况下的最优解在两种损失中性情况的最优解之间存在一个过渡解，即最优销售价格等于参照价格的情况。损失厌恶情况下的最优解是从参照效应系数较大的损失中性情况向参照效应系数较小的情况转移的；而损失偏爱情况正好相反。损失偏爱情况下的平均利润为两种损失中性情况下的平均利润取大；而损失厌恶情况除了在过渡解以外均取小，并且在过渡解处的最优利润小于二者取小。

6.2 展　望

近年来,关于易变质品的库存控制和行为运作管理方面的研究引起了国内外学者的广泛关注。本书首先研究了一些传统的库存和定价问题,进一步引入人类有限理性行为,研究了考虑参照依赖行为的库存与定价联合决策问题。然而,出于研究的需要在模型中采用了一些合理的假设,虽然辅助了研究但也限制了模型的应用。下面主要基于存在的研究局限性提出未来的研究方向。

对于零售商具有参照依赖行为的库存与定价决策问题,本书考虑了单级供应链在单周期内随机需求为相加形式、缺货量完全延迟,并且产品的销售价格保持不变(即变静态定价决策问题)的情况。未来可从以下几个方面进行扩展,如随机需求为相乘形式或更为一般的形式,缺货量部分延迟订购,销售周期内允许价格变化的情况。此外,还可引入供应商考虑二级或多级供应链的协调问题,即当供应商或零售商一方具有参照依赖行为或双方都具有参照依赖行为时,供应链上的最优库存与定价策略。

对于消费者具有参照依赖行为的库存与定价决策问题,本书考虑了一个常数参照价格、线性参照效应、常数变质率,且不允许缺货情况下的单产品库存系统,并采用静态定价策略。未来可从以下几个方面进行扩展和深入,如考虑参照价格随时间变化或参照价格受历史定价影响的情况,考虑更为一般的参照效应函数,研究允许缺货的情况,研究时变变质率产品或非立即变质产品,讨论动态定价问题,研究多产品库存系统。

参考文献

[1] 赵泉午，黄志忠，卜祥志. 国内零售企业库存水平影响因素的实证研究——基于沪深零售业上市公司的面板数据[J]. 管理工程学报，2010，24(2)：48－55.

[2] Elmaghraby W，Keskinocak P. Dynamic pricing in the presence of inventory considerations：Research overview，current practices，and future directions[J]. Management Science，2003，49(10)：1287－1309.

[3] Gallego G，van Ryzin G J. A multiple product dynamic pricing problem with applications to network yield management[J]. Operations Research，1997，45：24－41.

[4] McGill J I，van Ryzin G J. Revenue management：Research overview and prospects[J]. Transportation Sci.，1999，33：233－256.

[5] Weatherford L R，Bodily S E. A taxonomy and research overview of perishable-asset revenue management：Yield management，overbooking，and pricing[J]. Operations Research，1992，40：831－844.

[6] Kiley K. Optimization software designed to make sure that the price is right[Z]. KPMG's Insiders，February 4，2002.

[7] Chan L M A，Shen Z J M，Simchi-Levi D，et al. Coordination of pricing and inventory decisions：a survey and classification[M]. in Handbook of Quantitative Supply Chain Analysis：Modeling in the E-Business Era，Simchi-Levi D，Wu S

D, Shen Z J M. (eds) Kluwer, Norwell, MA: 2004: 335 - 392.

[8] Bendoly E, Donohue K, Schultz K L. Behavior in operations management: Assessing recent findings and revisiting old assumptions [J]. Journal of Operations Management, 2006, 24: 737 - 752.

[9] 刘作仪，查勇. 行为运作管理：一个正在显现的研究领域[J]. 管理科学学报，2009，12(4)：64 - 74.

[10] Boudreau J, Hopp W, McClain J O, et al. On the interface between operations and human resource management [J]. Manufacturing and Service Operations Management, 2003, 5(3): 179 - 202.

[11] Loch C H, Wu Y. Behavioral operations management [J]. Foundations and Trends in Technology, Information and Operations Management, 2007, 1(3): 121 -232.

[12] Gino F, Pisano G. Toward a theory of behavioral operations[J]. Manufacturing & Service Operations Management, 2008, 10(4): 676 - 691.

[13] Rubinstein A. Modeling bounded rationality[M]. Cambridge: MIT Press, 1998.

[14] Schweitzer M, Cachon G. Decision bias in the newsvendor problem with a known demand distribution: Experimental evidence[J]. Management Science, 2000, 46 (3): 406 - 420.

[15] Simon H A. A behavioral model of rational choice[J]. Quarterly Journal of Economics, 1955, LXIX: 99 - 118.

[16] Simon H A. Models of bounded rationality. Cambridge: MIT Press, 1982.

[17] Kahneman D, Tversky A. Prospect Theory: an analysis of decision under risk [J]. Econometrica, 1979, 47(2): 263 - 291.

[18] Kahneman D, Tversky A. Loss aversion in riskless choice: a reference dependent model[J]. Quarterly Journal of Economics, 1991, 106(4): 1039 - 1061.

[19] 董志勇. 行为经济学原理[M]. 北京：北京大学出版社，2008.

[20] Thaler R H. Toward a positive theory of consumer choice[J]. Journal of Economic Behavior and Organization, 1980, 1: 39 - 60.

[21] Kahneman D, Knetsch J L, Thaler R H. Experimental tests of the endowment effect and the Coase Theorem[J]. Journal of Political Economy, 1990, 98(6): 1325 -1348.

[22] Nagle T T, Holden R K. The strategy and tactics of pricing[J]. Prentice Hall, 1995.

[23] Camerer C. Prospect theory in the wild: Evidence from the field[Z]. Division of the Humanities and Social Science, California Institute of Technology, Social Science, Working Paper 1037, 1998.

[24] Raafat F. Survey of literature on continuously deteriorating inventory models[J]. The Journal of the Operational Research Society, 1991, 42(1): 27 - 37.

[25] Goyal S K, Giri B C. Recent trends in modeling of deteriorating inventory[J]. European Journal of Operational Research, 2001, 134(1): 1 - 16.

[26] Bakker M, Riezebos J, Teunter R H. Review of inventory systems with deterioration since 2001[J]. European Journal of Operational Research, 2012, 221(2): 275 - 284.

[27] Ghare P M, Schrader G F. A model for exponentially decaying inventory[J]. Journal of Industrial Engineering, 1963, 14(5): 238 - 243.

[28] Shah Y K, Jaiswal M C. An order-level inventory model for a system with constant rate of deterioration[J]. Opsearch, 1977, 14(3): 174 - 184.

[29] Aggarwal S P. A note on an order-level inventory model for a system with constant rate of deterioration[J]. Opsearch, 1978, 15: 184 - 187.

[30] Dave U, Patel L K. (T, Si) policy inventory model for deterioration items with time-proportional demand[J]. Journal of the Operational Research Society, 1981, 32(2): 137 - 142.

[31] Chakrabarti T, Chaudhuri K S. An EOQ model for deteriorating items with a linear trend in demand and shortages in all cycles[J]. International Journal of Production Economics, 1997, 49(3): 205 - 213.

[32] Hariga M A. An EOQ model for deteriorating items with shortages and time-

varying demand[J]. Jounral of the Operational Research Society, 1995, 46: 398-404.

[33] Wee H M. A deterministic lot-size inventory model for deteriorating items with shortages and a declining market[J]. Computers & Operations Research, 1995, 22(3): 345-356.

[34] Chang H J, Dye C Y. An EOQ model for deteriorating items with time varying demand and partial backlogging[J]. Journal of the Operational Research Society, 1999, 50: 1176-1182.

[35] Papachristos S, Skouri K. An optimal replenishment policy for deteriorating items with time-varying demand and partial exponential type-backlogging[J]. Operations Research Letters, 2000, 27: 175-184.

[36] Skouri K, Papachristos S. A continuous review inventory model with deteriorating items, time-varying demand, linear replenishment cost, partially time-varying backlogging[J]. Applied Mathematical Modelling, 2002, 26(5): 603-617.

[37] Teng J, Chang H, Dye C, et al. An optimal replenishment policy for deteriorating items with time-varying demand and partial backlogging[J]. Operations Research Letters, 2002, 30(6): 387-393.

[38] Khanra K S, Chaudhuri K S. A note on an order-level inventory model for a deteriorating item with time-dependent quadratic demand[J]. Computers & Operations Research, 2003, 30(12): 1901-1916.

[39] Levin R I, Mclaughlin C P, Lamone R P, et al. Productions/Operations Management: Contemporary Policy for Managing Operating Systems[J]. New York: Mc Graw-Hill, 1972.

[40] Urban T L. Inventory models with inventory-level-dependent demand: A comprehensive review and unifying theory[J]. European Journal of Operational Research, 2005, 162: 792-804.

[41] Baker R C, Urban T L. A deterministic inventory system with an inventory level

dependent demand rate[J]. Journal of the Operational Research Society, 1988, 39: 823 - 831.

[42] Padmanabhan G, Vrat P. EOQ models for perishable items under stock dependent selling rate[J]. European Journal of Operational Research, 1995, 86: 281 - 292.

[43] Chung K J, Chu P, Lan S P. A note on EOQ models for deteriorating items under stock dependent selling rate [J]. European Journal of Operational Research, 2000, 124: 550 - 559.

[44] Dye C Y, Ouyang L Y. An EOQ model for perishable items under stock-dependent selling rate and time-dependent partial backlogging [J]. European Journal of Operational Research, 2005, 163: 776 - 783.

[45] Teng J T, Ouyang L Y, Cheng M C. An EOQ model for deteriorating items with power-form stock-dependent demand[J]. Information and Management Sciences, 2005, 16(1): 1 - 16.

[46] Hou K L. An inventory model for deteriorating items with stock-dependent consumption rate and shortages under inflation and time discounting [J]. European Journal of Operational Research, 2006, 168: 463 - 474.

[47] Yang H L, Teng J T, Chern M S. An inventory model under inflation for deteriorating items with stock-dependent consumption rate and partial backlogging shortages[J]. International Journal of Production Economics, 2010, 123(1): 8 - 19.

[48] 罗兵,杨帅,李宇雨.变质物品在存货影响销售率、需求和采购价均为时变时的EOQ模型[J].工业工程与管理,2005, 3: 40 - 44.

[49] 罗兵,杨帅,熊中楷.短缺量拖后率、需求和采购价均为时变的变质物品 EOQ 模型[J].中国管理科学,2005, 13(3): 44 - 49.

[50] Covert R P, Philip G C. An EOQ model for items with Weibull distribution deterioration[J]. AIIE Transactions, 1973, 5: 323 - 326.

[51] Philip G C. A generalized EOQ model for items with Weibull distribution

deterioration[J]. AllE Transactions, 1974, 6: 159 - 162.

[52] Jalan A K, Giri R R, Chaudhuri K S. EOQ model for items with Weibull distribution deterioration, shortages and trended demand [J]. International Journal of Systems Science, 1996, 27(9): 851 - 855.

[53] Chakrabarty T, Girl B C, Chaudhuri K S. An EOQ model for items with Weillbull distribution deterioration, shortages and trended demand: an extension of Philip's model[J]. Computers Operation Research, 1998, 25: 649 - 657.

[54] Ghosh S K, Chaudhuri K S. An order-level inventory model for a deteriorating item with Weibull distribution deterioration, time-quadratic demand and shortages[J]. Advanced Modeling and Optimization, 2004, 6(1): 21 - 35.

[55] 励凌峰,黄培清,骆建文. 易腐物品的库存管理研究[J]. 系统工程,2004, 123: 25 - 30.

[56] Tadikamalla P R. An EOQ inventory model for items with gamma distribution [J]. AIIE Transactions, 1978, 10(1): 100 - 103.

[57] Giri B C, Chakrabarty T, Chaudhuri K S. A note on a lot sizing heuristic for deteriorating items with time-varying demands and shortages[J]. Computers & Operations Research, 2000, 27(6): 495 - 505.

[58] Goyal S K, Giri B C. The production-inventory problem of a product with time varying demand, production and deterioration rates[J]. European Journal of Operational Research, 2003, 147(3): 549 - 557.

[59] Sarkar B. An EOQ model with delay in payments and time varying deterioration rate[J]. Mathematical and Computer Modelling, 2012, 218(17): 8295 - 8308.

[60] 黄波,孟卫东,熊中楷. 需求、价格和变质系数均为时变的 EOQ 模型[J]. 工业工程与管理,2008, 4: 93 - 98.

[61] Wu K S, Ouyang L Y, Yang C T. An optimal replenishment policy for non-instantaneous deteriorating items with stock-dependent demand and partial backlogging[J]. Int. J. Production Economics, 2006, 101: 369 - 384.

[62] Chang C T, Teng J T, Goyal S K. Optimal replenishment policies for non-

instantaneous deteriorating items with stock-dependent demand[J]. International Journal of Production Economics, 2010, 123(1): 62 - 68.

[63] Ouyang L Y, Wu K S, Yang C T. A study on an inventory model for non-instantaneous deteriorating items with permissible delay in payments[J]. Computers & Industrial Engineering, 2006, 51(4): 637 - 651.

[64] Chung K J. A complete proof on the solution procedure for non-instantaneous deteriorating items with permissible delay in payment [J]. Computers & Industrial Engineering, 2009, 56: 267 - 273.

[65] Geetha K V, Uthayakumar R. Economic design of an inventory policy for non-instantaneous deteriorating items under permissible delay in payments [J]. Journal of Computational and Applied Mathematics, 2010, 223: 2492 - 2505.

[66] Musa A, Sani B. Inventory ordering policies of delayed deteriorating items under permissible delay in payments [J]. International Journal of Production Economics, 2012, 136: 75 - 83.

[67] Maihami R, Abadi I N K. Joint control of inventory and its pricing for non-instantaneously deteriorating items under permissible delay in payments and partial backlogging [J]. Mathematical and Computer Modelling, 2012, 55: 1722 -1733.

[68] Dye C Y. The effect of preservation technology investment on a non-instantaneous deteriorating inventory model[J]. Omega, 2013, 41: 872 - 880.

[69] Bitran G, Caldentey R. An overview of pricing models for revenue management [J]. Manufacturing & Service Operations management, 2003, 5(3): 203 - 229.

[70] Khanra S, Ghosh S K, Chaudhuri K S. An EOQ model for a deteriorating item with time dependent quadratic demand under permissible delay in payment[J]. Applied Mathematics and Computation, 2011, 218(1): 1 - 9.

[71] Sarkar T, Ghosh S K, Chaudhuri K S. An optimal inventory replenishment policy for a deteriorating item with time-quadratic demand and time-dependent partial backlogging with shortages in all cycles[J]. Applied Mathematics and

Computation, 2012, 218(18): 9147 - 9155.

[72] Bitran G R, Mondschein S V. Periodic pricing of seasonal products in retailing [J]. Management Science, 1995, 43: 64 - 79.

[73] Gallego G, van Ryzin G. Optimal dynamic pricing of inventories with stochastic demand over finite horizons[J]. Management Science, 1994a, 40: 999 - 1020.

[74] Gallego G, van Ryzin G. A multi-product dynamic pricing problem and its applications to network yield management[J]. Operations Research, 1994b, 45: 24 - 41.

[75] Fibich G, Gavious A, Lowengrart O. Explicit solutions of optimization models and differential games with nonsmooth (asymmetric) reference-price effect[J]. Operations Research, 2003, 51(5): 721 - 734.

[76] Whitin T M. Inventory control and price theory[J]. Management Science, 1955, 2(1): 61 - 68.

[77] Eliashberg J, Steinberg R. Marketing-production joint decision-making[M]. Handbooks in Operations Research and Management Science. Amsterdam: North - Holland Publishing Company, 1993.

[78] Yano C A, Gilbert S M. Coordinated pricing and production/procurement decisions: a review[J]. Managing Business Interfaces International Series in Quantitative Marketing, 2005, 16: 65 - 103.

[79] Mills E S. Uncertainty and price theory[J]. Quarterly Journal of Economics, 1959, 73(1): 116 - 130.

[80] Karlin S, Carr C R. Prices and optimal inventory policy[J]. Studies in Applied Probability and Management Science, CA: Stanford University Press, 1962: 159 - 172.

[81] Petruzzi N C, Dada M. Pricing and the newsvendor problem: A review with extensions[J]. Operations Research, 1999, 47(2): 183 - 194.

[82] Khouja M. The single-period (news-vendor) problem: Literature review and suggestions for future research[J]. Omega, 1999, 27(5): 537 - 553.

[83] Eilon S, Mallaya, R V. Issuing and pricing policy of semi-perishables[C]// Proceedings of the 4th International Conference on Operational Research, New York, Wiley-Interscience, 1966: 205 - 215.

[84] Cohen M A. Joint pricing and ordering policy for exponentially decaying inventory with known demand[J]. Naval Research Logistics Quarterly, 1977, 24: 257 - 268.

[85] Rajan A R, Steinberg, R. Dynamic pricing and ordering decisions by a monopolist[J]. Management Science, 1992, 38: 240 - 262.

[86] Abad P L. Optimal pricing and lot-sizing under conditions of perishability and partial backlogging[J]. Management Science, 1996, 42: 1093 - 1104.

[87] Hwang H, Shinn, S W. Retailer's Pricing and lot sizing policy for exponentially deteriorating products under the condition of permissible delaying payments[J]. Computers and Operations Research, 1997, 24(6): 539 - 547.

[88] Abad P L. Optimal price and order size for a reseller under partial backordering [J]. Computers & Operations Research, 2001, 28: 53 - 65.

[89] Dye C Y. Joint pricing and ordering policy for a deteriorating inventory with partial backlogging[J]. Omega, 2007, 35: 184 - 189.

[90] Dye C Y, Hsieh T P, Ouyang L Y. Determining optimal selling price and lot size with a varying rate of deterioration and exponential partial backlogging [J]. European Journal of Operational Research, 2007, 181: 668 - 678.

[91] Abad P L. Optimal price and order size under partial backordering incorporating shortage, backorder and lost sale costs[J]. International Journal of Production Economics, 2008, 114(1): 179 - 186.

[92] Papachristos S, Skouri K. An inventory model with deteriorating items, quantity discount, pricing and time-dependent partial backlogging [J]. International Journal of Production Economics, 2003, 83: 247 - 256.

[93] Sana S S. Optimal selling price and lot size with time varying deterioration and partial backlogging [J]. Applied Mathematics and Computation, 2010, 217:

185 -194.

[94] Begum R, Sahoo R R, Sahu S K, et al. An EOQ model for varying items with Weibull distribution deterioration and price-dependent demand[J]. Journal of Scientific Research, 2010, 2: 24 - 36.

[95] Begum R, Sahoo R R, Sahu S K. A replenishment policy for items with price-dependent demand, time-proportional deterioration and no shortages [J]. International Journal of System Science, 2012, 43: 903 - 910.

[96] Abad P L. Optimal pricing and lot-sizing under conditions of perishability, finite production and partial backordering and lost sale[J]. European Journal of Operational Research, 2003, 144: 677 - 685.

[97] Teng J T, Chang C T. Economic production quantity models for deteriorating items with price-and stock-dependent demand[J]. Computers & Operations Research, 2005, 32: 297 - 308.

[98] Chen J M, Chen L T. Pricing and lot-sizing for a deteriorating item in a periodic review inventory system with shortages[J]. Journal of the Operational Research Society, 2004, 55(8): 892 - 901.

[99] 彭作和,田澎. 考虑货币时间价值的变质商品临时价格折扣模型[J]. 系统工程理论与实践,2004, 9: 1 - 8.

[100] Hou K L, Lin L C. An EOQ model for deteriorating items with price- and stock-dependent selling rates under inflation and time value of money[J]. International Journal of Systems Science, 2006, 37: 1131 - 1139.

[101] Hsieh T P, Dye C Y. Pricing and lot-sizing policies for deteriorating items with partial backlogging under inflation[J]. Expert Systems with Applications, 2010, 37: 7234 - 7242.

[102] Wu K S, Ouyang L Y, Yang C T. Coordinating replenishment and pricing policies for non-instantaneous deteriorating items with price sensitive demand [J]. International Journal of Systems Science, 2009, 40(12): 1273 - 1281.

[103] Yang C T, Quyang L Y, Wu H H. Retailers optimal pricing and ordering

policies for non-instantaneous deteriorating items with price-dependent demand and partial backlogging[J]. Mathematical Problems in Engineering, 2009.

[104] Maihami R, Nakhai Kamalabadi, I. Joint pricing and inventory control for non-instantaneous deteriorating items with partial backlogging and time and price dependent demand[J]. International Journal of Production Economics, 2012, 136: 116 - 122.

[105] Shah N H, Soni H N, Patel K A. Optimizing inventory and marketing policy for non-instantaneous deteriorating items with generalized type deterioration and holding cost rates[J]. Omega, 2013, 41: 421 - 430.

[106] Sarkar B, Sarkar S. An improved inventory model with partial backlogging, time varying deterioration and stock-dependent demand [J]. Economic Modelling, 2013, 30: 924 - 932.

[107] Laibson D. Golden eggs and hyperbolic discounting[J]. Quarterly Journal of Economics, 1997, 112(2): 443 - 477.

[108] Gruber J, Koszegi B. Is addiction "rational"? Theory and evidence [J]. Quarterly Journal of Economics, 2001, 116: 1261 - 1303.

[109] Della Vigna S, Malmendier U. Contract Design and Self-Control: Theory and Evidence[J]. Quarterly Journal of Economics & Management Strategy, 2004, 119(2): 353 - 402.

[110] Frederick S, Loewenstein G, O'Donoghue T. Time Discounting and Time Preference: A Critical Review[J]. Journal of Economic Literature, 2002, 40 (2): 351 - 401.

[111] Su X. A model of consumer inertia with applications to dynamic pricing[J]. Production and Operations Management, 2009, 18(4): 365 - 380.

[112] Ho T H, Zhang J. Designing Pricing Contracts for Boundedly Rational Customers: Does the Framing of the Fixed Fee Matter? [J]. Management Science, 2008, 54(4): 686 - 700.

[113] Lim N, Ho T H. Designing Price Contracts for Boundedly Rational Customers:

Does the Number of Blocks Matter? [J]. Marketing Science, 2007, 26(3): 312-326.

[114] Plambeck E L, Wang Q. Implications of hyperbolic discounting for optimal pricing and information management in service systems[Z]. Working paper, California: Stanford University, 2010.

[115] Katok E, Thomas D, Davis A. Inventory service-level agreements as coordination mechanisms: The effect of review periods[J]. Manufacturing & Service Operations Management, 2008, 10(4): 609-624.

[116] Bostian A J A, Holt C A, Smith A M. Newsvendor "Pull-to-Center" Effect: Adaptive Learning in a Laboratory Experiment[J]. Manufacturing & Service Operations Management, 2008, 10(4): 590-608.

[117] Loch C H, Wu Y. Social preferences and supply chain performance: An experimental study[J]. Management Science, 2008, 54(11): 1835-1849.

[118] Tversky A, Kahneman D. Advances in prospect theory: Cumulative representation of uncertainty[J]. Journal of Risk and Uncertainty, 1992, 5(4): 297-323.

[119] Kahneman D, Knetsch J L, Thaler R H. The endowment effect, loss aversion, and the status quo bias[J]. Journal of Economic Perspectives, 1991, 5: 193-206.

[120] Wang C X, Webster S. The loss-averse newsvendor problem[J]. Omega, 2009, 37(1): 93-105.

[121] Su X. Bounded rationality in Newsvendor models[J]. Manufacturing & Service Operations Management, 2008, 10(4): 566-589.

[122] 周永务,肖旦,李绩才.损失规避零售商订货量与广告费用的联合决策[J].系统工程理论与实践,2012, 32(8): 1727-1738.

[123] Helson M. Adaptation level theory[M]. New York: Harper and Row, 1964.

[124] Popescu I, Wu Y. Dynamic pricing strategies with reference effects[J]. Operations Research, 2007, 55(3): 413-429.

[125] Kalyanaram G, Winer R S. Empirical generalizations from reference price and asymmetric price response research[J]. Marketing Science, 1995, 14(3): G161-G169.

[126] Mazumdar T, Raj S P, Sinha, I. Reference price research: review and propositions[J]. Journal of Marketing, 2005, 69: 84-102.

[127] Heidhues P, Köszegi B. The impact of consumer loss aversion on pricing[Z]. Working paper, Berkeley: University of California, Berkeley, 2005.

[128] Sorger G. Reference price formation and optimal marketing strategies. Optimal Control Theory and Economic Analysis, 1988, 3: 97-120.

[129] Kopalle K P, Rao A G, Assunção J L. Asymmetric reference price effects and dynamic pricing policies[J]. Marketing Science, 1996, 15(1): 60-85.

[130] Nasiry J, Popescu I. Dynamic pricing with loss-averse consumers and peak-end anchoring[J]. Operations Research, 2011, 59(6): 1361-1368.

[131] Urban T L. Coordinating pricing and inventory decisions under reference price effects[J]. Int. J. Manufacturing Technology and Management, 2008, 13(1): 78-94.

[132] Chang C T, Goyal S K, Teng J T. On "An EOQ model for perishable items under stock-dependent selling rate and time-dependent partial backlogging" by Dye and Ouyang[J]. European Journal of Operational Research, 2006, 174: 923-929.

[133] 黄卫来,黄松. Weibull分布变质物品库存模型研究[J]. 工业工程与管理,2007, 2: 72-75.

[134] Roy T, Chaudhuri K S. A production-inventory model under stock-dependent demand, Weibull distribution deterioration and shortage[J]. International Transactions in Operational Research, 2009, 16: 325-346.

[135] Park K S. Inventory models with partial backorders[J]. International Journal of Systems Science, 1982, 13: 1313-1317.

[136] Hollier R H, Mak, K. L. Inventory replenishment policies for deteriorating

items in a declining market[J]. International Journal of Production Research, 1983, 21: 813-826.

[137] 闵杰,周永务. 存货影响销售率的非立即变质物品的库存模型[J]. 系统工程学报,2009, 24(2): 198-204.

[138] Alfares H K. Inventory model with stock-level dependent demand rate and variable holding cost[J]. International Journal of Production Economics, 2007, 108: 259-265.

[139] Pando V, García Lagunaa J, San José L A, et al. Maximizing profits in an inventory model with both demand rate and holding cost per unit time dependent on the stock level[J]. Computers and Industrial Engineering, 2012, 62: 599-608.

[140] Roy A. An inventory model for deteriorating items with price dependent demand and time-varying holding cost [J]. Advanced Modeling and Optimization, 2008, 10: 25-37.

[141] Lau A H, Lau H S. Effects of a demand-curve's shape on the optimal solutions of a multi-echelon inventory/pricing model[J]. European Journal of Operational Research, 2003, 147: 530-548.

[142] Fleischmann M, Hall J M, and Pyke D F. Smart Pricing[J]. MIT Sloan Management Review, 2004, 45: 9-13.

[143] Sana S, Goyal S K, Chaudhuri K S. A production-inventory model for a deteriorating item with trended demand and shortages[J]. European Journal of Operational Research, 2004, 157: 357-371.

[144] Diponegoro A, Sarker B R. Finite horizon planning for a production system with permitted shortage and fixed-interval deliveries [J]. Computers & Operations Research, 2006, 33(8): 2387-2404.

[145] Diponegoro A, Sarker B R. Operations policy for a supply chain system with fixed interval delivery and linear demand [J]. Journal of the Operational Research Society, 2007, 58(7): 901-910.

[146] Yang H L. A partial backlogging production-inventory lot-size model for deteriorating items with time-varying production and demand rate over a finite time horizon[J]. International Journal of Systems Science, 2011, 42(8): 1397 - 1407.

[147] Urban T L, Baker R C. Optimal ordering and pricing policies in a single-period environment with multivariate demand and markdowns[J]. European Journal of Operational Research, 1997, 103: 573 - 583.

[148] Datta T K, Paul K. An inventory system with stock-dependent, price-sensitive demand rate [J]. Production Planning & Control: The Management of Operations, 2001, 12: 13 - 20.

[149] You P S, Hsieh Y C. An EOQ model with stock and price sensitive demand [J]. Mathematical and Computer Modelling, 2007, 45: 933 - 942.

[150] Hsu P H, Wee H M, Teng H M. Preservation technology investment for deteriorating inventory [J]. International Journal of Production Economics, 2010, 124(2): 388 - 394.

[151] Dye C Y, Hsieh T P. An optimal replenishment policy for deteriorating items with effective investment in preservation technology[J]. European Journal of Operational Research, 2012, 218(1): 106 - 112.

[152] Hsieh T P, Dye C Y. A production-inventory model incorporating the effect of preservation technology investment when demand is fluctuating with time[J]. Journal of Computational and Applied Mathematics, 2013, 239: 25 - 36.

[153] Box M J. A new method of constrained optimization and a comparison with other methods[J]. Computer Journal, 1965, 8: 42 - 52.

[154] Wang C X. The loss-averse newsvendor game[J]. International Journal of Production Economics, 2010, 124: 448 - 452.

[155] 刘咏梅,彭民,李立. 基于前景理论的随机市场需求订货模型研究[C]//2009 中国控制与决策会议论文集. 控制与决策,2009: 2539 - 2544.

[156] Liu W, Song S, Wu C. Single-period inventory model with discrete stochastic

demand based on prospect theory[J]. Journal of Industrial and Management Optimization, 2012, 8(3): 577-590.

[157] Ho T H, Zhang J. Does format of pricing contract matter? [Z] Working paper, Berkeley: University of California, Berkeley, 2005.

[158] Schaible S. Fractional programming[J]. Mathematical Methods of Operations Research, 1983, 27: 39-54.

[159] Cambini A, Martein L. Generalized convexity and optimization: theory and applications[M]. Berlin: Springer, 2009.

附录 A　分式规划的定义及性质

下面给出关于分式规划问题的定义及其相关性质，具体可参考文献[68,158,159]。

定义 A-1： 在集合 $S=\{x\in X: h(x)\leqslant 0\}$ 上定义一个比值 $q(x)=f(x)/g(x)$，假设 $g(x)$ 在集合 X 上为正值，那么非线性规划(P)：

(P)

$$\sup\{q(x): x\in S\}$$

称为分式规划。当 $f(x)\geqslant 0$ 为凹函数，$g(x)>0$ 和 $h(x)$ 是凸函数时，称(P)为一个凹分式规划。

性质 A-1： 如果在一个凹分式规划中 $f(x)$ 和 $g(x)$ 是可微的，那么目标函数 $q(x)$ 在定义域 S 上是伪凹的。如果 $f(x)$ 是严格凹的或 $g(x)$ 是严格凸的，那么 $q(x)$ 是严格伪凹的。

性质 A-2： 在凹分式规划(P)中任意局部最大值点为全局最大值点，并且如果 $f(x)$ 是严格凹的或 $g(x)$ 是严格凸的，那么(P)最多只有一个最大值点。在可微分的凹分式规划中，库恩-塔克(K-T)条件下的解是(P)的最大值点。

后 记

适逢母校同济大学 110 周年校庆，在此谨祝母校生日快乐！

回首过往，自 2009 年 9 月至 2014 年 6 月，在同济攻读博士学位的 5 年是我人生中重要且难忘的一段经历。在这里我开始了解科研并学习怎么做科研，这里是我学术生涯的开始，这里让我不断成长蜕变，为我指引了未来的方向。作者于博士毕业当年应聘进入宁波大学商学院进一步开展相关的教学与研究工作；在博士论文基础上经过进一步深化研究方向、凝练研究主题，顺利申请到国家自然科学基金青年项目《基于保鲜及传感技术投资的超市生鲜食品定价与库存策略研究(71502088)》。在此，由衷地感谢同济大学的培养！

借此机会，向一路走来不离不弃的师长、家人、朋友及所有曾给予帮助和关心的人表示衷心的感谢！

感谢博士导师霍佳震教授和硕士导师段永瑞教授。该书是在霍老师和段老师的悉心指导下完成的，从选题到写作到修改再到最终定稿，每一个环节无不凝聚着两位导师的心血。正如同济的校训"严谨、求实、团结、创新"，两位导师严肃认真的科学态度、严谨求实的学术精神深深地感染和激励着我，是我一直要学习的榜样和目标。感激之心难以言表，唯有通过努力和成绩来回报。

感谢家人对我的爱与支持，感谢朋友和同学对我的鼓励和帮助，感谢同济大学出版社及全体编辑老师在对本书的编辑过程中付出的辛勤劳动。

面对未来，我将怀着一颗感恩的心对待身边的每一个人，全心全意地认真过好每一天！

李贵萍